外汇交易精解

邢孝寒　著

中国宇航出版社

·北京·

图书在版编目（CIP）数据

外汇交易精解 / 邢孝寒著. -- 北京 : 中国宇航出版社，2018.11
ISBN 978-7-5159-1538-8

Ⅰ. ①外… Ⅱ. ①邢… Ⅲ. ①外汇交易一基本知识 Ⅳ. ①F830.92

中国版本图书馆CIP数据核字(2018)第234100号

策划编辑　田芳卿
责任编辑　卢　珊　　装帧设计　宇星文化

出版发行　中国宇航出版社
社　址　北京市阜成路8号　　邮　编　100830
(010)60286808　　(010)68768548
网　址　www.caphbook.com
经　销　新华书店
发行部　(010)60286888　　(010)68371900
(010)60286887　　(010)60286804(传真)
零售店　读者服务部
(010)68371105
承　印　三河市君旺印务有限公司
版　次　2018年11月第1版　　2018年11月第1次印刷
规　格　787×960　　开　本　1/16
印　张　19.5　　字　数　288千字
书　号　ISBN 978-7-5159-1538-8
定　价　58.00元

本书如有印装质量问题，可与发行部联系调换

☆ 给投资者的忠告 ☆

千万不要只盯着一个投资市场，那样只会让你的目光变得短浅。在恶劣的市场中强行寻找交易机会，只会造成亏损。站得越高，看得越远。多关注几个市场，你会发现其他人看不到的机会。尤其是那些想要在跌倒后爬起来的中国股民，更应该放下执着，多看看“外面的广阔天地”。让我们就从这本书开始吧！

前 言
PREFACE

十年间，我曾投身于A股、美股、期货、现货、外汇等金融投资市场，个人认为，外汇投资市场是最有魅力的。外汇市场拥有世界上最好的流通性，2017年统计显示，每天的成交量约为4万亿美元，是当今世界上最大的金融交易市场。相比国内每日450亿美元的期货市场以及200亿美元的股票市场来说，真的是天壤之别。

虽然外汇交易市场（银行同业市场）至今已经有超过40年的历史，但是因为中国的金融市场开放时间较晚，许多人对于“外汇”这个词还很陌生，对于外汇交易更是知之甚少。许多人在对外汇交易了解不够的情况下，盲目进入外汇市场交易，导致损失惨重。

许多科班出身的金融业人士，听到外汇市场也是感觉一头雾水，因为学校对外汇知识的相关介绍，无非就是“货币银行学”中涉及的那一点点，这种情况令笔者十分担忧。

发展金融业，必然要全面开放各个金融投资市场。我国外汇交易市场起步较晚，面向普通投资者的外汇交易市场还在孕育之中，如何让广大投资者在外汇市场搏杀的同时还能取得一定的收益，这需要一大批“专业人士”发挥教育和引导作用。

外汇交易市场充分体现了公开、公平、公正的原则，信息披露及时有效，人为操纵的可能性较小，这在无形中提高了外汇交易的公平性。虽然在外汇交易市场会偶然遭遇到“黑天鹅事件”，但概率较低，只要有合理的避险措施，造成的损失可以忽略不计。全世界的投资者都把钱放在这个篮子里，有能力者得之。只要你有系统的交易模型，有良好的市场洞察力以及正确的投资心态，就可以从这个装满“美刀”的篮子里分一杯羹。

2012 年，笔者出版了《现货黄金投资技巧》一书。之后不久，在美联储三次货币量化宽松的大背景下，我国也掀起了一波现货黄金的投资热潮，许多企业将这本书作为培训教材，很多投资者从中了解了国际现货黄金市场。笔者相信，随着《外汇交易精解》一书的问世，也会有更多人从中认识国际外汇市场，了解外汇市场，甚至最终到场内交易。当然，最重要的是，希望本书能够让投资者真正学习到正确的外汇交易理念、技术和心态。

外汇市场是一个具有巨大诱惑力的市场，当你进入外汇市场的那一刻，就注定面临着选择：天堂与地狱的大门同时向你敞开，迈出一步，或许你会进入天堂，也有可能踏进地狱。不管是哪一种结果，都意味着你的命运将会被改变。

笔者认为，投机是天底下最刺激的博弈游戏，巨大风险所隐藏的潜在巨额回报，吸引人们沉醉其中。在金融市场中，无数的投机客瞬间“陨落”，同时也造就了许多像乔治·索罗斯、保罗·琼斯、杰西·利弗莫尔等这样的金融大鳄。

外汇市场与任何金融投资市场一样，亏钱的人占大多数，但是成功者往往可以攫取较其他金融投资市场更大的利润。绝大多数人之所以成为失败者，无非就是摆脱不了贪婪之心。若把外汇交易作为暴富的工具，那么十有八九可能是赔钱。若能控制贪婪，持之以恒地交易，积累点滴的微小盈利，日复一日，就可能积土成山，汇流成河。

考察沃伦·巴菲特的投资理念，其中最经典的四个字就是“守住本金”。留得青山在，不怕没柴烧。特别是外汇交易这种保证金交易，本金就是投资者的命根子，没有本金就等于放弃了在外汇市场生存的机会。

既然是交易，就有亏有赚，这很自然。对于亏损，要限制在自己能承受的范围之内，这就要求投资者做好风险控制和资金管理，或是进行仓位管理，设置止损点。本书不仅会介绍如何有效守住账户的资金，还会介绍正确的投资与投机理念，帮助投资者在入市之初就养成良好的交易习惯。

交易虽然只是由简单的建仓和平仓两种行为构成，但其中却蕴含着很深的交易技巧，要想成为一名成功的投资者，就要养成良好的交易习惯。本书中的许多交易技巧以及要求大家养成的“好习惯”，是很多投资大师在实战交易中形成并一直坚持的，也正是这些良好的交易习惯，护佑着他们一步一步地走向成功的彼岸。

目　录
CONTENTS

第一章 揭开外汇的神秘面纱

说到外汇，大多数人都有所耳闻，“外汇不就是外国流通的钱币吗”？一般来说，普通老百姓是可以这样理解的，但若是深入其中，这里面还有大学问。这里首先让大家对“外汇”这个概念有一个基本的了解，之后才能更好地认识我们所投资的外汇市场的性质。

外汇交易涉及的概念、定义、技术分析理论和基本面分析，对于技术派投资者来说很枯燥，但若要从各方面提高交易的准确率，在未来交易中少走弯路，少犯错误，深入了解这些知识是必不可少的，这一点很重要。对市场越是了解，就越容易利用它，顺从它，把握它，从而在其中获取投资收益。笔者建议，不论是外汇市场的初入者，还是已经拥有丰富实战经验的投资者，都要从基本的概念和投资理论学起。

第一节　初探外汇

外汇市场是一个新兴的金融交易市场。

200 多年前，大英帝国制定了金本位制即黄金本位制（Goldstandard），确立了英镑和大英帝国在国际金融界的大佬地位。在金本位制下，每单位的货币（金币）价值等同于若干重量的黄金（即货币含金量）。当不同国家使用金本位时，国家之间的汇率由它们各自货币的含金量之比——金平价来决定。历史上曾有过三种形式的金本位制：金币本位制、金块本位制、金汇兑本位制。其中金币本位制是最典型的形式，从狭义上来说，金本位制即指该种货币制度。1914 年第一次世界大战爆发后，各国纷纷发行不兑现的纸币，禁止黄金自由输出，金本位制随之告终。

到了 1945 年，英镑和大英帝国没落，美国和美元开启了称霸世界的新篇章。两次世界大战之间的 20 年中，国际货币体系分裂成几个相互竞争的货币集团，各国货币竞相贬值，动荡不定。在第二次世界大战后期，美英两国政府出于本国利益的考虑，开始构思和设计战后新的国际货币体系。1944 年 7 月，美国邀请参加筹建联合国的 44 国政府的代表在美国布雷顿森林举行会议，经过激烈的争论后，各方签订了“布雷顿森林协议”，建立了金本位制崩溃后一个新的国际货币体系。布雷顿森林体系是以美元和黄金为基础的金汇兑本位制，又称美元－黄金本位制，它使美元在战后国际货币体系中处于中心地位，美元成了黄金的“等价物”，美国承担以官价兑换黄金的义务，各国货币只有通过美元才能同黄金发生关系，美元处于中心地位，起世界货币的作用。从此，美元就成了国际清算的支付手段和各国的主要储备货币。

20 世纪 60~70 年代，美国深陷越南战争的泥潭，财政赤字巨大，国际收入情况恶化，美元的信誉受到冲击，爆发了多次美元危机。大量资本出逃，各国纷纷抛售自己手中的美元，抢购黄金，使美国黄金储备急剧减少，伦敦金价上涨。1971 年 7 月第七次美元危机爆发，尼克松政府于 8 月 15 日宣布实行“新经济政策”，停止履行外国政府或中央银行可用美元向美国兑换黄金的义务。美元对黄金贬值，美联储拒绝向国外中央银行出售黄金，至此，美元与黄金挂钩的体制名存实亡。美元停止兑换黄金和固定汇率制的垮台，标志着战后以美元为中心的货币体系瓦解。布雷顿森林体系崩溃以后，国际货币基金组织和世界银行作为重要的国际组织仍得以存在并继续发挥作用。美元失去霸主地位，但迄今为止仍然是最重要的国际货币。

1971 年 8 月 15 日是外汇市场的“生日”，几个大国的外汇自由波动，自由买卖。自此以后，大趋势是美英帝国的货币兑其他国家的货币呈现持续大跌的走势，偶然的技术反弹无法形成反转。

2001 年，欧元强势崛起，欲挑战美元的“大哥”地位。与此同时，美国的金融系统愈发糟糕。外汇市场就是这样不断地风水轮流转，曾经强势的英镑早就已经退居二线，风头正劲的是日元、欧元、美元与人民币。

外汇市场发展至今，已经是全球交易量最大的金融市场。国际清算银行（BIS）2013 年全球外汇交易统计报告显示，近年来全球外汇市场交易量呈现显著的快速增长态势，日均交易量从 2007 年 4 月的 3.3 万亿美元，上升至 2010 年 4 月的 4.0 万亿美元，2013 年 4 月达到了 5.3 万亿美元的历史新高。

2017 年 5 月，欧洲货币杂志（Euromoney）发布了日均交易量 5.1 万亿美元的全球外汇市场年度调查报告。数据显示，占比最大的 5 家国际银行的市场份额已经从 2016 年的 44.79% 下降至 41.05%，花旗集团（Citigroup）依然排名外汇市场交易份额的首位，紧随其后的是摩根大通（JPMorgan Chase & Co.）。这两家国际银行已经连续 4 年占据最大的外汇市场份额，不过市场份额相比以往有所减少，花旗集团占比 10.7%，摩根大通占比 10.3%。榜单排名第三位到第五位的银行和以往差别不大，分别是瑞银集团（Union Bank of Switzerland）、美国银行（Bank of America）和德意志银行（Deutsche Bank）。其中德意志银行的市场份额持续下降，从 2016 年的

7.88% 减少到 2017 年的 5.68%。排进前十位的还有汇丰银行（HSBC）、巴克莱银行（Barclays）、高盛银行（Goldman Sachs）、渣打银行（Standard Chartered）。

一、外汇的静态与动态定义

1. 静态概念

外汇的静态概念指的是以外币表示的可用于国际结算的支付凭证，又分为狭义的外汇概念与广义的外汇概念。狭义的外汇指的是以外国货币表示的、为各国普遍接受的、可用于国际债权债务结算的各种支付手段。它必须具备三个特点：可支付性（必须是以外国货币表示的资产），可获得性（必须是在国外能够得到补偿的债权），可兑换性（必须是可以自由兑换为其他支付手段的外币资产）。

2. 动态概念

外汇的动态概念指的是货币在各国间的流动，以及把一个国家的货币兑换成另一个国家的货币，借以清偿国际债权债务关系的一种专门性的经营活动，是国际汇兑（Foreign Exchange）的简称。

二、外汇的分类

（1）根据外汇进行兑换时的受限程度，可以分为自由兑换外汇、有限自由兑换外汇和记账外汇三种。

①自由兑换外汇。自由兑换外汇在国际结算中用的最多，是指在国际金融市场可以自由买卖，在国际金融中可以用于清偿债权债务，并可以自由兑换成其他国家货币的外汇，例如美元、欧元和英镑等。

②有限自由兑换外汇。有限自由兑换外汇是指未经货币发行国批准，不能自由兑换成其他国家货币或对第三国进行支付的外汇。国际货币基金组织规定，凡对国际性经常往来的付款和资金转移有一定限制的货币，均属于有

限自由兑换货币。

③记账外汇。记账外汇又称清算外汇或双边外汇，是指记账在双方指定银行账户上的外汇，不能兑换成其他货币，也不能对第三国进行支付。

（2）根据外汇的来源与用途划分，可以分为贸易外汇、非贸易外汇和金融外汇。

①贸易外汇是指来源于进出口贸易的外汇，即由于国际间的商品流通所形成的一种国际支付手段。

②非贸易外汇是指贸易外汇以外的一切外汇，即一切非来源于或用于进出口贸易的外汇，如劳务外汇、侨汇和捐赠外汇等。

③金融外汇与贸易、非贸易外汇不同，金融外汇是一种金融资产外汇，例如银行同业间买卖的外汇，即非来源于有形贸易或无形贸易，也非用于有形贸易，而是为了管理各种货币头寸过程中形成的金融资产。

（3）根据外汇汇率的市场走势不同，可以划分为强势货币与弱势货币。

根据币值和汇率走势，可以将各种货币归类为硬货币与软货币，或叫强势货币和弱势货币。硬货币是指币值坚挺、购买力较强、汇价呈上涨趋势的自由兑换货币。由于各国国内外经济、政治情况千变万化，各种货币所处的硬货币、软货币状态也不是一成不变的，经常是昨天的硬货币今天变成了软货币，而之前一直是软货币的，今日则变成了硬货币。

三、外汇的作用

在当代世界，任何国家都需要进行国际经济贸易往来。伴随着商品、劳务以及资本在国际间的流动，各种为支付而跨越国界的货币流动不可避免，其中以外币作为国际结算的支付凭证，在国际经贸往来中起着不可忽视的作用。

具体表现在以下方面。

（1）作为国际结算的支付手段。

（2）促进国际贸易和资本流动的发展。

（3）便利国际资本供需的调节。

四、外汇市场概述

外汇市场是经营外币和以外币计价的票据等有价证券买卖的市场，是金融市场的重要组成部分。

1. 外汇市场的概念

外汇市场是指从事外汇买卖的交易场所，或者说是各种不同货币互相之间进行交换的场所。外汇市场现在是全球最大的金融市场，一天的成交金额已经达到 5 万亿美元，外汇市场的交易量是股票、期货等金融投资市场无法比拟的。如果把外汇市场比喻成超市，那么股票、期货等金融投资市场只能算是小杂货店了。

2. 外汇市场的特点

从外汇交易的区域范围来看，外汇市场具有空间统一性和时间连续性两个特点。

（1）空间统一性。所谓空间统一性是指各国外汇市场都用现代化的通信技术（如电话、电报、电传、互联网）进行外汇交易，因而它们之间的联系非常紧密，整个世界逐渐连成一片，形成一个统一的世界外汇市场。

（2）时间连续性。所谓时间连续性是指世界上的各个外汇市场在营业时间上相互交替，形成无缝衔接的 24 小时不间断报价的市场模式。

3. 外汇市场的作用

外汇市场的主要作用可以概括为以下几点。

（1）国际清算。外汇是国际经贸往来的支付与清算手段，所以清算是外汇市场最基本以及最主要的作用。

（2）兑换功能。在外汇市场买卖货币，把一种货币兑换成另外一种货币作为支付手段，可以实现不同货币在购买力方面的有效转换。国际外汇市场的主要功能就是通过完备的通信设备或先进的经营手段提供货币转换机制，将一国的购买力转移到另一国交付给特定的交易对象，从而实现国与国之间货币购买力或资金的转移。

（3）授信。授信是指商业银行向非金融机构客户直接提供的资金。如果银行经营外汇业务，它就有可能利用外汇收支的时间差为进出口商提供贷款。

（4）套期保值。套期保值即保值性的外汇期货买卖。与投机性外汇期货买卖的目的不同，外汇套期保值不是为了从价格变动中谋取利益，而是为了使外汇收入不因日后汇率的变动而遭受损失。这一点对进出口商来说十分重要。如果出口商有一笔远期外汇收入，为了避免因外汇汇率变化导致的损失风险，可以将此笔外汇当作期货卖出；反之，进口商也可以在外汇市场购入外汇期货，以应对将来支付的需要。

（5）投机。即通过外汇价格的波动买卖外汇赚取差价。在外汇期货市场上，投机者可以利用外汇汇率的波动谋利，根据未来两国货币之间的汇率波动预期，进行买入或卖出，可以谋取汇率变动的差价从而获利。

本书后面将主要讲解如何判断货币之间的汇率波动，以及如何判断未来的价格变动方向。这种投机活动是在同一市场上利用不同时间外汇行市的波动进行的，投资者也可以在同一时间内利用不同市场上的汇率差别进行套汇交易。

第二节 国际主要外汇市场概述

外汇市场除了周末双休日几乎是 24 小时不间断交易，通常交易时间为北京时间周一早 4：00 至周六早 4：00 或 6：00。根据不同国家交易平台的不同，以及冬令时、夏令时的区分，交易时间会略有改变。一般银行的工作时间都是早九晚五，其他非工作时间，当地的外汇市场就处于收市状态。

由于时差的原因，某一国家处于休市状态时，其他国家却已经开市。正是这种无缝衔接，使得外汇市场成为一个连轴转的投资市场。但并不是每一个地区或国家汇市开市交易，都会对市场造成较大的影响，只有极个别地区或国家的外汇市场开盘时，由于金融实力较强，交易资金过于庞大，对汇市汇率会产生较大的影响，值得投机者进场交易。

接下来盘点一下国际上主要的外汇市场。

一、亚洲外汇市场

1. 日本东京

东京外汇市场是亚洲最大的外汇交易市场，但在国际三大外汇市场中却是规模最小的。东京外汇市场交易的货币种类比较单一，目前市场上最大宗的交易依旧是美元兑日元，这是因为日本贸易多数以美元计价，日本海外资产以美元资产居多。后来由于美国经济增长缓慢，日元兑美元的交易增幅下降，日元兑欧元交易量大幅增长。

日本是一个典型的出口加工型国家，因此东京市场受进出口贸易集中收付的影响较大，也就是说该市场具有明显的季节性特点。此外，由于日本工商业界习惯在月末和企业结算期间进行外汇结算，因此出口换汇时间窗口比较集中。东京外汇市场在其交易时段内，仅有日元出现波动的概率大一些。因此，习惯于做日元交易的投机者，往往都是在此时开始交易。

2. 中国香港

香港外汇市场是 20 世纪 70 年代以后发展起来的国际性外汇市场。自 1973 年香港取消外汇管制后，国际资本大量流入，经营外汇业务的金融机构不断增加，外汇市场越来越活跃，从而一跃发展成为国际性的外汇市场。

香港外汇市场是一个无形市场，没有固定的交易场所，交易者通过各种现代化的通信设施和电脑网络进行外汇交易。香港的地理位置和时区条件与新加坡相似，可以十分方便地与其他国际外汇市场进行交易。

香港外汇市场参与者分为商业银行、存款公司和外汇经纪商三大类型。商业银行主要是指由汇丰银行和恒生银行等组成的汇丰集团、外资银行集团等。市场交易绝大多数在银行之间进行，约占市场全部业务的 80%。存款公司作为独特的金融实体，对香港外汇市场的发展起到一定的积极作用。在暂停申请新银行许可证时期（1975 年 -1978 年），成立存款公司是在香港设立银行的间接方式。香港外汇市场有 1 家外汇经纪商，它们是香港外汇经纪协会的成员，会员资格使它们得到了香港银行公会的认可。香港 166 家持有许可证的银行只允许与香港外汇经纪协会的会员进行交易，该外汇市场上多数交易是即期交易买卖，远期交易和掉期交易约占 20%。

日本东京与中国香港是亚洲地区主要的外汇交易场所，虽然严格意义上讲澳大利亚悉尼属于大洋洲，但是由于开盘时间与亚洲地区开盘时间吻合，所以从交易时间上来看，也可以将之合并到亚洲外汇市场。澳大利亚悉尼也是重要的外汇交易市场，在亚洲交易时间段，其外汇市场的交易量并不是很大，主要以大户偏多，中小资金和个人投资者略少。由于中国外汇市场尚未完全开放，加上大众对于外汇投资认知尚浅，所以中国内地的外汇交易量相对不大，稍后会对中国的外汇市场单独介绍。

二、欧洲外汇市场

1. 英国伦敦

伦敦外汇市场是最早建立的世界性外汇市场，也是久负盛名的国际外汇市场。伦敦外汇市场历史悠久，交易量大，拥有先进的现代化电子通信及互联网设施，是全球最大的外汇市场之一。伦敦外汇市场最辉煌的时期，外汇交易量占到世界外汇交易量的 70%。目前，在纽约、香港、中国内地等外汇市场逐渐发展的背景下，伦敦外汇市场的交易量略有下降，但依旧是全球最大的交易市场。正是因为伦敦外汇市场交易繁荣，所以目前世界知名的外汇交易商都来自英国。近几年这些外汇交易商开始不断地向中国内地拓展业务，从而在国内形成了百家争鸣的景象。

作为一个世界性的外汇中心，伦敦外汇市场并无一个具体的交易场所，这与欧洲大陆某些国家外汇市场固定在一定的场所进行交易有所不同。在伦敦外汇市场，被批准的外汇经纪商包括清算银行、商业银行、外国银行设在伦敦的分支行及其他金融机构，他们之间有十分完整的电信网络设备，专用的对讲电话，灵敏的电子装置，能够迅速、灵活地处理各种即期和远期外汇买卖业务。1979 年 10 月 24 日，英国政府宣布完全解除外汇管制，伦敦外汇市场基本上成为完全自由的交易市场，外汇交易量不断增长，以交易效率高、货币种类多、交易设施先进和拥有一批训练有素的专门人才而闻名。

（1）市场特点。伦敦外汇市场的外汇交易分为即期交易和远期交易。汇率报价采用间接标价法，交易货币种类众多，最多达 80 多种，经常交易的也有三四十种。交易处理速度很快，工作效率高。伦敦外汇市场上外币套汇业务十分活跃，自从欧洲货币市场发展以来，伦敦外汇市场上的外汇买卖与“欧洲货币”的存放有着密切联系。特别是欧元诞生以前，欧洲投资银行积极地在伦敦市场发行大量欧洲德国马克债券，使伦敦外汇市场的国际性更加突出。

（2）经营范围。伦敦外汇市场经营一切可兑换货币的现汇交易，也经营为期 1 年的外汇期货交易。

①现汇交易。在伦敦外汇市场上，大部分经营的是现汇交易（即期交易），即外汇买卖成交后 2 天之内进行交割。如果外汇银行直接向客户买卖外汇，其交割日则在当天。

在外汇行情表中，一般均标明两套不同的汇率：一种为“上日幅度”，即前一天的最高与最低成交价格；另一种为“本日收盘”，即当日收盘时的买价与卖价。在该市场上，英国银行与顾客交易的汇率均以市场行情为依据，各银行的分支机构每天清晨都会收到当天的汇率表，可在此幅度内自行变动，银行也可以从交易中收取手续费。

②外汇期货交易。外汇期货交易是在外汇买卖成交时，双方签订合约，按约定的时间进行交割。伦敦外汇市场上的期货交易，预约的期限大都按月计算，一般为 1 个月、3 个月或半年，最长可达 1 年，通常以 3 个月较为普遍。

2. 德国法兰克福

法兰克福是德国中央银行（德国联邦银行）所在地，法兰克福外汇市场是德国最大的外汇市场，在欧洲仅次于伦敦外汇市场。由于德国长期以来实行自由汇兑制度，随着经济的迅速发展和欧元地位的提高，法兰克福逐渐发展成为世界主要外汇市场。

法兰克福外汇市场之所以成为德国最主要的外汇市场，除了其悠久的金融历史之外，也与法兰克福是全国银行等金融机构集中地有关。1957 年，联邦德国根据《联邦银行法》成立了德意志联邦银行，即中央银行，总部设在法兰克福，这对法兰克福的金融地位带来了极大的影响。许多商业银行为了方便与中央银行联系，纷纷在法兰克福设立分支机构。据统计，在法兰克福，仅本国银行机构就达 150 余家。目前，法兰克福外汇交易所的外汇交易量约占德国五大交易所总业务量的一半以上。

法兰克福外汇市场分为定价市场和一般市场。定价市场由官方指定的外汇经纪人负责撮合交易，他们分属法兰克福、杜塞尔多夫、汉堡、慕尼黑和柏林五个交易所，接收各家银行的外汇交易委托。如果买卖不平衡，汇率就持续变动，一直变动到买汇和卖汇相等，或中央银行干预以达到平衡，定价活动才结束，时间大约在上午 12：45。德国联邦银行派有专人参加法兰克福外汇市场的交易活动，以确定德国马克的官价。中央银行干预外汇市场的主要业务是美元对欧元交易，其中 70% 为即期外汇，30% 为远期外汇，有时也会对外币对外币之间的汇率变动进行干预。

外汇经纪人除了撮合当地银行外汇交易外，还随时与各国外汇市场联系，促进德国与世界各地的外汇交易活动。在法兰克福外汇市场上交易的货币有美元、英镑、瑞士法郎、欧元等。

三、美洲外汇市场

除了北美洲的美国纽约外汇市场以外，美洲其他国家的外汇市场并不发达，所以在此只着重介绍美国纽约的外汇市场。

纽约外汇市场是与伦敦外汇市场平分秋色的世界主要外汇市场，它不但是美国国内外汇交易中心，也是世界各地外汇结算的枢纽。与伦敦外汇交易市场相同，纽约外汇市场也是一个无形市场，外汇交易主要通过现代化的通信设备进行，其货币结算都通过纽约地区银行同业清算系统和联邦储备银行支付系统进行。美国没有外汇管制，对经营外汇业务没有限制，政府也不指定专门的外汇银行，所以几乎所有的美国银行和金融机构都可以经营外汇业务。但纽约外汇市场的参加者以商业银行为主，包括 50 余家美国银行和 200 多家外国银行在纽约的分支机构、代理行及代表处。

纽约外汇市场的外汇交易分为三个层次：银行与客户间的外汇交易、本国银行间的外汇交易以及本国银行和外国银行间的外汇交易。其中，银行同业间的外汇买卖大都通过外汇经纪人办理。纽约外汇市场有 8 家经纪商，虽然有些专门从事某种外汇的买卖，但大部分同时从事多种货币的交易。外汇经纪人的业务不受任何监督，对其安排的交易不承担任何经济责任，只在每笔交易完成后向卖方收取佣金。纽约外汇市场交易活跃，但和进出口贸易相关的外汇交易量较小，相当部分外汇交易和金融期货市场密切相关。美国企业除了进行金融期货交易而与外汇市场发生关系外，其他外汇业务较少。

目前，纽约外汇市场的参加者主要包括美国联邦储备系统的成员银行和非成员银行，外国银行在纽约的分支机构，以及外国银行设立的代理行和代表处，此外还包括一些外汇经纪商等。著名的中资机构有中国银行纽约分行。

四、国际外汇市场交易时间

前面说过，外汇市场几乎是 24 小时不间断报价交易。由于各主要外汇交易市场的开盘时间不同，所以做到了交易的“无缝衔接”。另外，每个交易市场的交易量不同，所以它们对市场汇率的影响也不同。作为一名外汇投资者，一定要清楚地了解每个外汇交易市场的开盘时间及其对市场的影响。

表 1-1　国际各主要外汇市场开盘收盘时间（北京时间）

主要外汇市场	开盘 / 收盘时间
新西兰惠灵顿外汇市场	04：00-12：00（冬令时）　05：00-13：00（夏令时）
澳大利亚悉尼外汇市场	06：00-14：00（冬令时）　07：00-15：00（夏令时）
日本东京外汇市场	08：00-14：30
新加坡外汇市场	09：00-16：00
德国法兰克福外汇市场	14：00-22：00
英国伦敦外汇市场	16：30-00：30（冬令时）　15：30-23：30（夏令时）
美国纽约外汇市场	21：20-04：00（冬令时）　20：20-03：00（夏令时）
中国香港外汇市场	09：00-16：00

从表 1-1 中可以看到，14：00 开始德国的法兰克福外汇市场开盘，15：30（夏令时）英国伦敦外汇市场开盘。由于德国法兰克福外汇市场的交易对整个外汇市场的波动影响相对有限，所以在英国伦敦外汇市场开盘前，整个外汇市场的交易活跃度都相对较低。

通常来说，在伦敦外汇市场开市以前，都可以称之为“亚洲盘”。亚洲盘的外汇市场交易相对清淡，各货币之间的兑换汇率波动幅度不大。但这并不是绝对的，有以下几种情况，在亚洲盘也会出现十分活跃的汇率波动。

（1）隔夜基本面因素炒作未充分释放。

比如每个交易月第一周的美国非农就业数据，若对市场影响较大，在没有充分释放时就已收盘，那么在下一个周一亚洲盘开盘后，便有可能出现行情的延续。

（2）亚洲盘突发地缘因素事件。

若亚洲盘阶段突发地缘因素事件，如战争、恐怖活动、美国暴风雪、独立公投等事件，也会对市场造成较大的影响。

（3）长期盘整后的技术性爆发。

前期汇率始终处于窄幅盘整阶段，长期蓄势充分后，在技术上突然爆发一波大幅度的走势也是很可能的。这种情况出现在亚洲盘的概率较小，通常出现在欧美盘阶段。

英国伦敦外汇市场开盘后，整个市场的活跃度就会有所提升，但是大多数交易日不会全天出现大幅度的行情波动，除非这个阶段英国或欧元区有重大经济数据或货币政策公布，或者某国央行重要官员对未来货币形势、货币政策发表重要讲话，否则市场会相对保持平静，但总体来说比亚洲盘阶段的活跃度要高。

到了晚间，比如 20：20（夏令时），美国纽约外汇市场开盘，与英国伦敦外汇交易市场同时交易，外汇市场的交易量就会出现剧增，各货币兑换之间的汇率波动也会急剧波动，逐渐走出日内最大的一波行情波动。尤其是在美盘开盘阶段，如果有美国重要经济数据或基本面消息发布，在这种情况下，市场往往会在很短的时间内爆发巨大且快速的价格波动。当然，这都是正常情况下发生的大概率事件，并不是每日都会出现这种剧烈的价格波动，投资者还需要多看盘，多进行总结，积累相关经验，以提高交易的正确率。

五、中国外汇市场发展简况

自 20 世纪 90 年代初中国上海、深圳证券交易市场分别成立后，中国的金融市场就开始飞速发展，各金融投资市场也不断由封闭走向开放，监管制度和规则不断完善，市场发展逐步成熟。外汇市场是中国“接触”比较晚的金融投资市场，截至 2018 年，中国外汇市场投资主体依旧为央行和机构，个人投资者投资外汇的交易额十分有限。

中国外汇交易中心暨全国银行间同业拆借中心（简称交易中心）于 1994 年 4 月 18 日成立，是中国人民银行总行直属事业单位。其主要职能是：为银行间货币市场、债券市场、外汇市场的现货及衍生产品提供交易、交易后处理、信息、基准、培训等服务；承担市场交易的日常监测工作；为中央银行货币政策操作、传导提供服务；根据中国人民银行的授权，发布人民币汇率中间价、上海银行间同业拆放利率（Shibor）、贷款基础利率（LPR）、人民币参考汇率、CFETS 人民币汇率指数等；提供业务相关的信息、查询、咨询、培训服务；经中国人民银行批准的其他业务。

1. 全国银行间同业拆借中心主要职责

（1）负责拟订全国统一的企业和个人信用信息基础数据库和动产融资登记系统建设的发展规划。

（2）承担全国统一的企业和个人信用信息基础数据库和动产融资登记系统建设，并负责运行、维护和管理。

（3）根据国家相关法规及规章，组织实施全国统一的企业和个人信用信息基础数据库、动产融资登记系统运行工作。

（4）负责制订全国统一的企业和个人信用信息基础数据库、动产融资登记系统运行和维护的内部管理制度和业务技术标准。

（5）负责与商业银行及有关方面的业务技术联系协调工作，采集企业和个人的信用信息。

（6）负责汇总和分析全国统一的企业和个人信用信息基础数据库中的数据信息，及时提出分析报告。

（7）依法向商业银行及有关方面提供企业和个人的信用信息服务，及其增值应用和市场推广。

（8）依法受理全国统一的企业和个人信用信息基础数据库和动产融资登记系统运行中的异议。

（9）负责组织全国统一的企业和个人信用信息基础数据库和动产融资登记系统业务知识及产品的培训。

（10）负责组织推进金融业统一征信平台建设。

（11）中国人民银行授权或交办的其他事项。

2. 人民币汇率形成机制

2005 年 7 月 21 日人民币汇率形成机制改革后，交易中心根据中国人民银行授权，每个工作日上午 9 时 15 分发布人民币兑美元等主要外汇币种汇率中间价。人民币兑美元汇率中间价的形成方式为：交易中心于每日银行间外汇市场开盘前向外汇市场做市商询价，并将全部做市商报价作为人民币兑美元汇率中间价的计算样本，去掉最高和最低报价后，将剩余做市商报价加权平均，得到当日人民币兑美元汇率中间价，权重由交易中心根据报价方在银行间外汇市场的交易量及报价情况等指标综合确定。

人民币兑欧元、英镑、港币、澳大利亚元和加拿大元汇率中间价，由交易中心分别根据当日人民币兑美元汇率中间价与上午9时国际外汇市场欧元、英镑、港币、澳大利亚元和加拿大元兑美元汇率套算确定。

人民币兑日元、马来西亚林吉特、俄罗斯卢布汇率中间价的形成方式为：交易中心于每日银行间外汇市场开盘前向银行间外汇市场相应币种的做市商询价，将做市商报价平均，得到当日人民币兑日元、马来西亚林吉特、俄罗斯卢布汇率中间价。

3. 我国外汇市场特点

（1）银行间外汇市场采用电子竞价交易系统，会员通过现场或远程交易终端自主报价，交易系统按照“价格优先、时间优先”的原则进行交易。

（2）银行间外汇市场上的加权平均汇率是经中国人民银行公布后，商业银行制定对客户结售挂牌汇价的基准汇率。

（3）银行与客户间的交易，具备真实有效的商业背景，外汇管理开放程度为交易自由度的限度。

（4）银行间外汇市场实施 T+1 和集中清算方式，交易中心统一为会员办理成交的本币与外币资金清算交割。

4. 我国外汇市场参与者

中国外汇市场的主要参与者包括外汇指定银行、客户、中央银行以及外汇经纪人和经纪商。

（1）外汇指定银行。外汇指定银行是外汇市场最主要的参与者。在我国，外汇指定银行是中央银行指定或授权经营外汇业务的商业银行。

（2）客户。在中国，客户是指与外汇指定银行存在外汇交易关系的生产经营性企业或者个人，主要有跨国集团、进出口贸易公司、资产管理机构、个人投资者以及投机者，另外包括留学人员、旅游者和侨居者。

（3）中央银行。在外汇市场上，各国中央银行作为外汇市场的干预者，介入外汇市场的目的是维护本国货币币值的稳定，保证市场的有序运行。

（4）外汇经纪人和经纪商。外汇经纪人和经纪商在外汇银行之间、外汇银行和外汇市场其他参与者之间，代理外汇买卖业务并收取佣金牟利。

5. 我国的外汇储备

一定的外汇储备是一国进行经济调节、实现内外平衡的重要手段。当国际收支出现逆差时，动用外汇储备可以促进国际收支的平衡；当国内宏观经济不平衡，出现总需求大于总供给时，可以动用外汇组织进口，从而调节总供给与总需求的关系，促进宏观经济的平衡。同时，当汇率出现波动时，可以利用外汇储备干预汇率，使之趋于稳定。因此，外汇储备是实现经济均衡稳定的一个必不可少的手段，特别是在经济全球化不断发展，一国经济更易于受到其他国家经济影响的情况下，更是如此。

一般说来，外汇储备的增加不仅可以增强政府宏观调控的能力，而且有利于维护国家和企业在国际上的信誉，有助于拓展国际贸易、吸引外国投资、降低国内企业融资成本、防范和化解国际金融风险。适度的外汇储备水平取决于多种因素，如进出口状况、外债规模、实际利用外资规模等。应根据持有外汇储备的收益、成本比较和这些方面的状况，把外汇储备保持在适度的水平上。

中国人民银行公布的最新外汇储备规模数据显示，截至 2017 年 12 月末，我国外汇储备规模为 31399 亿美元，较 2017 年初上升 1294 亿美元，升幅为 4.3%。数据显示，2017 年 12 月末，外汇储备规模较 11 月末上升 207 亿美元，升幅为 0.66%，连续第十一个月出现回升。国家外汇管理局表示，2017 年 12 月，我国跨境资金流动和境内外主体交易行为进一步趋于稳定和平衡。国际金融市场总体小幅波动，主要非美元货币汇率上涨和资产价格上升，推动外汇储备规模出现上升。国家外汇管理局表示，在全球经济持续回暖带来外需增长、金融市场进一步对外开放、市场预期不断改善的背景下，未来我国国际收支和外汇储备规模将保持平衡稳定。

第三节 了解汇率及作用

外汇交易简单讲就是对两种货币之间的汇率波动进行判断，从而进行相应的交易，赚取其中的差价。那么，汇率是什么？有什么用途呢？

一、汇率的概念

汇率是指一国货币与另一国货币的比率或比价，或者说是用一国货币表示的另一国货币的价格。汇率变动对一国进出口贸易有直接的调节作用。在一定条件下，通过使本国货币对外贬值，即让汇率上升，会起到促进出口、限制进口的作用；反之，本国货币对外升值，即汇率下降，则起到限制出口、增加进口的作用。

汇率是各个国家为了达到其政治目的的金融手段，汇率会因为利率、通货膨胀、国家政治和经济等原因而变动。

二、名义汇率与实际汇率

名义汇率是指在社会经济生活中被直接公布、使用的表示两国货币之间比价关系的汇率。名义汇率又称为“市场汇率”，是“实际汇率”的对称。一种货币能兑换另一种货币的数量的名义汇率，通常是先设定一个特殊的货币如美元、特别提款权作为标准，然后确定与此种货币的汇率。汇率依美元、特别提款权的币值变动而变动。名义汇率不能反映两国货币的实际价值，是随外汇市场上外汇供求变动而变动的外汇买卖价格。

实际汇率是用两国价格水平对名义汇率进行调整后的汇率，即 eP*/P（其中，e 为直接标价法的名义汇率，即用本币表示的外币价格，P* 为以外币表示的外国商品价格水平，P 为以本币表示的本国商品价格水平）。实际汇率反映了以同种货币表示的两国商品的相对价格水平，从而反映了本国商品的国际竞争力。

名义汇率与实际汇率可通过费雪效应表示，它反映了名义汇率和实际汇率以及通货膨胀的关系。公式为 $1+R=(1+r)\times(1+h)$，其中 r 代表实际汇率，R 代表名义汇率，h 代表通货膨胀率。

名义汇率的变化对商品实质相对价格的影响非常短暂，因为不管汇率怎样变，企业总是可以通过调整工资及价格来达到市场均衡。

三、汇率的种类划分

（1）按国际货币制度的演变划分，有固定汇率和浮动汇率。

①固定汇率。是指由政府制定和公布，并只能在一定幅度内波动的汇率。

②浮动汇率。是指由市场供求关系决定的汇率。其涨落基本自由，一国货币市场原则上没有维持汇率水平的义务，但必要时可进行干预。

（2）按制定汇率的方法划分，有基本汇率和套算汇率。

①基本汇率。各国在制定汇率时必须选择某一国货币作为主要对比对象，这种货币称为关键货币。根据本国货币与关键货币实际价值的对比，制定出对它的汇率，这个汇率就是基本汇率。一般美元是国际支付中使用较多的货币，各国都把美元当作制定汇率的主要货币，常把对美元的汇率作为基本汇率。

②套算汇率。是指各国按照对美元的基本汇率套算出的直接反映其他货币之间价值比率的汇率。

（3）按银行买卖外汇的角度划分，有买入汇率、卖出汇率、中间汇率和现钞汇率。

①买入汇率。也称买入价，即银行向同业或客户买入外汇时所使用的汇率。采用直接标价法时，外币折合本币数较少的那个汇率是买入价，采用间接标

价法时则相反。

②卖出汇率。也称卖出价，即银行向同业或客户卖出外汇时所使用的汇率。采用直接标价法时，外币折合本币数较多的那个汇率是卖出价，采用间接标价法时则相反。

买入卖出之间有个差价，这个差价是银行买卖外汇的收益，一般为1‰~5‰。银行同业之间买卖外汇时使用的买入汇率和卖出汇率也称同业买卖汇率，实际上就是外汇市场买卖价。

③中间汇率。是买入价与卖出价的平均数。西方报刊报道汇率消息时常用中间汇率，套算汇率也用有关货币的中间汇率套算得出。

④现钞汇率。一般国家都规定不允许外国货币在本国流通，只有将外币兑换成本国货币，才能够购买本国的商品和劳务，因此产生了买卖外汇现钞的兑换率，即现钞汇率。按理现钞汇率应与外汇汇率相同，但因需要把外币现钞运到各发行国去，由于运送外币现钞要花费一定的运费和保险费，因此，银行在收兑外币现钞时的汇率通常要低于外汇买入汇率， 而银行卖出外币现钞时使用的汇率则高于其他外汇卖出汇率。

（4）按银行外汇付汇方式划分，有电汇汇率、信汇汇率和票汇汇率。

①电汇汇率。电汇汇率是经营外汇业务的本国银行在卖出外汇后，即以电报委托其国外分支机构或代理行付款给收款人所使用的一种汇率。由于电汇付款快，银行无法占用客户资金头寸，同时国际间的电报费用较高，所以电汇汇率较一般汇率高。但是电汇调拨资金速度快，有利于加速国际资金周转，因此电汇在外汇交易中占有很大的比重。

②信汇汇率。信汇汇率是银行开具付款委托书，用信函方式通过邮局寄给付款地银行转付收款人所使用的一种汇率。由于付款委托书的邮递需要一定的时间，银行在这段时间内可以占用客户的资金，因此，信汇汇率比电汇汇率低。

③票汇汇率。票汇汇率是指银行在卖出外汇时，开立一张由其国外分支机构或代理行付款的汇票交给汇款人，由其自带或寄往国外取款所使用的汇

率。由于票汇从卖出外汇到支付外汇有一段间隔时间，银行可以在这段时间内占用客户的头寸，所以票汇汇率一般比电汇汇率低。票汇有短期票汇和长期票汇之分，其汇率也不同。由于银行能更长时间运用客户资金，所以长期票汇汇率较短期票汇汇率低。

（5）按外汇交易交割期限划分，有即期汇率和远期汇率。

①即期汇率。也叫现汇汇率，是指买卖外汇双方成交当天或两天以内进行交割的汇率。

②远期汇率。远期汇率是在未来一定时期进行交割，事先由买卖双方签订合同、达成协议的汇率。到了交割日期，由协议双方按预定的汇率、金额进行钱汇两清。远期外汇买卖是一种预约性交易，由于外汇购买者对外汇资金需要的时间不同，为了避免外汇汇率变动风险，引发了远期外汇买卖。远期外汇的汇率与即期汇率相比是有差额的，这种差额叫远期差价，有升水、贴水、平价三种情况。升水是表示远期汇率比即期汇率贵，贴水则表示远期汇率比即期汇率便宜，平价表示两者相等。

（6）按对外汇管理的宽严区分，有官方汇率和市场汇率。

①官方汇率。是指国家机构（财政部、中央银行或外汇管理局）公布的汇率。官方汇率又可分为单一汇率和多重汇率。多重汇率是一国政府对本国货币规定的一种以上的对外汇率，是外汇管制的一种特殊形式。其目的在于奖励出口、限制进口，限制资本的流入或流出，以改善国际收支状况。

②市场汇率。是指在自由外汇市场上买卖外汇的实际汇率。在外汇管理较松的国家，官方宣布的汇率往往只起到中心汇率的作用，实际外汇交易则按市场汇率进行。

（7）按银行营业时间划分，有开盘汇率和收盘汇率。

①开盘汇率，又叫开盘价，是外汇银行在一个营业日刚开始营业时进行外汇买卖使用的汇率。

②收盘汇率，又叫收盘价，是外汇银行在一个营业日的外汇交易终了时使用的汇率。

四、汇率标价方法

1. 直接标价法

直接标价法又叫应付标价法，是以一定单位（1、100、1000、10000）的外国货币为标准来计算应付出多少单位本国货币。就相当于计算购买一定单位外币应付多少本币，所以叫应付标价法。在国际外汇市场上，包括中国在内的世界上绝大多数国家目前都采用直接标价法。如日元兑美元汇率为119.05，即1美元可兑换119.05日元。

在直接标价法下，若一定单位的外币折合的本币数额多于前期，则说明外币币值上升或本币币值下跌，叫做外汇汇率上升；反之，如果要用比原来较少的本币即能兑换到同一数额的外币，说明外币币值下跌或本币币值上升，叫做外汇汇率下跌，即外币的价值与汇率的涨跌成正比。直接标价法与商品的买卖常识相似，例如美元的直接标价法就是把美元外汇作为买卖的商品，以美元为1单位，且单位是不变的，而作为货币一方的人民币是变化的。一般商品的买卖也是这样，500元买进一件衣服，550元把它卖出去，赚了50元，商品没变，而货币却增加了。

2. 间接标价法

间接标价法又称应收标价法。它是以一定单位（如1个单位）的本国货币为标准，来计算应收若干单位的外汇货币。在国际外汇市场上，欧元、英镑、澳元等均为间接标价法。如欧元兑美元汇率为0.9705，即1欧元可以兑换0.9705美元。在间接标价法中，本国货币的数额保持不变，外国货币的数额随着本国货币币值的变化而变化。如果一定数额的本币能兑换的外币数额比前期少，这表明外币币值上升，本币币值下降，即外汇汇率上升；反之，如果一定数额的本币能兑换的外币数额比前期多，则说明外币币值下降、本币币值上升，即外汇汇率下跌，也就是外汇的价值和汇率的升跌成反比。因此，间接标价法与直接标价法相反。

直接标价法和间接标价法表示的汇率涨跌含义相同，即外币贬值，本币升值，汇率下降；外币升值，本币贬值，汇率上升。不同之处在于标价方法不同，所以在引用某种货币的汇率或说明其汇率高低涨跌时，必须明确采用哪种标价方法，以免混淆。

3. 美元标价法

美元标价法又称纽约标价法，是指在纽约国际金融市场上，除对英镑用直接标价法外，对其他外国货币用间接标价法的标价方法。美元标价法由美国在 1978 年 9 月 1 日制定并执行，目前是国际金融市场上通行的标价法。

第四节　汇率制度

汇率制度又称汇率安排，是指各国或国际社会对于确定、维持、调整与管理汇率的原则、方法、方式和机构等做出的系统规定。传统上，按照汇率变动的幅度，汇率制度被分为两大类型：固定汇率制和浮动汇率制。西方各国在 20 世纪 70 年代之前实行固定汇率制，后来由于美元危机，布雷顿森林体系崩溃，各国开始采用浮动汇率制。

一、固定汇率

固定汇率是将一国货币与另一国货币的兑换比率基本固定的汇率。固定汇率并非汇率完全固定不动，而是围绕一个相对固定的平价的上下限范围波动，该范围的最高点叫“上限”，最低点叫“下限”。当汇价上涨或下跌至上限或下限时，中央银行就要采取措施，使汇率维持不变。

二、浮动汇率

浮动汇率是固定汇率的对称，是指根据市场供求关系自由涨跌，货币当局不进行干涉的汇率。在浮动汇率下，金平价已经失去了实际意义，官方汇率也只是起到某种参考作用。就浮动形式而言，如果政府对汇率波动不加干预，完全听任供求关系决定汇率，则称为自由浮动或清洁浮动。该制度在历史上早就存在过，但真正流行是 1972 年以美元为中心的固定汇率制崩溃之后。

了解了外汇的基本概念后，投资者应该对外汇有了较深刻的认识。当清楚了什么是外汇，什么是汇率，什么是外汇市场以后，才能更深入地了解外汇交易，接下来就开始一步步走进外汇交易的大门。

第二章
初探外汇交易

任何一项投资，不论是实体投资还是金融投资，都要对投资市场做充分的了解和调研。首先要了解标的投资市场的利润与潜在风险是否可以承受，然后深入了解市场，发掘投资机会。在任何一个投资市场中，成功者都是少数。在金融投资市场中，“二八定律”表现得更为明显。如何能够站到“盈利”这一少数人的队伍中来，就看谁更了解市场，谁的投资心态更好，谁掌握更精准的操盘技术。

第一节　外汇市场与其他投资市场对比

目前，中国投资市场的开放程度日益扩大，投资者队伍也在不断壮大，大多数人都有一两个金融投资项目，部分投资者的投资领域更加广泛，但是成功者只是少数甚至极少数。

其实，参与任何一个投资市场都是可以盈利的，只要对它足够了解，掌握专业的分析技术和投资技巧。下面就来了解一下外汇交易市场，为未来的外汇投资做好铺垫。

表 2-1　外汇市场与其他金融投资市场对比

各大投资市场	交易难度	交易风险	交易收益	交易佣金	交易时间	交易方向	交易费用	公平程度	交易量
外汇	低	高	高	高杠杆	全天	双向 T+0	低	超高	超高
股票	高	中	中	全额	4 小时	单向 T+1	低	中低	低
期货	高	高	中高	低杠杆	早夜盘	双向 T+0	中	中	中
基金	低	低	低	全额	4 小时	单向	高	中	高
比特币	中	高	高	高杠杆	全天	双向 T+0	低	低	高
现货黄金	低	高	高	高杠杆	全天	双向 T+0	低	超高	高

表 2-1 展示了目前金融市场中主流投资市场的基本特点，投资者可根据对比选择适合自己的投资市场。比如股票市场属于中长期投资市场，而大多数 A 股投资者热衷于投机式的超短线交易，自然赚少亏多。现货外汇市场中的投资者利用高杠杆做中长线交易，出现大幅亏损后仍然持仓不止损，最终可能会导致爆仓的悲剧。任何一个投资市场都有自己的特点，适合自己的才

是最佳的投资市场。投资市场的选择，要根据个人风险偏好以及投资习惯、策略、交易方式来判断。

一、外汇与股票

股票市场是中国开放最早的金融投资市场之一，也是投资者群体最为庞大的金融投资市场。许多外汇市场投资者都有A股市场的投资经历，也有许多投资者执着地只接受股票投资，不愿尝试甚至不愿了解股票以外的其他投资市场。

股票市场的特点十分明显，中国A股市场目前尚处于弱型有效市场转半强型有效市场的过程当中，所以内幕交易、虚假信息、空壳上市、收购以及机构操纵股价的行为时有发生，这给普通个人投资者的投资行为造成极大的影响。在这一点上，外汇市场就相对比较成熟，因为它是国际投资市场，每日的交易量巨大，几乎没有哪一家机构可以单独操纵某一外汇汇率（不包括政府调控），所以从公平、公正的角度来讲，外汇市场十分成熟。

从信息公布情况来看，A股市场通常在收盘后或开盘前公布消息，导致不论利好还是利空，投资者都无法第一时间做出相应的交易。2017年A股市场中出现的雅百特财务造假事件、赵薇空壳收购案、乐视网欠债风波等事件，其中不乏违规行为，给许多个人投资者甚至是投资机构带来了极大的损失，类似的事件似乎每一年都在上演。在外汇交易市场，所有重大消息或经济数据都是在盘中公布，而且时间相对固定，投资者可以选择在消息面公布前空仓规避风险，也可以分析消息面或数据对后市汇率的影响，提前进行交易。

再从交易制度上看，中国A股市场采取的是T+1单向交易制度，这就对交易产生了明显的限制。比如，当日进场买入某一个股后，价格突然放量下跌，出现机构出货行为，投资者只能眼睁睁地看着股价下跌却无法止损，第二天若股价大幅低开或直接跌停，将蒙受更大的损失。

A股市场不能进行沽空交易。在A股市场全年的行情走势中，上涨周期是比较短的，大多数时间都在盘整或下跌，所以很多个股出现了明显的下跌趋势或迹象时，却无法进行沽空交易。这一制度虽然从某种角度上来说保护了投资者，但是不可否认，这也是市场相对不成熟的一种表现，影响了资金的流通性以及交易的活跃程度。相比之下，国际外汇市场就十分成熟和灵活，投资者可以随时买卖，随时开仓平仓，看涨则买多，看跌则沽空，主动权完全掌控在自己手中。

为何许多世界知名的投资人都不是中国人？这是因为金融发达国家或国际金融投资市场，都具有一定的杠杆交易，这样才能以小博大，获取更高的收益，国内传统的金融市场则很少具备杠杆交易。A 股市场采取的是全额交易制度，个股场外期权一般杠杆率在 20 倍左右，期货市场的杠杆比例相对要小一些，当然这也是保护投资者的措施之一。由于目前中国的投资者教育十分缺乏，投资理念以及专业性普遍较低，二八分化十分明显，所以对于某些投资者来说，杠杆率越高，意味着亏损越多。外汇市场的杠杆率相对较大，惧怕风险的投资者可通过调整下单量主动降杠杆，调节到适合自己的仓位，这样一来杠杆就具有了一定的灵活性，即使是小资金也有机会在短期内获取巨大的收益回报。

二、外汇与期货

中国期货市场与 A 股市场的相似之处是交易量都比较有限，所以就存在大资金对价格的操纵行为。中国的期货市场每个交易品种的特点都有不同，某些交易量较小且定价权在中国的商品，操纵性更强一些，而像黄金、白银、沥青这些国际商品则不宜被操控。

从交易时间上来看，中国的期货市场相对国际商品的交易时间并不连贯，最早的期货市场是没有夜盘的，导致这些国际商品期货第二天开盘会出现大幅度的高开或低开行为，投资者根本无法在波动最活跃的时候参与交易。后来期货市场开通了夜盘交易，但是也并非是全天交易的，其中最大的断档在 15：00-21：00 这段时间，这期间欧洲盘刚刚开盘，很多时候会出现较为活跃的交易，价格的波动也会逐渐增加，而中国的期货投资者会完全错过，持有反向单的投资者很容易出现开盘就亏钱的情况。如果是在夏令时，通常美国的重要经济数据，如 GDP、非农就业指数等，多在 20：30 公布，之后会引发市场做出反应，出现大幅度且活跃的波动与交易，在这段时间，中国的期货市场则完全处于休市的状态。

外汇市场的交易量十分庞大，资金流通性更高，投资者下单成交速度也更快，质量更高。从交易费用方面来看，也要更低一些。

三、外汇与基金

目前中国的基金行业发展相对比较成熟，私募、公募基金种类繁多。其中私募基金 100 万元的入场门槛让很多中小投资者望而却步，但是超过 20% 的平均年化收益率对投资者来说也是不小的诱惑，甚至有些明星基金的年化收益率会更高一些，但私募基金相对而言风险也要更大一些。公募基金是比较大众化的投资项目，入市门槛低，风险小，是许多稳健型投资者的选择。公募基金的种类很多，如股票型基金、货币型基金、指数型基金、债券型基金以及其他衍生品基金等。

1. 货币型基金

货币型基金是一种开放式基金，主要投资于债券、央行票据、回购等安全性极高的短期金融品种，又被称为“准储蓄产品”。其主要特征是“本金无忧、活期便利、定期收益、每日记收益、按月分红利”，属于风险系数极低的投资品种，当然收益相较其他类型基金也是比较低的。

2. 指数型基金

指数型基金，顾名思义就是以特定指数（如沪深 300 指数、标普 500 指数、纳斯达克 100 指数、日经 225 指数等）为标的指数，并以该指数成份股为投资对象，通过购买该指数的全部或部分成份股构建投资组合，以追踪标的指数表现的基金产品。

投资者在选择指数基金时需要注意两点：一方面要选择跟踪成长性较好

的指数基金，当然，找到这样的指数基金难度比较大；另一方面是选择投资跟踪误差较小的指数基金，因为跟踪误差越小，表明基金经理的管理能力越强，投资者更能实现获得指数收益率的目标。此外，投资者还可以通过投资不同的指数基金来达到资产配置的目的。当前市场上的指数基金种类繁多，可谓“百花齐放，百家争鸣”。不同指数覆盖的市场范围不同，其风险收益特征也不同，如上证 180 指数和深证 100 指数，分别反映沪深两市的情况；中证 100 和中小板指数，则分别反映沪深两市大盘蓝筹企业与中小企业的经营情况。随着跨境 ETF 指数的推出，同时选择沪深 300 指数基金与投资海外市场指数的基金，也是很好的资产配置方向，能够在一定程度上起到分散投资、分散风险的作用。

3. 股票型基金

按照买入股票种类的不同，股票型基金可以分为优先股基金和普通股基金。优先股基金是一种可以获得稳定收益、风险较小的股票型基金，其投资对象以各公司发行的优先股为主，收益主要来自股利收入。普通股基金以追求资本利得和长期资本增值为投资目标，风险较优先股基金要高。

按基金投资分散化程度不同，可将股票型基金分为一般普通股基金和专门化基金，前者是指将基金资产分散投资于各类普通股票上，后者是指将基金资产投资于某些特殊行业的股票上，这种股票型基金风险较大，但可能具有较好的潜在收益。

按基金投资的目的不同，可将股票型基金分为资本增值型基金、成长型基金及收入型基金。资本增值型基金投资的主要目的是追求资本快速增长，以此带来资本增值，该类基金风险高、收益也高。成长型基金投资于那些具有成长潜力并能带来潜在收益的普通股票上，具有一定的风险。收入型基金投资于具有稳定发展前景的公司所发行的股票，追求稳定的股利分配和资本利得，这类基金风险小，收入也不高。

投资股票型基金主要还是看当前股票市场的整体走势，在股票市场表现不佳或处于熊市阶段时，亏损的概率以及亏损幅度也会比较大。

外汇市场与基金市场最大的区别在于，投资外汇市场的个人投资者要具备一定的专业知识和能力，这样才有机会在全世界的资金池子里取出一部分放进自己的口袋，否则就只有往里面送钱的份儿。当然，如果有一套行之有效的操盘方法，就可以持续获得稳定的收益。投资基金则相当于把自己的钱交给比自己专业的机构或人士去打理，这样一来就要把“命运”交到别人的手上，其优点在于不需要自己进行交易，不需要自己费心思，尤其是对于那些不擅长投资且没有学习兴趣的投资者来说。弊端则是如果“遇人不善”，会给自己的资金安全带来风险，投资之前需要辨别好的基金公司以及项目产品。

其次，外汇交易随时可以买入与平仓，灵活性强，而基金投资要等待封闭期结束或基金清盘，投入的资金才有可能收回。外汇市场更偏向于中线、短线投机，而基金通常为中长期、长期投资。

四、外汇与现货黄金

如果是现货外汇与现货黄金之间对比，它们在交易机制与分析方法上基本是一样的，区别就在于现货黄金投资品种比较单一，如果没有比较活跃的波动或好的行情走势，则没有交易的机会。外汇市场直盘与交叉盘有数十个交易品种，交易的机会更多一些。

黄金投资只需要分析几个影响金价的主要国家的经济数据或重要基本面消息即可，外汇市场则需要分析诸多国家的基本面因素，在分析范围上，外汇投资更加广泛一些。

目前许多境外外汇交易商的交易软件不仅可以交易外汇、现货黄金、美国期货，有的甚至还可以交易美股、恒生指数、沪深300指数等丰富多样的投资品种。

五、外汇与固收产品

目前固定收益类理财产品的种类也十分丰富，比如信托产品、保险理财、P2P理财、银行定投等。

收益相对较高的理财产品大都具有一定的弊端，比如信托公司发行的固收产品一般认购门槛较高，与私募基金类似，不是所有投资者都有条件购买。另外则是信用风险，若信托公司投资失败，则可能没有充足的资金回购。

P2P 理财产品近几年在中国迅速发展流行，但问题也随之而来。许多 P2P 理财平台收益很高，但多为资金盘，以拆东墙补西墙的方式积累资金池，具有潜在的崩盘或平台商跑路的风险，所以投资者一定要擦亮双眼，切勿被高收益蒙蔽。

部分保险公司推出的理财产品，看似收益很高，但是持有的周期过长，从几年到十几年不等，有些甚至更长，如果量化到每个月，则收益比较低。

第二节　外汇市场交易优势

外汇市场之所以成为全世界最大的交易市场，是因为其具备了许多其他投资市场所不具备的优势，这些优势能给投资者带来盈利的便利。

一、公开、公平、公正

个人普通投资者在金融投资市场处于比较劣势的地位，获取资讯的途径有限，尤其是有价值的“内幕消息”。其次是资金数量有限，若没有庞大的资金，通过正常交易是无法对价格造成明显影响的。一般的股票市场或期货市场，部分商品由于受地域性限制，市场交易额比较有限，所以价格也比较容易受人为因素的影响。

外汇市场是全球性交易市场，每日交易额巨大，行情以及相关的基本面情况及时公开，市场透明度极高。若有异常波动，该货币国央行也会出面干预。货币汇率的波动对一国的影响及其重要性，远超过其他金融投资市场，若出现某些机构联合操纵外汇汇率的情况，就会受到政府部门的严格监管，导致这种情况发生的概率相对较低，所以投资者只要自身技术过硬，即可大胆入市交易。

2014年底，因涉嫌操纵外汇市场，全球金融监管机构向美国花旗银行、摩根大通银行、英国苏格兰皇家银行、汇丰银行和瑞士银行开出了共计34亿美元的罚单。从数据来看，当时全球外汇市场的日交易额达5万亿美元，而巴克莱集团、花旗集团、苏格兰皇家银行和瑞士银行集团四家银行所占份额可能超过40%。外媒报道称，部分交易商操纵了全球基准汇率WM/Reuters，该价格基准用于为数以万亿美元计的投资产品定价。由此可见，外汇市场操纵十分不宜，单一机构很难进行操纵，必须由几家世界知名投行联手操纵才有可能获得成功。但各国政府对外汇市场监管力度巨大，一旦被查实有市场操纵行为，就会受到严厉的处罚。高额的操纵成本，自然束缚了许多投行操纵外汇的想法。

二、连续运作的交易时间

外汇市场的一大特点就是交易的全球性。前面讲过，国际外汇市场是由许多主要国家的外汇交易市场联合形成统一且彼此关联的整体，所以每一个货币兑换品种都可以全天24小时进行电子交易。

外汇交易对于中国的股票投资者来说也具有很大的优势及便利，方便投资者进行股票与外汇“投资组合”。中国A股市场的交易时间为9：30—15：00，外汇市场虽然全天24小时不间断报价交易，但是A股开市交易期间，外汇市场处于亚洲盘交易时段，由于交易量较低，通常市场货币对的价格波动十分有限，投资者可以专注股票交易，适当关注外汇市场的行情波动。A股市场收盘休市后，外汇市场即将迎来欧洲盘的交易时段，接着是美盘的交易时段，这时市场的波动幅度逐渐加大，交易机会也接踵而至。

目前人们的作息时间跨度比较大，睡眠时间通常在夜间11点以后，而外汇市场在凌晨前主要行情已经结束，并不影响投资者的正常作息时间（在重要基本面影响下，亚洲盘及美盘后期也会有大行情出现）。

所以对中国投资者来说，A股市场的投资与外汇市场投资之间并不冲突，从交易时间来讲，反而是非常好的投资组合。对于金融投资的狂热者与爱好者来讲，组合股票投资与外汇投资，全天都可以进行分析与交易。

三、完善的交易机制

国际外汇市场十分成熟，交易机制完善，与 A 股的 T+1 单向交易不同，国际外汇市场为 T+0 交易，当日买入当日即可平仓，给投机爱好者提供了非常好的交易环境。另外，当投资者做多或沽空之后，一旦出现任何风险，可即时平仓离场，在控制损失上提供了更多的主动性。

外汇市场交易除了买涨获利以外，还可以买跌（沽空）获利。在中国 A 股市场，当市场环境不佳，股票价格下跌时，投资者除了卖出持仓个股或融券卖出以外，是不能进行沽空交易的。外汇市场中，若对某货币汇率看跌，即可开仓沽空，当汇率如期下跌时亦可获利。所以外汇市场给投资者增加了更多的交易获利机会，只要货币汇率有波动，皆可进场交易。

四、杠杆交易以小博大

外汇市场采用的是保证金交易，也就是所谓的杠杆交易，投资者可以在现有资金的基础上，以扩大信用额度的方式在外汇市场上进行交易，这样可以将有限的资金放大，购买更多的合约，谋取超额利润。假设交易外汇的保证金杠杆为 100 倍，投资者每投资 1000 美元，则可购买 100000 美元的外汇合约。

利用资金杠杆进行交易，可以说是有利有弊。投资者可以利用高杠杆短期快速获取暴利，也可以短时间内产生巨大的亏损，所以投资者要对杠杆交易的风险有充分的认识，有驾驭和控制风险的能力及信心，才可以入市交易。对于初入市的投资者来说，即使拥有高额的杠杆权限，也要主动地降低杠杆，进行稳健的交易。待到交易准确率及收益率达到一个稳定的状态时，再逐渐提高杠杆的使用率。

五、无涨跌限制，交易快捷

中国A股市场为了保护投资者，政策上出台了许多交易限制措施，涨跌停板制度就是其中之一，外汇市场就没有这样的交易限制。大多数交易日，虽然外汇市场的交易品种最大涨跌幅不会达到10%，但是小幅的波动加上杠杆式交易，其中的利润空间就很大了。

在A股市场交易，个股处于涨停板时，投资者只能进行卖出，购买则需要挂单排队等待成交；跌停时只能买入，若想卖出，也需要排队等候。在这种制度下，投资者可能会因为操作不及时被动产生许多的资金损失。在外汇市场上，因为采取的是做市商交易模式，投资者进行外汇交易是直接与银行对冲，因此交易中无须排队等待，随时即可成交。另外，不论交易多少合约，都可一次性完成交易，买卖十分便捷。

第三节 外汇市场主要货币介绍

表2-2 外汇货币对代码对照表

货币对	代码	货币对	代码
美元/日元	USD/JPY	英镑/瑞士法郎	GBP/CNF
英镑/美元	GBP/USD	加拿大元/日元	CAD/JPY
美元/瑞士法郎	USD/CHF	加拿大/瑞士法郎	CAD/CHF
澳大利亚元/美元	AUD/USD	欧元/澳大利亚元	EUR/AUD
美元/加拿大元	USD/CAD	欧元/英镑	EUR/CBP
新西兰元/美元	NZD/USD	欧元/加拿大元	EUR/CAD
澳大利亚元/加拿大元	AUD/CAD	欧元/日元	EUR/JPY
澳大利亚元/日元	AUD/JPY	欧元/新西兰元	EUR/NZD

（续表）

澳大利亚元 / 新西兰元	AUD/NZD	欧元 / 瑞士法郎	EUR/CHF
澳大利亚元 / 瑞士法郎	AUD/CHF	新西兰元 / 加拿大元	NZD/CAD
英镑 / 澳大利亚元	GBP/AUD	新西兰元 / 日元	NZD/JPY
英镑 / 加拿大元	GBP/CAD	新西兰元 / 瑞士法郎	NZD/CHF
英镑 / 日元	GBP/JPY	瑞士法郎 / 日元	CHF/JPY
英镑 / 新西兰元	GBP/NZD	美元指数	SPT_DXY

一、美元

美元（United States dollar，英文缩写：USD）是美国的官方货币。当前美元的发行是由美国联邦储备系统控制。自 1913 年起，美国建立联邦储备制度，发行联邦储备券，现行流通的钞票中，99% 以上为联邦储备券。美元的发行主管部门是国会，具体发行业务由联邦储备银行负责办理。

二战以后，欧洲大陆国家与美国达成协议，同意使用美元进行国际支付，此后美元作为储备货币在美国以外的国家广泛使用，最终成为国际货币。目前美元是世界上大部分国家的主要储备货币，由于其货币流通量巨大，其他货币的波动主要依据美元汇率进行兑换。

二、欧元

欧元（Euro，英文缩写：EUR）是欧盟中 19 个国家的通用货币。欧元区的 19 个会员国包括德国、法国、意大利、荷兰、比利时、卢森堡、爱尔兰、西班牙、葡萄牙、奥地利、芬兰、立陶宛、拉脱维亚、爱沙尼亚、斯洛伐克、斯洛文尼亚、希腊、马耳他、塞浦路斯 。

1999 年 1 月 1 日，欧元区国家实行统一的货币政策（Single Monetary Act），2002 年 7 月欧元成为欧元区唯一的合法货币。欧元由欧洲中央银行

（European Central Bank，英文缩写：ECB）和各欧元区国家的中央银行组成的欧洲中央银行系统（European System of Central Banks，英文缩写：ESCB）负责管理。另外欧元也是非欧盟中 6 个国家（地区）的法定货币，他们分别是：摩纳哥、圣马力诺、梵蒂冈、安道尔、黑山和科索沃地区。其中，前 4 个袖珍国根据与欧盟的协议使用欧元，后两个国家（地区）则是单方面使用欧元。

在外汇直盘交易中，欧元兑美元的走势相对比较稳定，较少出现大起大落的情况。欧元是美元的主要对手货币，欧元的走势几乎完全与美元相反，所以欧元的走势也与国际黄金价格走势较为相似，是最适合外汇初学者交易的货币兑换品种。

三、英镑

英镑(Great Britain Pound,英文缩写: GBP)是英国货币和货币单位名称，最常用于表示英镑的符号是 £。英镑主要由英格兰银行发行，但也有其他发行机构。除了英国，英国海外领地的货币也以英镑作为单位，与英镑的汇率固定为 1：1。

英国是世界上最早实行工业化的国家，曾在国际金融业中占据统治地位，历史上，英镑也是国际结算业务中计价和结算时使用最广泛的货币。一战和二战以后,英国在国际经济中的地位不断下降,但英国的金融业依然还很发达,英镑在外汇交易结算中还占有非常高的地位。目前全球外汇储备中英镑居第三位（前两者为美元与欧元），英镑也是全球第四大外汇交易品种（在美元、欧元、日元之后）。虽然英镑和欧元没有固定汇率，但是两者经常会走出比较相似的走势，尤其是美元受到重要因素影响出现巨大波动的时候。

英镑兑美元的汇率波动相对比欧元兑美元活跃，因为英镑在美元指数中所占比例不是很大，所以在美元没有因重要影响因素出现剧烈波动的情况下，经常走出与欧元兑美元不同的走势，且易出现较大的振幅，属于比较活跃的货币交易品种。

四、日元

日元（Japanese Yen，英文缩写：JPY）是日本的法定货币，其纸币称为日本银行券。日元是继美元和欧元之后的第三大储备货币。日元是外汇市场上波动幅度最大的货币之一，也是亚洲国家交易量最大的货币之一，通常在亚洲盘阶段也会出现十分活跃的行情走势。

日本虽然是资源贫乏的国家，但是其贸易、工业都很发达，在海外投资规模十分巨大。同时，日本政府对汇率实施保护政策，经常干预汇市波动，所以日元交易比较活跃，振幅较大。日本是二战后经济发展最快的国家之一，日元也是战后升值最快的货币之一，因此日元在外汇市场中的地位也越来越重要。

五、加拿大元

加拿大元简称加元（Canadian Dollar，英文缩写：CAD），是加拿大的法定货币。加拿大银行（Bank of Canada/ Banque du Canada）负责加拿大的货币发行。加拿大银行创建于 1934 年，是加拿大的中央银行。加拿大居民主要是英法移民的后裔，分为英语区和法语区，因此钞票均使用英语和法语两种文字。加拿大是英联邦国家，钞票以英国统治者的头像作为主要图案。

六、澳大利亚元

澳大利亚元（Australian Dollar，英文缩写：A$ 或 AUD）是澳大利亚的货币单位。在目前的外汇市场上，澳大利亚元的交易量位居世界第五，也是国际市场重要的流通货币，居于美元、欧元、日元、英镑之后，占外汇市场总交易量的 6%。2010 年，澳大利亚元正式取代瑞士法郎的国际地位，成为全球第五大流通货币。

虽然澳大利亚不是主要的黄金开采和出口国，但是澳元和黄金价格走势明显呈正相关。此外，澳元是高息货币，美国方面利率前景和体现利率前景的国债收益率的变动对其走势影响较大。

澳元汇率与金、铜、镍、煤炭和羊毛等商品的价格存在紧密联系，这些商品占澳大利亚总出口额近 2/3，因此，澳元汇率的高低走势通常受这些商品价格趋势的影响较大。澳元经常在通胀的经济环境下获得支持，此时正是商品价格高涨的时候。举例来说，2002 年黄金价格上涨时，澳元汇率也随之上涨，之后价格回调时，澳元汇率也随之回调，二者又在 2004 年第四季度同时再次上涨。另一方面，澳大利亚与日本经济（日本吸收了澳大利亚 20% 的出口）和欧元区经济的紧密联系，也是澳元跟随日元和欧元走势的内在原因。比如，外汇市场中澳元兑美元的汇率与美元兑日元的汇率之间明显负相关，这种关系在外汇市场中非常容易识别。澳元兑美元的汇率表示形式与欧元兑美元和英镑兑美元相同，都表示 1 澳元对应多少美元。

七、瑞士法郎

瑞士法郎简称瑞郎（Swiss Franc，英文缩写：CHF），是瑞士和列支敦士登的法定货币，由瑞士中央银行（Swiss National Bank，英文缩写：SNB）发行。瑞士法郎在国际上是一种硬通货。瑞士大部分邻国使用欧元，瑞士境内亦有商铺、机构使用欧元。2015 年 1 月 15 日起，瑞士法郎与欧元脱钩。

瑞士是传统的中立国，瑞士法郎也是传统的避险货币，国际政治动荡期间，能吸引避险资金流入。另外，瑞士宪法曾经规定，每一瑞士法郎必须有 40% 的黄金储备支撑。虽然这一规定已经失效，但瑞士法郎同黄金价格仍具有心理上的联系。黄金价格上涨，能带动瑞士法郎出现一定程度的上涨。

瑞士是一个小国，因此，决定瑞士法郎汇率的更多是外部因素，主要因素是美元汇率。另外，因其属于欧系货币，因此平时常跟随欧元的走势。瑞士法郎货币量小，在特殊时期，特别是政治动荡引发大量的需求时，会很快推升瑞士法郎的汇率，且容易使该币值被高估。瑞士法郎是其他货币走势重要的风向标，表现在瑞士法郎是美元的“死对头”，当其对美元较其他欧洲货币走势强劲时，美元后市很可能下跌。

对欧洲货币来说，瑞郎有如下定律可供遵循。

（1）由瑞士法郎领涨的上涨是有力度的上涨。

（2）由瑞士法郎领跌的下跌是有力度的下跌。

（3）瑞士法郎疲软的上涨是反弹行情。

（4）瑞士法郎坚挺的下跌，其下跌幅度将有限。

（5）主流盘局中瑞士法郎的强弱，暗示着盘局的突破方向。

八、新西兰元

新西兰元（New Zealand Dollar，英文缩写：NZD）是由新西兰中央银行——新西兰储备银行（The Reserve Bank of New Zealand，英文缩写：RBNZ）发行的货币，也是新西兰、库克群岛、纽埃、托克劳及皮特凯恩群岛的法定货币。1934 年新西兰建立了储备银行，行使中央银行职责，开始发行统一的钞票。钞票面额为 1 镑、5 镑和 50 镑，实行二十进位制。1961 年新西兰加入国际货币基金组织后，规定新西兰镑含金量为 2.47130 克。1967 年发行十进位的新货币——新西兰元，含金量为 1.23565 克，从此与英镑挂钩。1971 年美元实行浮动汇率后，新西兰元改盯美元。1973 年，当美元再次贬值时，新西兰政府宣布放弃新西兰元与美元的联系，实行有管理的自由浮动汇率制度，其有效汇率值由该国主要贸易伙伴的一揽子货币决定。

1983 年 8 月，新西兰储备银行废除每日制定美元汇率的做法，允许新西兰元随国际金融市场行情变化而波动。1984 年底，新西兰取消几乎所有的外汇管制。1985 年，新西兰采取伸缩性汇率制度，新西兰储备银行停止报出新西兰元的官方买卖价，但允许中央银行在市场失去秩序时干预市场，同时终止了与一揽子贸易加权货币挂钩。

第四节　外汇交易常用术语解释

外汇市场交易中有许多专业术语，有些与其他金融投资市场相同，有些则仅属于外汇交易市场。初学的投资者要记住并理解这些专业术语，这对于交易或是浏览市场重要新闻及评论都起到很大的作用。

1. 保证金交易

外汇保证金实际上是指采用保证金的方式进行外汇交易的总称。外汇保证金虽然在全球范围内属于个人理财产品中的顶级产品，在国外已经是非常成熟的理财产品，但是由于中国还没有建立完善的规范体系，所以在 2008 年 6 月 6 日暂时叫停，现在进行的外汇保证金业务多数由国外经纪商代理。保证金交易是指通过与银行签约，开立信托投资账户，存入一笔资金作为担保，由投资银行或经纪商设定信用操作杠杆，投资者可在额度内自由买卖同等价值的即期产品，操作所造成的损益，自动从上述投资账户内扣除或存入。

外汇保证金又称合约现货外汇交易、按金交易、虚盘交易，指投资者和专业从事外汇买卖的金融公司（银行、交易商或经纪商）签订委托买卖外汇的合同，缴付一定比例的交易保证金，便可按一定融资倍数买卖 10 万美元、几十万美元甚至上百万美元的美元外汇。例如交易 1 手国际黄金需要 100000 美元的话，若保证金杠杆比率为 100 倍的话，投资者只需要交纳 1000 美元的保证金，即可买入 100000 美元的黄金合约。

保证金比例 = 浮动净值 / 已用保证金。当投资者进行了交易，市场向着不利的方向运行，如果不平仓，而是继续持仓，当保证金比例低于 20% 的时候，系统会自动强行平仓，这就是所谓的“爆仓”。

假设现在账户上有 2000 美元，如果进行 1 手的美元兑日元交易，占用 500 美元的保证金，在刚好不赚不亏的情况下，保证金比例应该是 2000/500=400%。1 手美元兑日元波动 1 个点（小数点后最后一位数），约值 9 美元，也就是说，如果市场向着有利的方向运行 1 个点，则盈利 9 美元左右，如果反方向运行，就亏损 9 美元。当市场向有利的方向运行 222 点左右，账户资金就近乎翻了一番。

如果市场运行方向相反，当账户净值接近 500 美元左右时，保证金比例就会接近 100%。当保证金比例低于 100% 的时候，会被强行平仓。也就是说，开仓时账户有 1500 美元可以承受爆仓前的市场风险，1500/9=166.67 点。如果交易方向是错误的话，当用 1/4 的仓位进行美元兑日元交易，市场反方向运行 166 点左右就会被强行平仓。

爆仓以后，账户上也并非一无所有，至少还有净值在。如果做 1 手交易爆仓的话，账户此时的净值稍低于 500 美元，所以账户上往往还会有近 500 美元左右的资金。如果是交易 0.2 手爆仓，那么账户上就只剩下 99 美元了。

由以上讲解可以看出，外汇交易特别禁忌重仓交易。但是重仓交易一旦爆仓，账户剩下的资金会比较多，轻仓交易一旦爆仓，账户的资金则所剩无几，所以外汇投资者一定要减少爆仓的风险。

保证金交易之所以称为顶级理财产品，是因为其总体来说利大于弊，诸多世界知名投资人皆是利用保证金交易在短期内获取了大量的财富。

保证金交易的主要特点及优势体现在以下几个方面。

（1）充分利用杠杆原理，实现以小博大。

（2）保证金交易可以双向操作，即既可以买涨也可以买跌，这样操作起来十分灵活。外汇市场中各个货币对之间的汇率每个交易日都会有一定的起伏，基于双向操作的原理，投资者不但可以在低价买入、高价卖出中获利，也可以在高价先卖出，然后低价位买入，同样可以获利。

（3）具有全天 24 小时交易和 T+0 的交易模式，也就是说，外汇保证金交易是 24 小时不间断进行报价交易（节假日除外），再加上 T+0 的交易模式，使得投资者的交易变得非常便捷。投资者可以在任何一个时间段进入外汇市场进行买卖，也可以随时退出，改变投资策略。

（4）外汇保证金交易没有到期日，因此投资者可以无限期持有头寸。当然投资者首先要保证账户上有足够的资金余额，否则当资金额度不足时，会面临被强制平仓（爆仓）的风险。

（5）投资者进行外汇保证金交易时，可选择的币种种类丰富，所有可兑换的货币都能成为交易品种。

2. 外汇点差

对于外汇交易者来说，外汇货币对有两个报价，一个是买入价，一个是卖出价，买入价相比卖出价要高。货币对的这两个价格差值就是点差。外汇点差是交易者需要支付给外汇交易商的交易成本。对于不同的外汇交易平台，交易点差也有所不同。固定点差指的是货币对之间的点差始终保持一个差值不会改变，浮动点差则会根据价格的振幅不断改变，价格波动较大时，点差也会相对较大，价格波动小的时候，点差也会相对小一些。对于普通投资者而言，固定点差相对更有优势。

需要注意的是，投资者在进行沽空（看跌）交易时，已经支付了点差，所以平仓时不需要加入点差。进行做多（看涨）交易时，则在平仓时支付点差。这一点很多投资者容易忽略，导致设置止损止盈的时候，会因点差问题导致设置的止损止盈位置尚未触及即提前平仓。

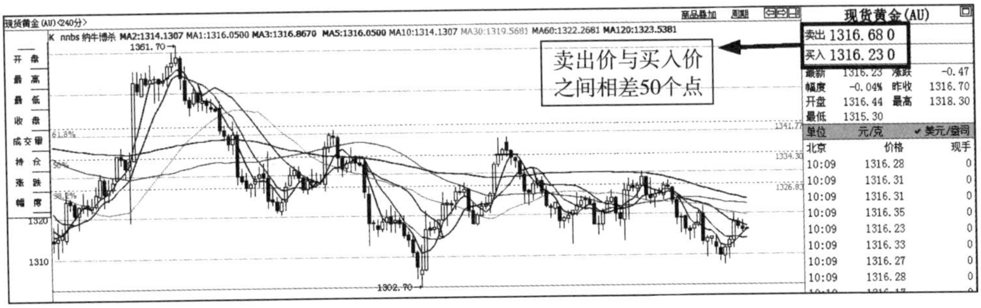

图 2–1

3. 外汇的滑点

外汇的滑点就是指投资者下单交易的点位与实际成交的点位有一定差别的现象。当下单时的价格与实际成交价格不一样时，这种现象便叫做滑点。目前外汇交易平台都无法完全杜绝滑点这一现象，只是有些平台的滑点行为不太明显，有些则幅度很大，十分明显。导致外汇滑点最常见的原因就是网络延迟，尤其是一些重要的数据行情，使价格的波动十分剧烈，网络延迟现象就更明显。要尽量减少甚至杜绝外汇滑点，就要求交易商的交易平台软件及服务器有很好的稳定性，投资者的网络通信顺畅。一般来说，正规的交易商在滑点问题上都会作出较好的处理。还有一个常见的导致外汇滑点的原因，是许多不正规的外汇交易商故意做手脚，导致故意滑点，提高投资者的交易成本，所以投资者进行外汇交易时，一定要选择正规的、具有严格监管的交易平台。

4. 外汇交易中的“点”

在外汇交易中，经常看到一些新闻或专业人士说某个货币对涨跌了多少个点，这里的“点”就是货币对汇率波动的单位。几乎所有的货币对都包含 6 个有效数字，如欧元兑美元的汇率为 1.23450，在这样的情况下，小数点后第五位数字最小变动为 1 个点，即 0.00001 点。

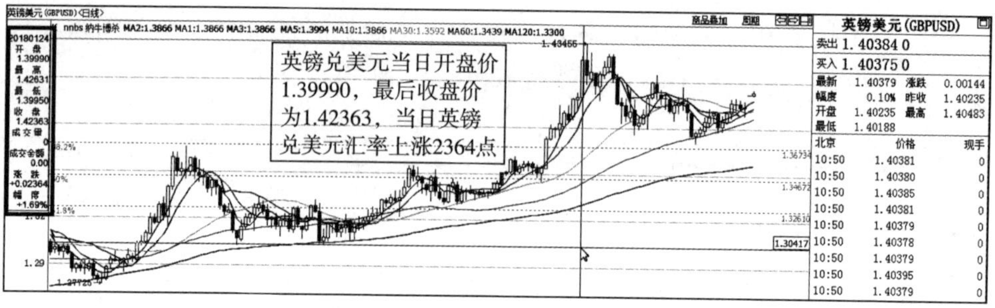

图 2-2

5. 建仓

是指交易者新成交一定数量的外汇合约，买入看涨合约也叫做多或揸，买入看跌合约也叫做沽空或沽。

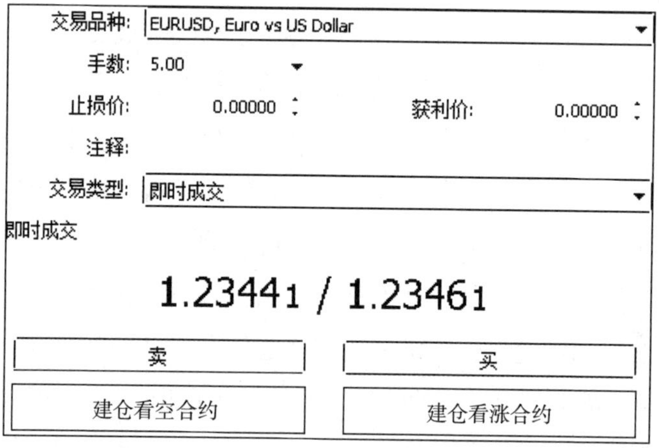

图 2-3

6. 平仓

平仓即外汇交易者买入或卖出其所持有的数量相同但交易方向相反的同一品种外汇合约，了结外汇交易的行为。一般来说，外汇交易的全过程包括建仓、持仓、平仓三个环节。平仓操作流程主要分为两种，一种是在看涨行情下先买入看涨合约（开仓），然后卖出看涨合约（平仓）；二是在看空行情下，先卖出看跌合约（开仓），再买入看跌合约（平仓）。

7. 隔夜利息（库存费）

隔夜利息又称为库存费。外汇交易是有隔夜利息的，刚入市的投资者可以将隔夜利息简单地理解为国际银行之间的隔夜拆款利率。举例说明，如周一做多一手欧元兑美元，预付款为 500 美元，持有至周二平仓，资金杠杆为 100 倍，那么相当于做多欧元兑美元 50000 美元，即 500 美元 ×100 倍 =50000 美元。但投资者实际的预付款是 500 美元，这相当于是借用了银行 49500 美元，即 50000 美元 -500 美元 =49500 美元 ，这个 49500 美元是要支付隔夜利息的。

隔夜利率每天都在发生浮动变化，所以持仓的隔夜利息每天也在发生浮动变化。这里需要说明的是，按照国际惯例，周一、周二、周四或周五，持仓过夜仅需支付一天的隔夜利息。周三持仓过夜到周四早上，则需支付三天的隔夜利息，原因是加上了周六和周末休息日的隔夜利息，这也是建议短线交易者周三晚上空仓过夜的原因。另外一点需要说明的是，虽然周五晚上买入持仓只收一天的隔夜利息，但由于接下来的两天（周六、周日）双休日，外汇市场休市停止交易，在这休市的两天内，也许会发生一些影响汇市导致行情大幅波动的消息，从而造成周一早盘汇市高开或低开。作为一名稳健的外汇交易者，建议大家周五晚上尽量不要持仓过夜。

8. 外汇杠杆

杠杆是进行外汇交易所需资本和所需保证金之间的一个比例。借助杠杆，外汇投资者能够利用相对较小的资本进行大规模的外汇交易。外汇保证金交易杠杆比例因经纪商不同而不同，比例从 2：1 到 500：1 不等。

9. 直盘与交叉盘

外汇交易中如果含有美元，也就是其他货币兑美元的交易，这样的货币对就为外汇直盘交易。如美元 / 日元、英镑 / 美元、欧元 / 美元。

如果货币对中两种货币都不是美元，则为交叉盘，常见的交叉盘有欧元 / 英镑、英镑 / 瑞郎、欧元 / 日元等。

有人认为直盘交易更简单，也有人喜欢交易交叉盘。对于投资者来说，直盘与交叉盘并没有简单或复杂之说，关键在于是否熟悉这个交易品种。正常来讲，直盘交易只需要分析美元以及另外一种货币的基本面以及技术面即可。交叉盘的话不仅要分析两个非美货币的基本面及技术面，还要分析两个货币对美元的走势。对于新手来说，建议还是将投资目光锁定在直盘货币对比较好，这样在分析方面要略微简单一些。

10. 交叉汇率

一种非美元货币兑另外一种非美元货币的汇率，往往需要通过这两种货币兑美元的汇率进行套算，这样套算出来的汇率就是交叉汇率。交叉汇率的一个显著特征是一个汇率涉及的是两种非美元货币间的兑换率。使用交叉汇率的货币对在外汇交易中就是上面讲到的交叉盘。

交叉汇率的计算方式如下。

（1）交叉汇率计算方法一：同为直接报价货币。

已知：美元 / 日元 =120.00–120.10，马克 / 日元 =66.33–66.43，求美元/马克的汇率。

交叉相除，则美元 / 马克 =120.00/66.43–120.10/66.33=1.8064–1.8106

（2）交叉汇率计算方法二：同为间接报价货币。

已知：欧元 / 美元 =1.1005–1.1015，美元 / 日元 =120.10–120.20，求欧元 / 日元的汇率。

同边相乘，则欧元 / 日元 =1.1005 × 120.10–1.1015 × 120.20=132.17–132.40

11. 头寸

头寸是一种市场约定，即承诺买卖合约的最初部位。买进合约者是多头头寸，处于盼涨部位；卖出合约为空头头寸，处于盼跌部位。

12. 套利

在金融学中，套利的定义为：在两个不同的市场中，以有利的价格同时买进并卖出或者卖出并买进同种或本质相同的证券行为。在投资组合中的金融工具可以是同种类的，也可以是不同种类的。在市场实践中，套利一词有着与定义不同的含义。实际中，套利意味着有风险的头寸，它是一个也许会带来损失，但是有更大可能会带来收益的头寸。套利交易模式总结为四大类型，分别为股指期货套利、商品期货套利、统计套利和期权套利。

（1）外汇现货和外汇期货套利。

现货和期货的交割期不同，现货即期交割，期货在未来交割，因而外汇现货的价格和外汇期货的价格是不一样的。同时，由于两国存在利差，两国的货币存在利差套利空间。当把利差和现货期货放到一起时，就会发现无风险套利机会。

做如下假设：

英镑 / 美元的即期汇率（当前现货汇率）是 1.2500。

英镑 / 美元 1 年期货合约的交割价是 1.2400，合约规模是 1000 单位基础货币。

英镑的 1 年期存款利率是 2%。

美元的 1 年期存款利率是 1%。

套利交易者的操作方式为：借入 12500 美元（一年之后偿还本息），即期买入 10000 英镑，并同时卖出英镑 / 美元 1 年期期货合约，然后将 10000 英镑存一年；一年后，存款的本息就有 10200 英镑（10000+10000×2%），这时交割期货合约，10200 英镑换得 12648 美元，再偿还当初借入美元的本息 12625 美元（12500+12500×1%=12625），扣除借入的本息，获得 23 美元套利利润（12648−12625=23）。虽然 23 美元的利润很少，收益率很低，但是一旦交易量非常大，比如借入 125 万美元，那么利润就是 2300 美元了，利润会随着交易量增大而“水涨船高”。在整个套利的过程中，1 年期的存款利率是固定的，不会随意浮动，期货合约也会如期按交割价交割，交易者可以提前计算套利的利润，这样一来，基本不存在任何风险，就可以锁定套利利润。

（2）三角套利。

“三角”是指三种货币，将三种货币两两分组，恰好形成三个货币对，每个货币对都会有一个汇率报价。三角套利就是同时交易这三个货币对，赚取三个报价之间的“价差”。

例如选英镑、欧元、美元三种货币，这样就有三组货币对：欧元 / 美元、英镑 / 美元、欧元 / 英镑。在同一时间点上，三个货币对均有各自的报价。理论上，三个货币对有这样的关系表达式：C1/C2=C1/C3×C3/C2（C1、C2、C3 表示三种不同的货币）。

先做这样假设：欧元 / 美元：1.1000，英镑 / 美元：1.3000，如果按照理论报价，欧元 / 英镑的报价应为：0.8461（1.1000/1.3000=0.8461）。但在汇市的实际报价中，不一定是这个报价，若实际报价不是 0.8461，就会出现套利机会。比如欧元 / 英镑的报价为 0.8467，那么就可以同时做空欧元 / 英镑，做多欧元 / 美元，做空英镑 / 美元。无论三个货币对价格怎么波动，三个货币的涨跌幅刚好可以抵消，只要同时平仓，就可以赚得 0.0006 英镑（0.8467−0.8461=0.0006）。

一般只有职业交易员或做市商才进行三角套利，普通外汇投资者很少进行三角套利。当确立了三角套利的货币后，一般利润也就锁定了。也就是说，只要对三个货币对同时进行套利操作，那么一定能获得一定额度的利润，这个利润在操作之前可以算出来，无论市场如何波动，锁定的利润都不受到影响，基本是无风险利润。

三角套利最大的问题或风险来自交易的对手方，表现在成交价和报价不一致。当你确立三个货币对的套利方案后，你报出的价格和实际成交的价格不一定是相同的，这样的话，套利操作不但没有利润，甚至还可能产生亏损。

所以，三角套利需要交易对手有充足的流动性支持并可信赖，否则就存在风险。有能力有条件进行三角套利的，只有大型机构的职业交易员或者一些做市商。

（3）不同经纪商平台报价套利。

这种套利方式很多零售外汇交易者都用过，就是通过不同经纪商平台报价的差异来套利，不过这样做存在风险。不同经纪商之间的报价差异本身就非常小，而且报价经常会出现滑点，成交价和报价不一致，所以不建议大家用这种方式进行套利操作。

目前有些职业交易者会用 EA（外汇智能交易系统，Expert Advisor）进行套利交易，他们编写设置好 EA 后，直接安装在自己的交易软件上，不用时时刻刻盯着行情走势，电脑就能帮着套利赚钱。当然，手动套利交易目前依然占据主导地位，因为这些套利交易员不太相信电脑自动执行的套利交易，一旦电脑执行错误或程序存在漏洞，或市场出现未知因素，那么损失将是非常巨大的。另外，手动套利时，交易员也会利用一些辅助工具或软件来帮助自己识别套利交易的机会，软件识别出套利机会后，交易员再手动执行套利交易，这样一来，人和电脑的优势就能实现互补了。

对于一般的零售交易者而言，当然也可以进行外汇套利交易，但前提是资金量比较大。如果资金太少，只有几千美元，就不要进行套利交易了。首先套利的交易成本比较高，其次，本金太少，一次套利交易也赚不了多少钱，不太划算。

对于中国投资者而言，是不太适合套利交易的，因为中国对外汇交易的限制较多，多数投资者无法参与外汇期货交易，所以这种跨市场的套利是没有办法实现的。即使可以跨市场交易，由于套利交易周期相对较长，资金量小的话，收益很有限。

上面讲解的三角套利，不稳定因素较多，由于利润空间较小，一旦因为不稳定因素或交易上出现失误，甚至可能会造成许多亏损，所以这些套利模式多为大型机构或资金庞大的投资者使用。对于普通投资者来说，在不同货币对之间进行差价套利，是最简捷有效的套利途径。

13. 外汇对冲

金融学上，对冲是指特意降低另一项投资风险的投资，它是一种在降低商业风险的同时仍然能在投资中获利的手法。一般来说，对冲是同时进行两笔行情相关、方向相反、数量相当、盈亏相抵的交易。行情相关是指影响两种商品价格行情的市场供求关系存在同一性，供求关系若发生变化，同时会影响两种商品的价格，且价格变化的方向大体一致。方向相反指两笔交易的买卖方向相反，这样无论价格向什么方向变化，总是一盈一亏。当然要做到盈亏相抵，两笔交易的数量大小须根据各自价格变动的幅度来确定，大体做到数量相当。

在股票市场上买入一只股票，如果价格出现了下跌行情，实战中又不想割肉平仓，就可以在股指期货市场用相等的金额买入期货合约进行沽空，那么当大盘继续下跌的时候，虽然股票持仓出现亏损，但是在股指期货市场却可获利。反之，如果大盘指数出现上涨，股指期货市场亏损，那么买入的股票价格则可能会上涨获利。因为中国投资者没有渠道交易外汇期货，所以无法进行这种跨期现市场的对冲交易，不过还是有其他途径可以进行对冲的。

（1）震荡对冲。

同时买进和卖出同样数量的同一货币对，然后让它们自由运行，当其中一个单子上涨，对应的另一个单子就会下降。盈利持仓提取利润后，可以等待亏损的持仓反转以降低损失。在一个上下反复震荡的市场里，这一招很管用。

实际上，多数外汇交易者使用对冲功能，只是因为做错了方向，但又舍不得止损认输，就做一个反向的单子，也就是所谓的“锁单”。锁单的好处是，损失基本上被控制住了，不会再继续扩大。当然，这时因为开仓多了，支付的利息和佣金就会增加。

对于锁单，就像流行的那句话一样——锁单容易开锁难！开锁的确是一件很不容易的事情，除了行情反复震荡的情形比较好解锁以外，如果出现单边大涨或者大跌，解锁的难度就会大大增加。

（2）指数对冲。

指数对冲是指利用美元指数与其他的货币对进行对冲交易。直盘交易中，所有非美货币的升跌都以美元作为相对的汇价，因此投资者可以买入美元指数，然后沽空一个直盘交易品种，如欧元兑美元、英镑兑美元、澳元兑美元、日元兑美元等。若美元强，则外币弱，投资者买入的美元指数即可获利，直盘交易品种将出现亏损。如果是美元指数权重比较小的非美货币，即使出现下跌，也不会跌很多。相反，如果美元跌，那么非美货币则可能会走强，投资者买入的美元指数则会亏损，直盘交易品种则可能盈利。

进行外汇对冲交易一定要注意以下几点。

①不能因为有对冲就忘记止损。说到底，止损才是修正错误交易的王道。只有在做对了大趋势，只是进入时机不好的情况下，才建议用对冲的方式暂时做一个处理，这样不但能保证账户的安全，对冲的单子还可以获利。如果发现自己对大趋势判断出现错误的话，则一定要立即止损，而不是去做对冲交易。即便是先前认为大趋势没看错，只是进入时机没有把握好，因此进行了对冲处理，后期一旦发现大趋势看错，此时同样不能犹豫，必须立即将做错方向的单子马上平仓，保留趋势正确的单子即可。

②对冲要趁早。发现大趋势判断正确，只是介入时机不佳，要立即进行对冲，不要等到开仓部位已经有了较大损失时，不得已才去做对冲，这样就弱化了对冲的功能，也会使将来的解锁变得更加困难。换句话说，如果你选择使用对冲功能，就要主动去用它，等到被动的时候才想起它，再使用它，局面就会变得更加复杂。

③做对冲时，最好 100% 对冲，也就是完全锁定。如果做了 1 手多单，不要因为账户只是有点难看，就只对冲 0.1 手。主动对冲，就要让对冲单也赚钱，何必只下这么一点单呢？完全对冲，账户更安全，对冲单的盈利也会更多。

④缩小交易规模，是对大多数交易者的忠告。过度重仓，是多数交易者

的通病。在高仓位、大单量时再进行对冲，会使账户的交易成本陡增，也会使得剩余保证金比例过小，从而使将来的解锁难以进行，解锁困难重重。

⑤不要将对冲视为常规手段，只有在看对大趋势，只是介入时机不佳的情况下才可使用，而且当且仅当出现这种情形时方可使用。

14. 主要货币和次要货币

USD、EUR、JPY、GBP、CHF、CAD、NZD、AUD 这八种交易最频繁的货币被称为主要货币，其他的货币则被称为次要货币。投资者不必担心搞不懂那些次要货币，毕竟次要货币仅仅是为非常专业的投资者提供交易机会的。实际上，投资者主要分析的还是 USD、EUR、JPY、GBP、CHF 这五个货币品种，这些货币是流通性最强的货币，也是最适合外汇交易的货币。

15. 基准货币

基准货币是任何货币对中的第一种货币。货币报价显示了基准货币与第二货币进行衡量时的价值。例如，如果美元 / 瑞郎的汇率等于 1.6350，那么 1 美元值 1.6350 瑞郎。在外汇市场，美元通常被认为是报价中的“基准”货币，即在货币对报价中，以 1 美元为报价单位的货币来与其他货币进行兑换。这一规则的主要例外是英镑、欧元、澳元和新西兰元，如果英镑 / 美元的汇率为 1.40400，那么英镑则是基准货币，如以 1 英镑为报价单位的货币与美元兑换，那么 1 英镑则兑换 1.40400 美元。

第五节　外汇交易的渠道

现在进行外汇交易的渠道主要有两种：一种是通过银行进行实盘外汇交易，另一种是通过外汇交易平台商进行外汇保证金交易。炒外汇根据开户平台可以分为国内盘和国外盘，本书主要以国外盘为主进行外汇交易的讲解。

一、银行渠道的外汇交易

现在几乎大多数银行都开通了外币兑换业务，但是因为中国外汇市场尚未完全开放以及政策方面的因素，所以并不是所有的外币都可以进行交易。在银行渠道直接购买外币，投资者要先买入美元，才能购买以美元为基准货币的货币对。在交易规则上也是以全额交易为主，不存在保证金交易。没有杠杆的外汇交易，收益率相对比较低，但是对应的风险也会小很多。通过银行渠道进行外汇交易，只能进行直盘交易，不能进行交叉盘买卖，更适合稳健型的长期投资者购买。其次，由于中国对人民币汇率的干预程度比日本更强一些，所以人民币的汇率波动通常不大，短线套利利润有限。

个人外汇买卖业务有五种交易方式供选择，即柜台交易、自助终端交易、电话交易、网上交易和手机交易。

柜台交易：可以凭外币存折、存单、现钞或银行卡，在银行已开办个人外汇买卖业务的营业网点填写《个人外汇买卖申请书》，进行实时交易或委托交易。

自助终端交易：银行在个人外汇买卖业务营业网点设有自助终端设备，可按照操作界面提示进行操作，完成外汇买卖交易、查询和凭证打印。

电话交易：可使用任何一部音频电话，按照电话语音提示，进行实时交易、委托交易、汇率查询及传真相关凭证等操作。

网上交易：登录网站进行签约，在获得认证后，可以通过网上银行进行个人外汇买卖业务操作。

手机交易：为了方便客户随时随地进行交易，银行与电信运营商合作开发了手机交易。在银行完成签约手续，即可通过手机进行个人外汇买卖交易及查询。

以中国建设银行网上银行购买外汇为例，首先投资者要开通建设银行网上银行，获得网银 U 盾，注册账户。登录网银后，在投资理财栏中寻找外汇业务中的买卖项目，便进入到外汇交易界面，如图 2-4 所示。

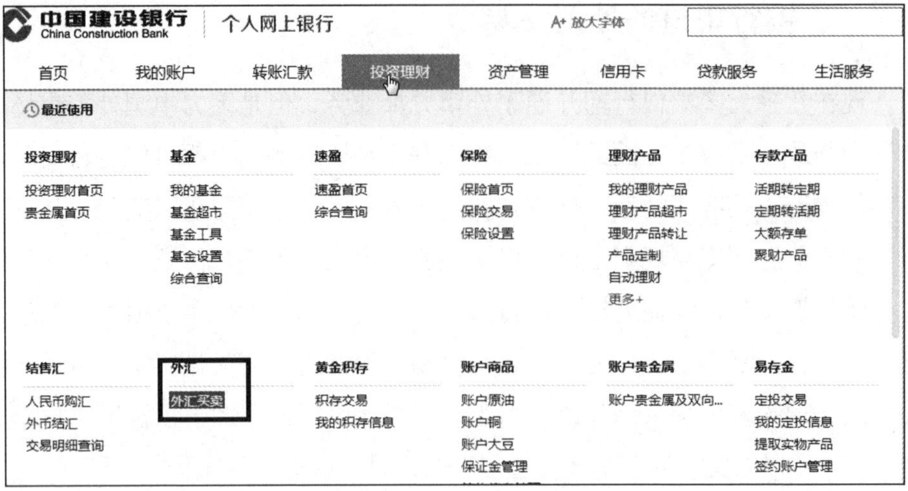

图 2-4

进入到外汇交易界面后，会看到左右两个部分。左边部分是行情报价区域，其中可以看到美元兑各个货币的兑换汇率以及历史汇率走势。这里要提示的是，查看及分析汇率历史行情走势，最好下载专门的外汇软件，这样会看得更加清晰，分析工具也会更强大、更全面一些。右边部分则是下单窗口，可以选择交易模式（限价或市价），购买的货币对的货币品种以及交易金额。点击下一步确定后，就到了支付界面，插入网银U盾确认支付即可，如图2-5所示。

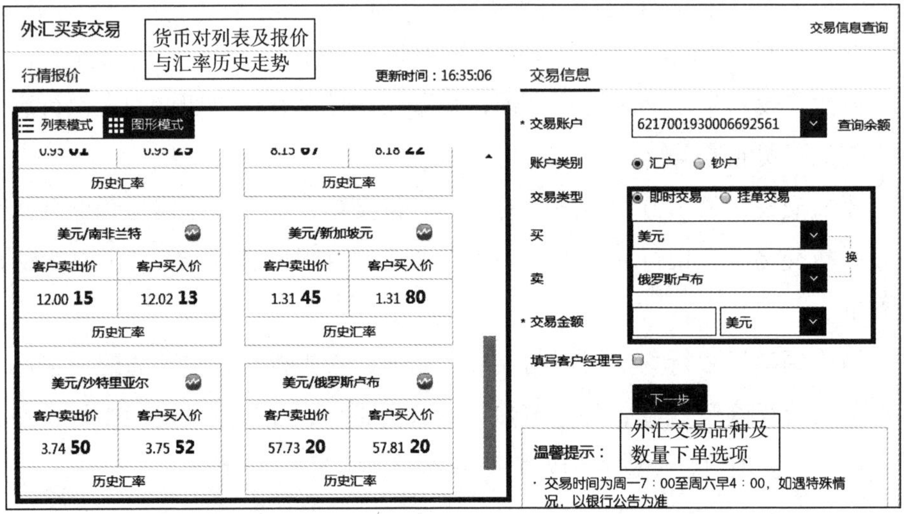

图 2-5

以上是中国建设银行利用网银购买外汇的案例演示。其他银行购买外汇的方式与中国建设银行大同小异，都是直接登录网银购买即可。

随着手机智能化的快速发展，手机的功能越来越强大，利用手机投资理财也成了大多数人的选择，外汇交易同样也可以使用手机进行。下面以中国工商银行的手机 APP 为例，讲解手机外汇交易的步骤。首先投资者要下载中国工商银行的官方 APP，注册后登陆，找到投资理财界面，选择“账户外汇”选项，会出现下方界面，如图 2-6 所示。

图 2-6

在界面中可以看到自己的交易持仓以及交易历史记录，同时也可以看到外汇交易品种的报价，这里看到的外汇品种报价基准货币，都是人民币兑换非人民币的货币品种。图中的“先买入后卖出”选项则是看涨做多交易，先买入，上涨后卖出赚取差价。“先卖出后买入”选项则是看空沽空交易，先行卖出，当价格下跌后再行买入，赚取差价。

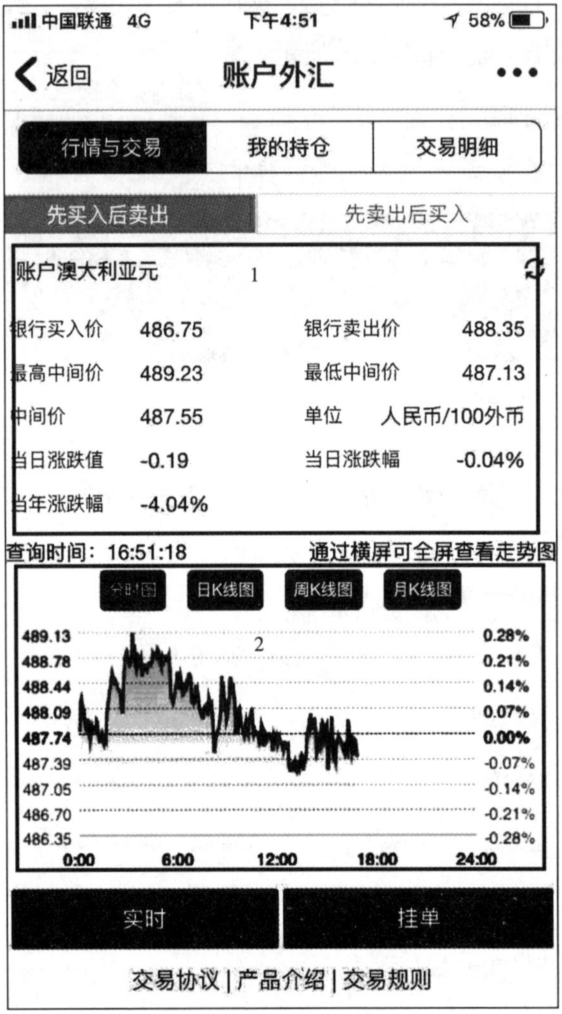

图 2-7

当选择了一个外汇交易品种，点击后，如图 2-7 所示，其中标注的第一部分是外汇交易的报价部分，包括买入价、卖出价、中间价以及当前涨跌情况等。图中标注的第二部分是标的外汇品种的技术走势图形，供投资者对历史走势进行分析，从而确定做多还是沽空。确认进行交易时，只要选择实时交易或挂单交易，填写好订单表格后确认，即可成功交易。

二、交易商渠道的外汇交易

随着中国金融市场的不断发展，人们的投资理财意识也逐渐提高，从最开始的股票投资、基金投资、购买债券，逐渐转移至更高风险、更高收益的投资领域，投资者接受风险、承受风险的能力也大幅度提升。许多境外交易商看到了中国庞大的市场，纷纷在中国香港、上海、北京等地成立分公司或办事处，招揽内地投资者进行国际金融市场的投资交易。从 2010 年开始，国际现货黄金交易、国际外汇现货交易、国际指数交易以及现货原油交易等逐渐在国内兴起并迅速发展，投资者的接受程度逐渐提高。

目前政府对境内的国际外汇交易商在监管上还不是很完善，整个市场秩序相对比较混乱，有相对正规的老牌交易商，也有新兴的小型交易商，他们分属不同的国家监管，有的受到英国金融服务管理局监管，有的接受澳大利亚证券和投资委员会监管，有的受到美国全国期货协会监管，或者受到新西兰、俄罗斯、塞浦路斯等国家的外汇监管部门监管。当然也有许多违规交易商套用知名外汇平台品牌招揽投资者，这些违规交易商可能在交易系统上做些手脚甚至会携款潜逃，所以投资者在选择境外外汇交易商的时候，一定要格外注意，避免上当受骗。

要回避平台交易商的风险，主要有以下三种方式：其一是通过银行渠道进行外汇交易，其二是选择大型老牌的知名外汇交易商，其三则是有熟人在这一平台进行交易并且体验良好。

最后要提示各位投资者，在选择境外交易商时要格外谨慎，不能贪图小便宜吃了大亏，尤其是那些交易费用很低甚至没有交易费用的平台。投资者宁愿多付出些交易费用，以换取更好的交易体验以及可靠的交易平台。

在境外的外汇交易商平台进行外汇交易，就是按照国际标准的交易机制进行外汇交易。这些交易商平台提供的保证金比例、杠杆比例较低，直盘与交叉盘种类齐全，交易机制十分完善，投资者可以充分体验外汇交易的魅力，从中挖掘获取利润的机会，当然也要注意规避风险，做好风控措施。

在本书中，交易界面演示主要采用的是国际外汇交易通用的 MT4 软件，技术分析讲解部分使用的则是国内分析软件。

第三章
外汇交易软件的调试及使用

对于通过境外交易商进行外汇交易的投资者来说，使用最普遍的交易软件就是MT4。虽然也有MT5以及其他交易商研发的交易软件，但是绝大多数交易商推荐以及投资者使用的依旧是MT4软件，所以本章主要介绍MT4软件的调试及使用方法，投资者熟悉了该交易软件的使用方法后，其他软件也会比较容易上手。

一、MT4 软件的基本调试

MT4 软件是市场行情接收软件，由迈达克软件公司（MetaQuotes Software Corp）发布并提供免费试用。该软件有中文界面，是一款非常好用的外汇、黄金、股指、期货、能源等品种的行情交易软件。它有强大的图形分析功能，可以多图组合，走势图中有 K 线、柱状线、折线图，有众多的技术分析指标，可自定义添加均线、布林线、SAR 等趋势指标；图像稳定，价位标注清楚，划线分析（趋势线、黄金分割线等）可稳定地保存，一次画出后，可在不同周期的时间图内看到；在线看到的图形，离线时仍可以看到；可导出报价，以便事后做进一步的分析，并可在 Excel 表格中显示即时报价。

该软件有众多的报价服务器，不同服务器的报价品种不完全相同，投资者可选择一款有美元指数、黄金、原油价格走势的服务器。这款软件是全球外汇交易商用得最多、最稳定、最好用的软件。该软件提供 PC 端 MT4、移动端 MT4 下载，能够满足多种交易需求，是一款比较成熟的交易软件。

下载并安装 MT4 软件后，打开的初始界面如图 3-1 所示。软件布局和界面风格与国内的股票或期货等交易分析软件看起来完全不同。

图 3-1

有些投资者看到图 3-2 中左侧界面上的方形网格可能不太习惯，如果想要去除界面上的这些网格，可以用鼠标右键点击网格中的空白处，此时会弹出选项菜单，点击选择“网格”，则会去除网格，变成图 3-2 中右侧纯色的背景界面。

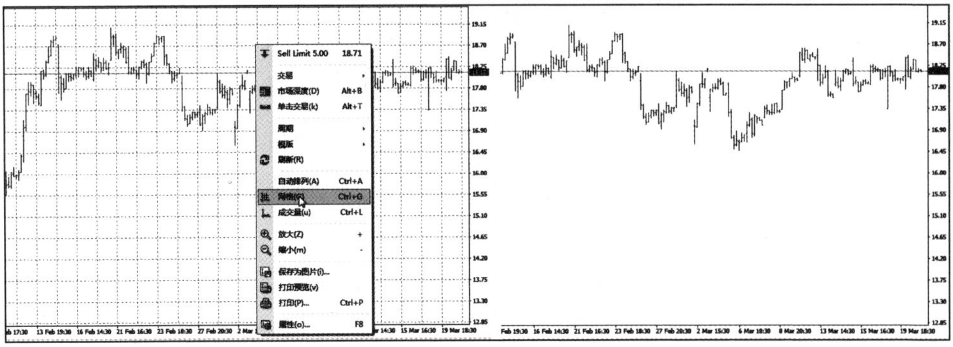

图 3-2

软件初始状态默认为柱状图，也就是大家说的“美国线”。如果投资者更擅长 K 线图分析，则点击图 3-3 中箭头所指的蜡烛图选项，并且点击后方带有“+”号的放大镜选项，放大 K 线形态，直到达到自己的要求。初始界面 K 线（蜡烛图）形态的颜色为绿色实体以及绿色空心柱体，如果投资者不习惯，可以把它改为自己习惯的颜色。

图 3-3

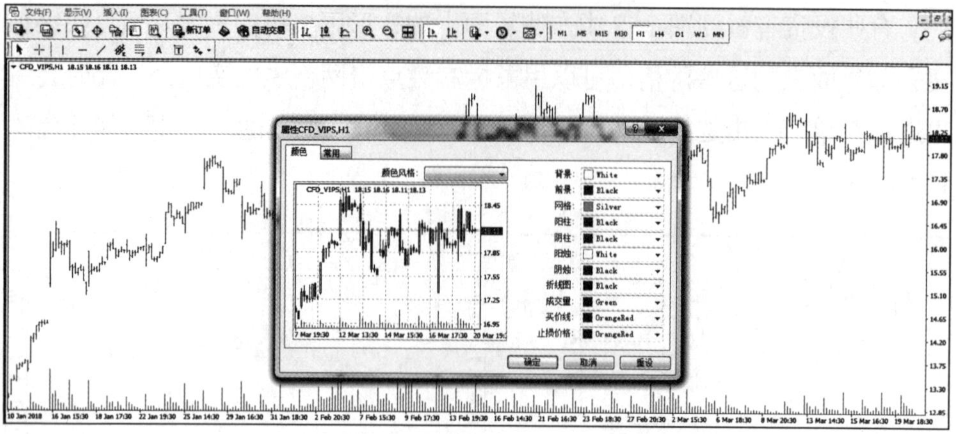

图 3–4

同样，在 K 线图空白处单击右键，在出现的菜单栏中选择最后“属性”选项，在弹出的界面中可以根据自身习惯调试软件界面的风格。背景即 K 线图的背景颜色，前景即右侧价格与下方时间轴的字体颜色，网格即背景网格的颜色，阳柱、阴柱即 K 线实体边框的颜色，阳烛、阴烛即 K 线实体内部的颜色，折线图即十字星的颜色，成交量即下方成交量柱状线的颜色，买价线即买入标的物后显示成本价格的横线，止损价格即设置止损后在图中体现出相应价格的横向直线的颜色。全部调试完毕以后，点击“确定”即可。

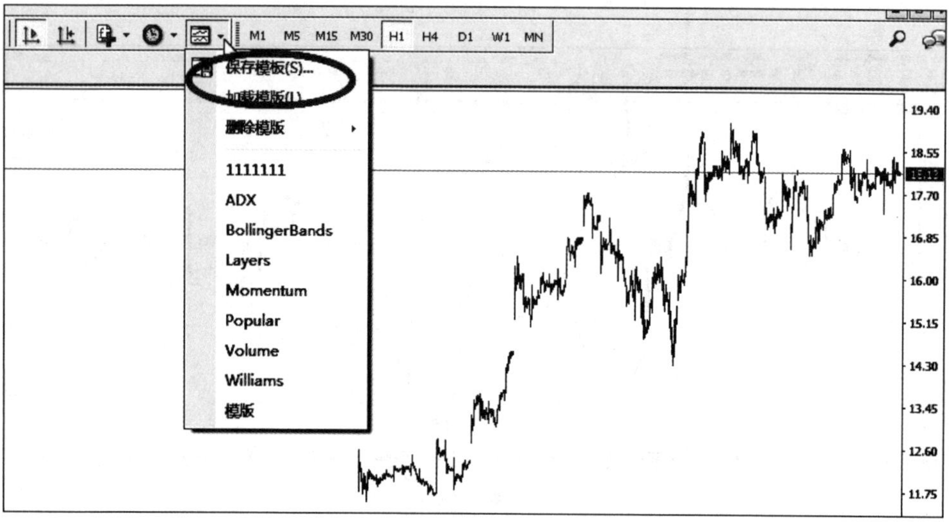

图 3–5

在 MT4 软件中，每打开一个交易品种，界面都会回到初始状态。当调试好软件界面风格后，点击 MT4 软件最上方的“模板”图标，选择保存模板，下一次需要调试界面时，直接在模板菜单中选择之前保存好的模板加载即可。

二、软件功能介绍

MT4 软件功能十分强大，可以交易分析许多国际市场的交易品种，投资者要非常熟悉软件的各项功能，就像是战士熟悉手中的武器一样，这样才能更好地上阵杀敌。

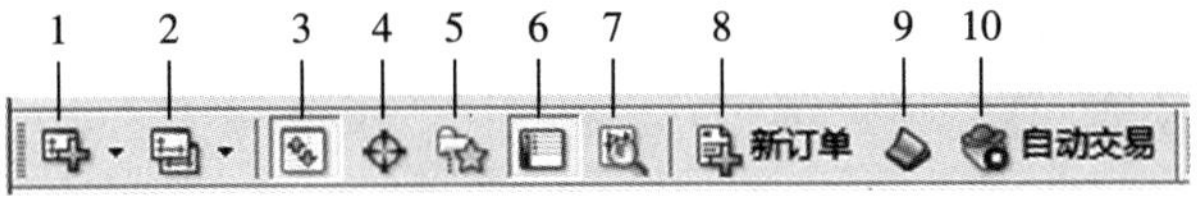

图 3–6

图标 1（创建新图表）：打开新的交易品种分析图形。

图标 2（图标夹）：历史收藏交易品种分析图形。

图标 3（市场报价）：点击后显示所有交易品种（卖价、买价、代码）菜单栏。

图标 4（数据窗口）：查看历史具体时间对应的价格等精确数据。

图标 5（导航）：登录、查看、申请账户，申请模拟账户，添加 EA 系统。

图标 6（终端）：查看账户净值、可用预付款、余额，当前持仓，历史交易记录，新闻，EA 库等资料。

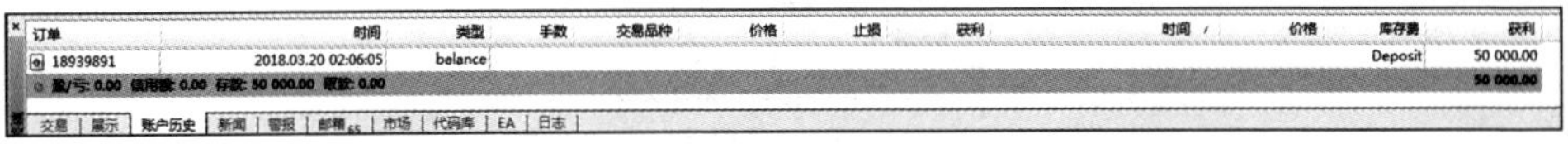

图 3–7

图标 7（测试）：EA 程序测试功能。

图标 8（新订单）：进入交易品种下单交易界面。

图标 9（MQ 语言编辑器）：指令编辑界面。

图标 10：（自动交易）：开启、关闭 EA 自动交易程序。

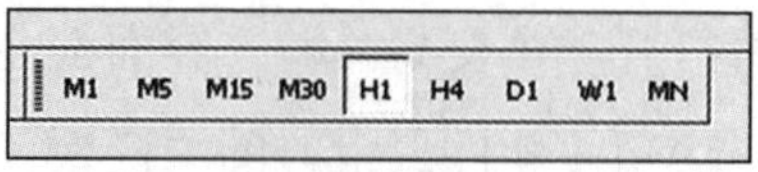

图 3–8

软件提供的 K 线走势图周期分别为：1 分钟、5 分钟、15 分钟、30 分钟、1 小时、4 小时、日线、周线、月线。MT4 软件不能自定义周期。

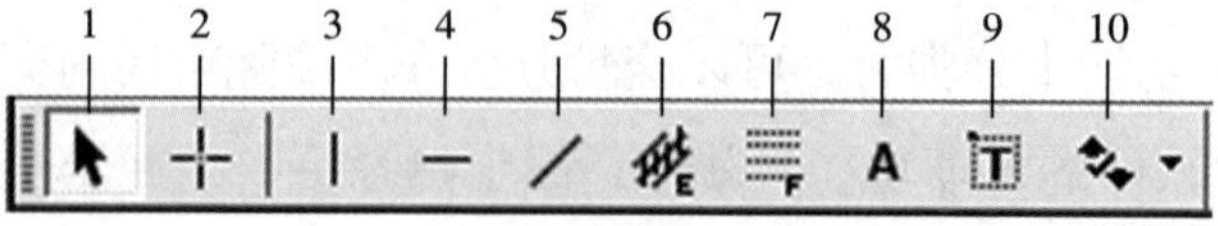

图 3–9

图标 1（光标）：点击光标，在 K 线图形背景空白处长按鼠标左键左右滑动，可以拖动 K 线周期。

图标 2（十字光标）：可以移动查看任意 K 线具体数据。

图标 3（垂直线）：在 K 线图中画垂直的竖线。

图标 4（水平线）：在 K 线图中画横向的水平线。

图标 5（趋势线）：在 K 线图中画趋势线。

图标 6（等距通道）：在 K 线图中画等距的通道平行线。

图标 7（画水平线）：画黄金分割线或斐波那契线。

图标 8（文字）：在 K 线图中添加文字。

图标 9（标签）：添加文字标签。

图标 10（箭头）：画各类箭头形态。

图 3–10

图 3–10 中所指图标为技术指标列表，投资者需要的技术指标，都可以在此处调试出来。

三、申请模拟账号

投资者可以在 MT4 软件上直接申请模拟账号，而且没有数量限制。刚刚接触外汇交易的新手，可以先用模拟账号进行交易，熟悉市场波动以及技术分析。

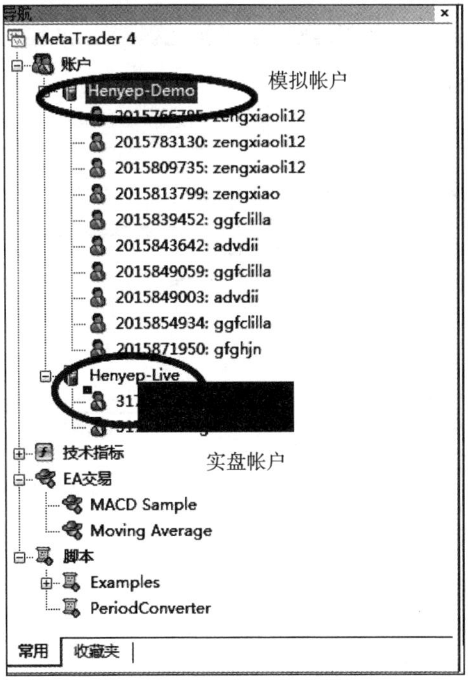

图 3-11

首先，打开导航界面，界面中会有两种登录窗口，其中 Henyep-Demo 为模拟交易账户，Henyep-Live 为实盘交易账户。

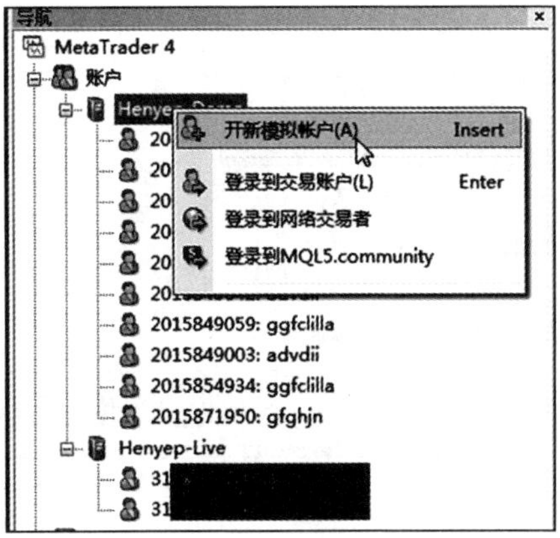

图 3-12

右键点击 Henyep-Demo 模拟账户，选择“开新模拟账户”选项，就进入了填写资料界面。

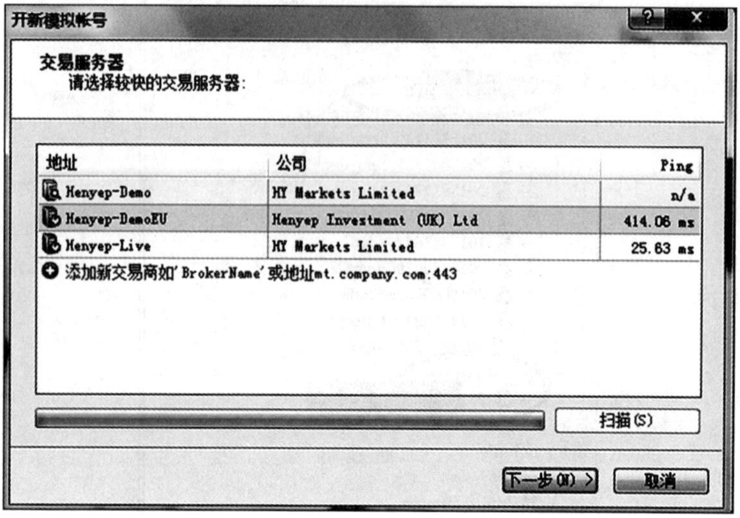

图 3-13

首先扫描并选择信息传输速度较快的服务器，然后点击下一步，选择建立新的模拟账户，则进入填写个人资料界面。

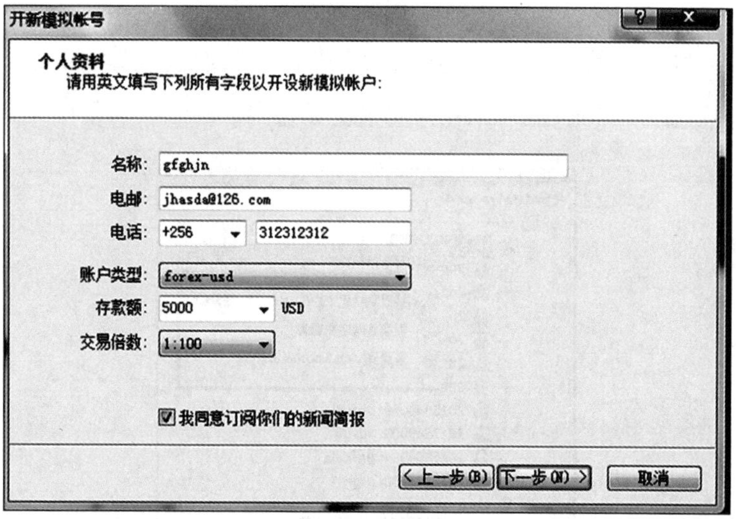

图 3-14

在填写个人资料时，为了防止资料外泄，可以随意填写，但是在存款一栏，建议投资者填写以后准备投入的资金，这样才能让模拟交易更贴近真实的交易。

这里提醒投资者，有些人在进行模拟交易时都是胡乱交易，随便买卖，也不设置止盈止损。这样只能熟悉交易软件，并不能提升交易的水平，积累交易经验。所以在进行模拟交易时，建议投资者要认真操作，把它当成真实的实盘账户。

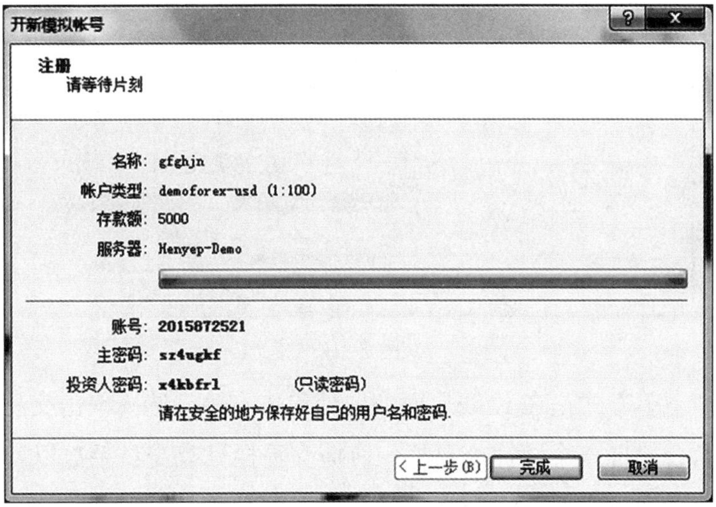

图 3-15

所有资料填写完毕后，点击下一步，系统会自动生成交易账户以及交易密码。其中的密码有两项：利用主密码登录，可以查看交易记录以及模拟交易；登录投资者密码（只读密码），只能查看交易记录，不可进行模拟交易。

点击完成，申请模拟账号的环节就全部结束。投资者可以在导航中随意切换模拟账号，退出软件后再度登录时，会自动连接最后一次登录的账户。

四、下单交易

1. 下单方式

首先点击软件上方菜单栏中的“新订单”图标，虽然这种方式相对比较麻烦，但是交易信息比较完整。

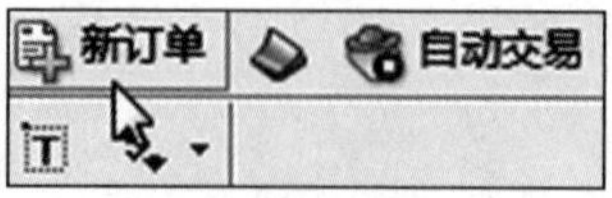

图 3-16

利用这种方式下单，会有完整的下单界面，可以填写具体的交易数量，止损、止盈价格，以及交易类型与交易方向。具体交易类型后文会有介绍。

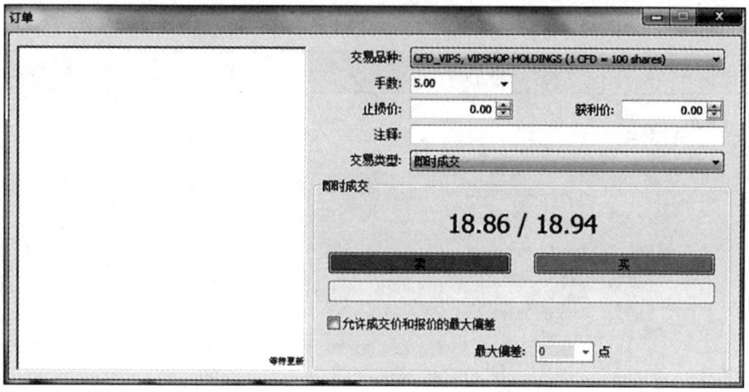

图 3-17

第二种下单方式是在 K 线界面空白处单击右键，选择单击交易选项后，界面左上角会出现一个快捷交易栏。快捷交易栏只有交易手数以及交易方向的选项，投资者只需要选择交易手数，点击交易方向后，可以立即以当前市价成交，止损与止盈需要后期单独设置。这种交易方法可以快速地进行下单交易。

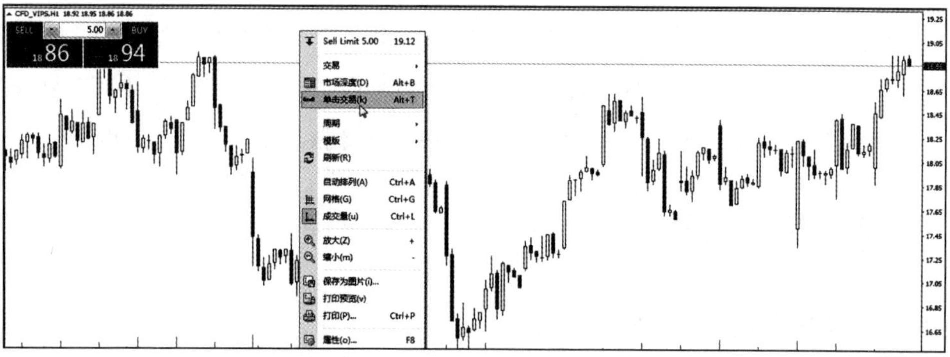

图 3-18

第三种下单方法同样是快捷交易方式的一种。在界面中单击右键，直接点击交易选项，选择交易方向后直接确认即可。

2. 订单设置

如果选择即时成交，只要在下单界面选择交易品种，填写交易手数以及止损价、止盈价，选择交易方向，确认下单即可。但是，如果选择挂单交易，则需要进行选择。挂单的选项共有四个，前两个为指定价位挂单，后两个为突破单。

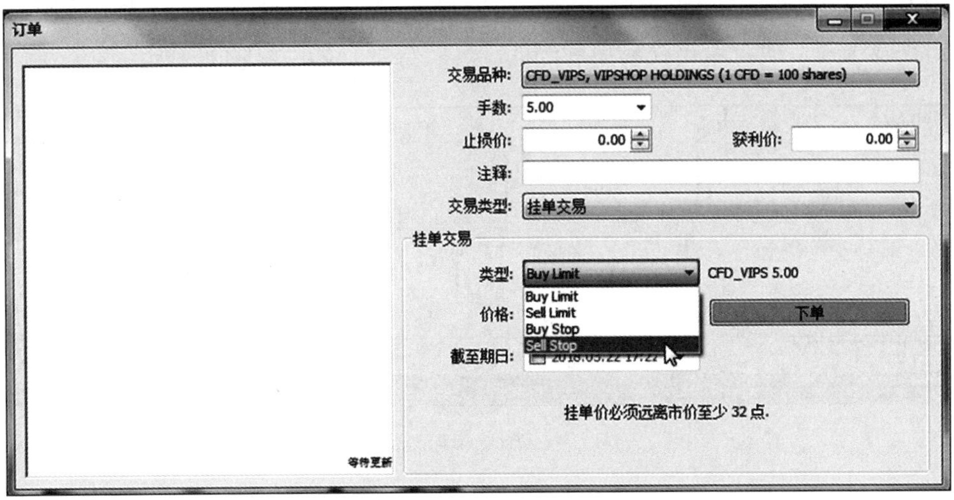

图 3-19

Buy Limit：当价格下跌至指定价位后自动成交低位多单。

Sell Limit：当价格上涨至指定价位后自动成交高位空单。

Buy Stop：当价格上涨突破某一价位自动成交多单。

Sell Stop：当价格下跌跌破某一价位自动成交空单。

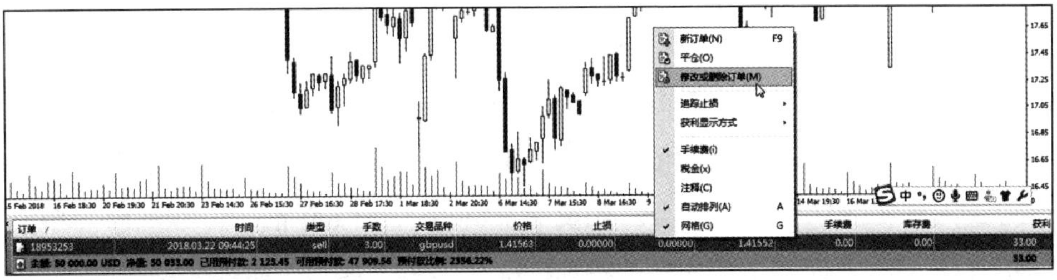

图 3-20

如果下单时没有设置止盈、止损，那么可以事后进行设置。点击软件上端菜单栏中的终端选项，会看到当前的持仓情况。右键点击需要修改或添加止盈、止损的交易单，选择修改或删除订单，即可添加或修改止盈或止损价格。

3. 平仓

设置止盈止损，除了到达目标系统自动平仓这种方式外，还有手动平仓的方式。手动平仓主要有两种方法，首先右键点击欲平仓的交易单，然后点击平仓选项，或者点击交易单后面的“×”符号，都可以瞬间平仓。

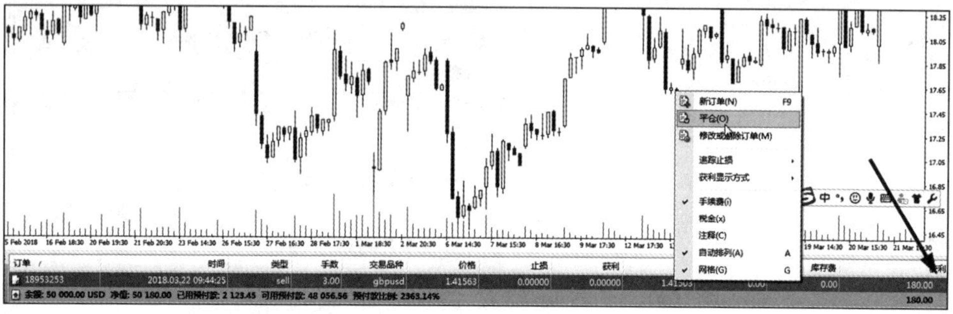

图 3–21

五、手机端软件使用方法

利用手机看盘、分析、交易，是许多投资者的选择，但是毕竟手机屏幕的尺寸与电脑还是有很大差距的，利用电脑看盘，分析会清晰很多。此外手机端的功能也要比电脑端的功能少很多，所以，如果条件允许的情况下，建议投资者还是以电脑端分析交易为主。

手机端的 MT4 软件可以在各大交易商官网以及手机应用商城下载安装。

登录手机端后，初始界面有自选品种的行情报价。如果没有自己要交易分析的品种，可以点击右上角的“+”号进行添加，如图 3–22 所示。

进入到“图标”界面，会看到交易品种的 K 线图界面。K 线图界面功能包括选择 K 线周期、十字光标、各项指标、划线工具等，如图 3–23 所示。

图 3-22

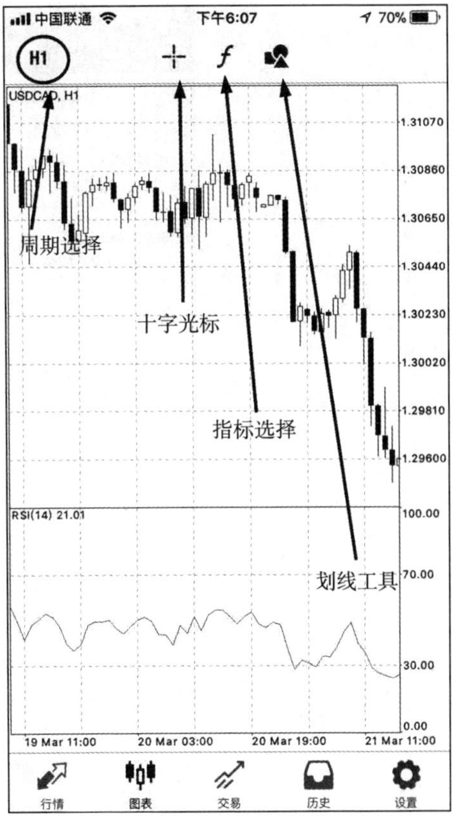

图 3-23

进入交易界面可以查看账户情况，如资金结余、净值、预付款、可用预付款、预付款比率，以及当前的持仓情况，如图 3-24 所示。

历史界面中可以查看交易历史记录明细，设置界面中则可以申请模拟账户以及修改软件界面风格等。

需要注意的是，登录软件后，如果发现交易记录以及账户资金全部消失，价格也不出现波动，则是因为软件网络未连接所致，应查看网络连接情况。

需要提醒的是，一般中国的看盘软件，行情显示时间均为北京时间，而 MT4 软件则会因为平台商不同、服务器所在国家不同，显示的时间也不同于北京时间。

中国联通
下午6:14
68%
-247.05 USD
结余：
38 494.37
净值：
38 247.32
预付款：
385.15
可用预付款：
37 862.17
预付款比率(%)
9 930.50
价位
AUDUSD, sell 1.00
0.77030 → 0.77269
-239.00
行情
图表
交易
历史
设置

图 3–24

第四章
外汇市场基本面分析

买入一家上市企业的股票，就是投资一个行业以及这家企业的未来发展，买入外汇则是投资一个国家的经济发展前景。所以外汇市场中的基本面分析，就是对这个国家的各项经济数据、货币政策、财政政策以及地缘政治因素等方面进行分析，这些因素不仅会对本国货币汇率造成影响，甚至还会对国外的其他货币汇率造成影响。

不论是基本面因素还是技术面因素，对外汇的汇率只是一种间接的影响，最终导致汇率波动的还是供求关系，只有在“买”与“卖”之间的平衡被打破，汇率才会发生变化。如果供求关系没有发生变化，市场的交易情绪不受影响，那么这些基本面或技术面的因素则是无用的。

第一节　市场行为包含一切信息

市场行为包含一切信息，这是技术分析的三大假设之一。其含义是任何一个影响证券市场的因素，都必然体现在价格的变动上，外在的、内在的、心理因素、基本面因素等，这些都已经在市场行为中得到了充分的体现。

许多投资者认为，在进行交易分析时，不需要进行基本面分析，利用技术分析就可以判断后期的价格走势，市场的波动会充分体现基本面等信息，只要进行技术分析，就可以判断基本面对于市场的影响。

也有一些投资者认为技术分析无用，是基本面因素主导了市场投资者的交易方向，所以只需要有效地对基本面进行解读，即可制定正确的交易策略。

正因为这两种思想观念的存在，形成了技术分析流派和基本面分析流派。

作为一个专业的投资人，可以针对不同的市场略偏向于其中一种分析流派，但绝不可以偏激。例如在股票市场中，尤其是中国 A 股市场，政策对市场走势的影响相对明显，机构炒作控盘行为比较普遍，所以要重点分析政府监管部门及机构投资者的“偏好”，当前阶段哪些行业及企业更容易受到投资者的青睐，比如 2017 年 4 月初的“雄安新区概念”，2018 年 3 月初的“独角兽概念”等。

仅使用技术分析对价格走势进行判断，是无法对价格走势提前进行判断的。进行各种分析的目的，是为了判断价格后市的走势表现，而不是等待价格变动后再了解其中的原因。在政策性更强的市场中，基本面分析的作用要大于技术分析，整体市场的影响，整个行业的影响，企业自身的突发因素，都有可能导致价格的异常波动。

图 4–1

2018 年元旦过后，国际黄金价格从高位震荡走低，形成下跌通道。按照技术形态分析来看，在市场交投逐渐萎缩的背景下，金价会维持较长一段时间的窄幅盘整走势。但是 3 月 23 日，黄金市场买盘再度发力，当日国际金价每盎司上涨 18 美元，一举突破运行通道上轨，打开上涨空间，是什么导致当日金价大幅上涨呢?

北京时间 2018 年 3 月 23 日凌晨，美国总统特朗普公布对华“301 调查”报告，指令有关部门对从中国进口的约 600 亿美元商品大规模加征关税。此前黄金价格就因美国的加息问题出现大涨行情，而美国对中国征收关税的举措，更是引发了全球爆发贸易战的担忧，因此避险情绪再度高涨，黄金价格持续走高。不关注市场基本面因素，很多技术派投资者可能还会在震荡通道的上轨进行沽空交易，如果没有设置止损，那么亏损将会是极为严重的。

但是如果只关注基本面分析，放弃技术分析的话，也是行不通的。如果是在 A 股市场，应用基本面分析进行价值投资，因为持有的周期较长，或许还有利可图。但如果在外汇市场进行日内的短线交易，只应用基本面分析就行不通了。

在外汇市场中，并不是每个交易日都有对汇率影响较大的基本面因素出现，而且各种基本面因素对于汇率波动的影响程度也不一样。比如有些基本面因素正式公布前，汇率就已经出现了极大的波动，公布后汇率波动反而会反方向运行或者没有波动，这就是所谓的“买预期卖事实”。由此可见，基本面因素对于汇市汇率的影响有很大的不确定性，如果仅应用基本面因素进行分析的话，会有很高的错误率。

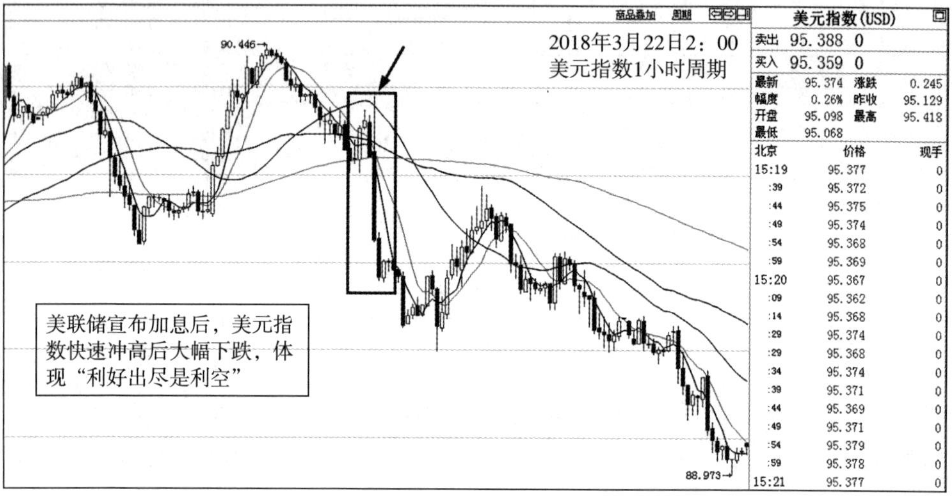

图 4-2

北京时间 2018 年 3 月 22 日 2：00，美国联邦公开市场委员会（FOMC）宣布加息 25 个基点，将联邦基金目标利率区间上调至 1.50%~1.75%，与市场预期一致。这是鲍威尔任美联储主席以来美联储的第一项利率政策决定，也是美联储年内的首次加息。加息对于本国货币汇率来讲是一种利好的刺激，理应导致汇率的上涨。但是当美联储宣布加息后，美元指数稍作上涨后，马上转为更大幅度的下跌。如果此时投资者按照基本面分析结论开仓做多的话，会在短时间内遭受巨额亏损。

当然，导致美元指数下跌的因素还有很多，但归根结底还是“买预期卖事实”的问题。其实在以往数次美联储加息时，美元指数都会出现这种先涨后跌的走势，所以基本面分析若要达到一个比较高的准确率，不仅要了解其外在含义，还需要深入了解其内在含义，同时不断总结经验教训。

由以上案例可以看出，基本面分析与技术分析一定要结合起来应用，才能保证更高的准确率。另外，要根据不同的投资市场以及自身的交易风格，对两方面的重视程度进行适当调节。

在外汇市场，因为有影响力的基本面消息并不是每个交易日都会出现，能持续改变汇率运行方向的重要消息更是少之又少，所以在消息面真空期，技术分析就显得更为重要。外汇市场是国际化的全球交易市场，交易量巨大，几乎没有人能够操纵汇率的波动，也几乎不存在内幕交易，因此每一个基本面都是清晰有效的。当所有人都按照技术面进行交易时，那么价格往往就会按照技术形态去运行。一旦市场即将公布重要的基本面消息时，分析策略一定要转向基本面，当基本面对汇市波动的影响逐渐被消化后，再转为技术面分析。

投资者接收的汇市各种资讯通常来源于各大金融类网站，如华尔街日报、金十数据网、汇通网等。投资者应该养成习惯，每个交易日打开电脑，第一件事就是在这些网站中查看当日是否有重要的经济数据或近期是否有消息公布，然后根据情况判断日内或近期以技术面分析为主还是基本面分析为主。

第二节　基本面的政策性因素

基本面的政策性因素对一国货币汇率产生影响的话，一般都是很重要的，往往可以改变汇率波动的大方向并且持续运行，所以政策性因素是基本面分析最重要的内容。通常基本面方面的政策性因素均为国家大事，主要包含以下几个方面。

1. 利率

一国提高利率，能促使外资流入，造成对该国货币需求的增加，汇率就会上升；反之，利率调低，就会导致资金流出，汇率可能下跌。

2. 通货膨胀

一个国家出现通货膨胀时，其商品成本必然增加，出口商品以外币表示的价格必然上涨，该商品在国际市场的竞争力就会削弱。通货膨胀会带来多重影响，一是造成心理影响，对通胀的恐慌可能会导致投资者抛售本国货币去购买它国避险货币或类似于黄金、原油这样的避险商品；二是确定利率时，既要考虑物价上涨对借贷资本本金的影响，又要考虑对利息的影响，并采取提高利率水平或采用附加条件等方式来减少通货膨胀带来的损失。

3. 货币当局的干预

各个国家的中央银行为了维护国内经济稳定，避免因汇率变动给国内经济带来不良影响，往往会对外汇市场进行干预，通过买卖外汇使汇率波动有利于本国经济。

4. 各国宏观经济政策

各国的宏观经济政策，特别是财政金融政策对汇率的影响较大。比如，当一国实行“双紧”的财政金融政策时，其货币对外汇率基本呈上升趋势，实行“双松”的财政金融政策时，将导致货币汇率下跌。

双紧，是指紧货币（控制物价上涨，抑制通货膨胀）和紧财政（防止经济增长由偏快转向过热）。双松，均相反。实行“双紧”的财政货币政策，一般是在社会总需求大于总供给，物价上涨，通货膨胀的情况下使用的。实行“双松”的财政货币政策，一般是在社会总供给大于总需求，经济不景气，物价下跌的状况下使用的。

5. 案例

自 2010 年 6 月开始，美国的各项经济数据如就业数据等，就接近崩溃的状态，复苏无望，美联储为应对无法预期的危机，不得已展开了又一次的量化宽松——第三次量化宽松政策（QE3）。美国当地时间 2012 年 9 月 13 日，美国联邦储备委员会宣布了第三轮量化宽松货币政策（QE3），以进一步支持经济复苏和劳工市场。新一轮的量化宽松政策将使全球低息环境和充裕的流动性持续更长的一段时间，因而可能会为新兴市场经济体系再次带来通胀和资产价格的压力。为了刺激经济复苏和就业增长，美联储决定每月购买 400

亿美元抵押贷款支持证券，但未说明总购买规模和执行期限。同时，美联储将继续执行卖出短期国债、买入长期国债的“扭转操作”，继续把到期的机构债券和机构抵押贷款支持证券的本金进行再投资。另外，美联储决定继续将联邦基金利率保持在 0.00%~0.25% 的超低区间，并计划将这一水平至少保持到 2015 年年中。

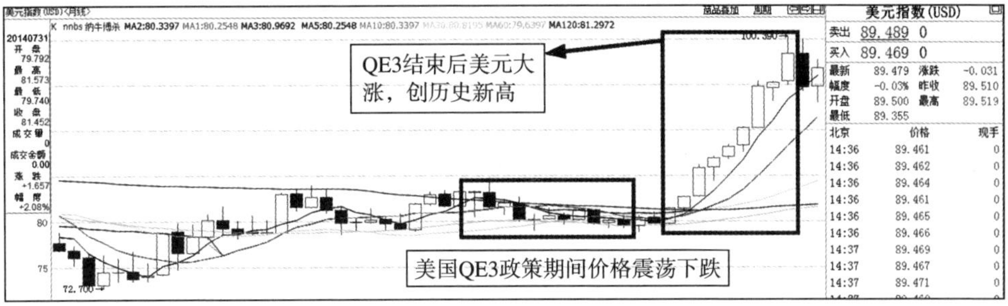

图 4-3

由于此前美国已经有过两次货币量化宽松政策，所以第三次货币量化宽松并没有引发剧烈的避险情绪，但是美元指数依旧出现了数月的震荡下行走势。随着美国就业、通胀等经济数据转好，在 2013 年 12 月的货币政策会议上，美联储首次宣布从 2014 年 1 月开始缩减购债规模，10 月美联储正式宣布结束 QE3。

货币宽松政策结束，市场马上对未来美联储加息做出预期，并且这种预期随着美国经济的不断复苏而愈发强烈。2014 年 7 月起，美元指数开始大幅走高，7 个月的时间美元指数涨幅就超过了 20%，创下 1997 年以来的最佳表现。同期欧元兑美元汇率从 1.37100 跌至 1.04670，国际油价从 106 美元 / 桶跌至 44.30 美元 / 桶，国际黄金价格以及其他非美货币汇率也都有不同程度的下跌。

第三节 基本面的政治因素

政治因素出现的频率比较低，对外汇市场的影响程度也不同。另外，政治因素种类很多，这里只举几个比较重要的因素。

1. 公投

公民投票（又称全民公决）是指公民就被提议之事案，表明赞成与否时所举行的投票，简称“公投”。公民投票是一种直接民主的体现。一旦全民公投结束，就意味着一项重要决策出台，这项决策很有可能引发外汇市场相关货币汇率的大幅波动。近年的苏格兰公投、加泰罗尼亚独立公投、西班牙与意大利的公投，都对汇市对应的货币汇率造成了一定程度的影响。

2. 大选

一个国家进行大选，意味着一国最高领导发生改变，也往往伴随着经济政策的改变。在大选过程中，选举形式的变化以及最终的选举结果甚至结果预期，都会对外汇市场特定货币造成一定的影响。

唐纳德·特朗普于美国当地时间 2017 年 1 月 20 日中午在首都华盛顿宣誓就职，正式成为美国第 45 任总统，随后美元汇率也开始了长达近一年的下跌走势，创下了 2003 年以来最糟糕的表现。特朗普就职后的一年中，美元指数跌幅超过 10%。美元指数下跌的原因是比较多的，比如加息的后遗症，非美国家的经济发展提速等因素，最重要的还是因为市场对特朗普贯彻这些政策的能力感到怀疑。所以，当一国最高领导人变更，其对一国经济发展提出的政策措施以及国民支持情况，对一国货币汇率的影响重大。

3. 战争

当一个国家爆发战争或者发生政变时，因为避险情绪以及其他诸多因素的影响，该国货币汇率会呈现不稳定且大多数会下跌的情况，局势的动荡是打击该国货币汇率的重要原因。很多时候，战争因素都是一些突发事件，比如美国或其他经济大国突然出现大规模的暴恐活动，朝鲜突然发射导弹等。一些小型战争因素对外汇市场影响很小或者持续时间较短，而大规模的战争在现在的和平时代为数并不多。

（1）两伊战争：1980 年 9 月 22 日 –1988 年 8 月 20 日。美元阶段性上涨。

（2）海湾战争：1991 年 1 月 17 日爆发。战争初期美元下跌，但随着战局对美军有利，美元快速上涨，持续到当年 6 月底 。

（3）科索沃战争：1999 年 3 月 24 日爆发。美元当日下跌，此后开始走强。

（4）9·11 反恐战争：2001 年 9 月 11 日，美国纽约世界贸易中心遭受恐怖袭击。当天美元暴跌，此后几个月美元小幅上涨，但经济原因导致美元此后出现了数年的熊市。

（5）伊拉克战争：2003 年 3 月 20 日爆发。伊拉克战争中美元指数下跌，主要原因是这场战争遭到国际社会的普遍反对。此后即便是俘虏了萨达姆，也只是引起美元短线反弹，此后美元下跌到 2004 年末。

第四节　基本面的经济数据因素

投资者平时交易时最常接触的基本面因素，就是各个国家的经济数据了。这些数据代表一国的经济发展状况，是投资者进行外汇交易时需要关注的重要数据。几乎每个交易日，每个国家都有大量的经济数据公布。许多刚入市的投资者会进入一个误区，认为每个数据都会对汇率波动产生影响，导致交易时缩手缩脚。其实并不是所有的经济数据都会对汇率造成强烈刺激，在此主要介绍一些重要的数据，供投资者参考。

1. 美国季调后非农就业人口变动（非农数据）

影响程度：☆☆☆☆☆

非农数据是外汇市场中影响最大的经济数据之一，也是投资者关注的焦点。美国非农就业数据是美国失业率数据中的一项，反映农业就业人口以外的新增就业人数，和失业率同时发布，由美国劳工部统计局在每月第一个星期五美国东部时间 8：30（夏令时）、9：30（冬令时），也就是北京时间星期五 20：30（夏令时）、21：30（冬令时）发布前一个月的数据。目前为止，该数据是美国经济指标中最重要的一个，也是影响汇市波动最大的经济数据。

就业数据报告通常被誉为外汇市场能够做出反应的所有经济指标中的“皇冠上的宝石”。

非农就业数据高，说明美国就业市场健康发展，就业率的提升说明美国经济繁荣景气，导致美元上涨，非美货币、黄金、白银、原油价格会随着美元的上涨而下跌。非农就业数据低，说明美国经济萧条，会打压美元，非美货币、黄金、白银的价格就会随着美元受到打压而上涨。可以根据非农数据和预期的前值数据来判断该数据是利空还是利好，也可以断定非美货币、黄金、白银、原油的价格走势。

只要非农数据没有特别大的变化，就不会影响汇率的运行方向，通常数据小幅变动时，只会在极短的时间内对汇率产生影响。

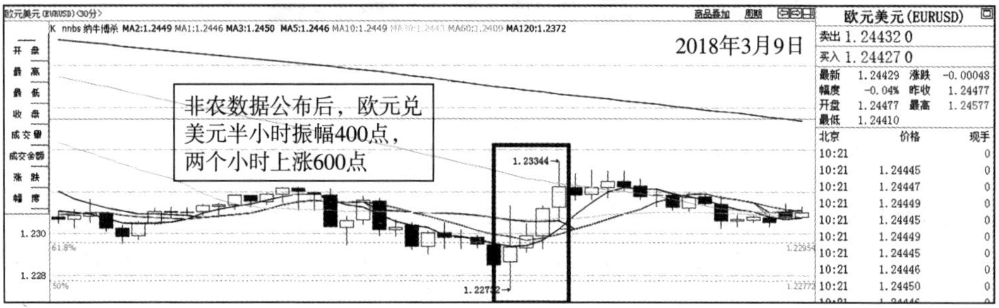

图 4-4

如图 4-4，2018 年 3 月 9 日周五 21：30（冬令时），美国劳工部公布美国 2 月季调后非农就业人口数据。前值为 23.9 万人，预期值为 20.5 万人，实际公布值 31.3 万人，最终数据高于预期值，也高于前值，其结果利好美元，利空非美货币。数据公布后，欧元兑美元汇率快速波动，半小时内波动 400 点，但此后并没有因为利空而下跌，反而连续反弹 600 点。

目前市场对于非农就业数据的关注度有所下降，行情波动的幅度也大不如前。非农数据对价格的影响可能会按照数据的方向发展，也可能相反，甚至会上下快速震荡，把握难度较大。许多指望在非农数据公布期间快速致富的投资者，实际交易下来，结果也事与愿违。非农数据操作并不是那么简单的，具体的应对策略在下一节会有详细介绍。

2. 失业率

影响程度：☆☆☆☆☆

失业率是指一定时期内满足全部就业条件的就业人口中仍未有工作的劳动力数字。该数据旨在衡量闲置中的劳动产能，是反映一个国家或地区失业状况的主要指标。失业率增加是经济疲软的信号，可导致政府放松银根，刺激经济增长；相反，失业率下降，将形成通货膨胀，使央行收紧银根，减少货币投放。美国劳工部于每个月的第一个星期五公布失业率指标。与失业率相反的是就业数据，如上面提到的美国非农就业数据。

通过该指标可以判断一定时期内全部劳动人口的就业情况。一直以来，失业率数据被视为反映整体经济状况的一个重要指标，而它又是每个月最先发表的经济数据，所以失业率指标被称为所有经济指标“皇冠上的明珠”，是市场上最为敏感的月度经济指标。

如何解读失业率指标？一般情况下，失业率下降，代表整体经济健康发展，利于货币升值；失业率上升，代表经济发展放缓或衰退，不利于货币升值。若将失业率与同期的通胀指标组合起来分析，则可知当时经济发展是否过热，是否构成加息的压力，或是否需要通过减息以刺激经济的发展。

3. 美国平均每小时工资

影响程度：☆☆☆☆

美国的平均每小时工资月率公布时间与失业率、非农数据同步，该指标存在一定的易变性和局限性，但仍然是一个月中关于通货膨胀的头条消息，外汇市场主要关注每月和各年随季节调整的平均每小时和每周工资的变化情况。

一般而言，如果预计平均小时薪金能引起利率的上涨，那么小时工资的迅速上涨对该国货币而言将形成利好刺激，反之亦然。在美国，该指标由联邦储备委员会进行监控。平均小时薪金是衡量主要行业中平均小时基本薪金变化的指标，因此，其所衡量的是劳动力成本的增长情况。平均小时薪金指标很好地体现了当月个人收入增长的情况，如果该指标比预期更高，则应认为美元强势；如果该指标比预期更低，则应认为美元弱势。

公布时间：与失业率、非农数据同步。

外汇影响：数值上涨利好美元，反之利空。

4. 国内生产总值（GDP）

影响程度：☆☆☆☆☆

GDP（国内生产总值）是指一个国家（或地区）所有常住单位在一定时期内生产的全部最终产品和服务价值的总和，常被认为是衡量国家（或地区）经济状况的经济指标。GDP 是国民经济核算的核心指标，也是衡量一个国家总体经济状况的重要指标，但不适合衡量一个地区或城市的经济状况，因为每个城市的生产总值上缴上级或国家的量都不同，所以在每个城市留下的财富都不一样。国内生产总值主要由消费、私人投资、政府支出和净出口额 4 部分组成。

国内生产总值是每个国家最为看重的经济数据，在美国，GDP 数据对于外汇市场的影响力度不亚于非农数据。如果一个国家的 GDP 大幅增长，表示该国经济蓬勃发展，国民收入增加，消费能力也会随之变强。在这种情况下，该国央行有可能提高利率，紧缩货币供应，国家经济表现良好及利率的上升，增加该国货币的吸引力。反过来说，如果一个国家的 GDP 出现负增长，说明该国经济处于衰退状态，消费能力降低，这时该国央行可能会降息，以刺激经济再度增长。利率下降加上经济表现不佳，该国货币的吸引力就会随之降低。因此，一般高经济增长率会推动本国货币汇率上涨，反之，汇率则下跌。

公布时间：美国的 GDP 按季度核算，在每个季度结束后的一个月月末公布初步数值，再过一个月公布该季度的重新核算数值，再过一个月公布该季度的最终定值。相当于每个季度 GDP 数据都会披露三次，平均下来每个月末都会公布一个 GDP 数据，但数据都是上一个季度的，其中一次初值，两次核定。由此可见美国 GDP 数据的统计信息量很大，核算披露也很慎重。举例来说，2017 年第四季度的 GDP 数据，是 2018 年 1 月 30 日左右首次披露初值，2018 年 2 月底作一次核定修正值，2018 年 3 月底公布终值。

外汇影响：GDP 数值增长利好美元，利空非美元货币；反之利空美元，利好非美元货币。

5. 居民消费价格指数（CPI）

影响程度：☆☆☆☆

居民消费价格指数（CPI）是反映居民家庭一般所购买的消费品和服务项目价格水平变动情况的宏观经济指标。它是在特定时段内度量一组代表性消费商品及服务项目的价格水平随时间而变动的相对数，用来反映居民家庭购买消费商品及服务的价格水平的变动情况。

居民消费价格统计调查的是社会产品和服务项目的最终价格，一方面与居民的生活密切相关，同时在整个国民经济价格体系中也具有重要的地位。它是进行经济分析和决策、价格总水平监测和调控及国民经济核算的重要指标。其变动率在一定程度上反映了通货膨胀或紧缩的程度。

一般来说，CPI 的高低直接影响国家宏观经济调控措施的出台与力度，如央行是否调息、是否调整存款准备金率等。同时，CPI 的高低也间接影响资本市场（如股票市场、期货市场、资本市场、金融市场）的变化。CPI 与就业形势报告（非农就业数据）结合在一起，组成了金融市场上被仔细研究的另一个热门经济指标。通货膨胀影响到每一个人，它决定着消费者花费多少来购买商品和服务，左右着商业经营的成本，极大地破坏着个人或企业的投资，影响退休人员的生活质量。另外，对通货膨胀的展望有助于设立劳动合同和制定政府的财政政策。

公布时间：每个月第三个星期，即每月 20 日 -25 日 20：30（夏令时），21：30（冬令时）。

外汇影响：CPI 数值增长利好美元，利空非美元货币，反之利空美元。

6. 耐用品订单

影响程度：☆☆☆

耐用品订单（Durable Goods Orders）代表未来一个月内对不易耗损的

物品的订购数量，该数据反映了制造业活动的情况。就定义而言，订单泛指有意向购买而预期马上交运或在未来交运的商品交易。此处所谓的耐用品，是指不易耗损的财货，一般指使用寿命超过三年的财货，如国防设备、飞机等运输设备，企业机器等资本设备，及一般消费性耐久财货，如汽车、家电用品等。

耐用品订单是制造业出货、存货及新订单报告里非常重要的一项数据，被视为制造业景气的领先指针。在这份报告中，涵盖耐用品及非耐用品的统计，但其中以耐用品部分最受关注，原因在于非耐用品（如食品、衣物等）的需求变动不大且容易预测，因此真正值得注意、影响制造业景气的是耐用品部分。耐用品中，国防等相关设备在GDP中属于政府投资，民间企业机器设备等支出属于私人部门投资中的资本设备投资，一般消费性耐用品则属于消费里的耐用品消费项目，因此耐用品的变动状况对于GDP的表现有很大影响。

由于该统计数据包括了国防部门用品及运输部门用品，这些用品均为高价产品，因此这两方面的数据变化对整体数据有很大的影响，故市场也较注重扣除国防部门用品及运输部门用品后数据的变化情况。总体而言，若该数据增长，则表示制造业情况有所改善，利好该国货币；若该数据降低，则表示制造业出现萎缩，对该国货币利空。市场一般最重视美国耐用品订单指数。

公布时间：北京时间20：30（夏令时），21：30（冬令时）。

数据影响：数据增长利好美元，利空非美元货币，反之利空美元。

7.ISM非制造业指数

影响程度：☆☆☆

ISM非制造业数据衡量的是非制造业部门的经营状况，该数据基于就业趋势、物价和新订单等数据。尽管非制造业在整个经济中占有主要部分，但是由于非制造业数据具有周期性并且容易预测，因此对市场的影响力有限。然而，鉴于其在CPI中占有很大一部分，因此数据能揭示经济增长和通胀压力的内部情况。非制造业数据基于对采购和供应者的抽样调查，用 50% 作为看好与看淡的中线，以百分比变化的形式公布。

在美国，非制造业在经济中的比重高达 75% 以上，因此相关企业的就业趋势、新增订单及价格变化，对于观测美国经济整体变化是不可或缺的。为了满足这一需求，ISM 这一代表全国的公司采购经纪人组织从 1998 年 6 月开始发布自己编制的指数。尽管开始时这项数据并没有引起太多人的重视，但随着时间的推移，经济学家以及政客们开始越来越关注这份公布及时且有助于预测重要经济指标（例如通胀数据、就业数据）变化的经济指标。

该指数有 10 个分项指数，其中商业活动指数最为重要。其他 9 个分项指数是指新订单、供应商交货时间、就业、存货、物价、未完成订单、新出口订单、进口以及预期存货。ISM 每月将调查问卷发给 17 个行业的 370 多个采购经纪人，包括法律服务、娱乐、不动产、交通、保险、运输、银行以及宾馆。每个行业所占的比例取决于该部门对 GDP 的贡献率。

公布时间：每月第一周公布上一个月的具体数据，20：30（夏令时），21：30（冬令时）。

数据影响：数据增长利好美元，利空非美元货币，反之利空美元。

8. 零售销售数据

影响程度：☆☆☆

以现金或信用卡方式付账的商品交易，均是零售业的业务范围，但服务业并不包括在内。美国商务部统计局每个月进行一次全国性的零售业抽样调查，其调查对象为各种形态和规模的零售业（均为商务部登记在案的公司）。因为零售业范围太广，因而采取随机抽样的方式，以求取较具代表性的数据资料。耐久商品方面的零售商包括汽车零售商、超级市场、药品和酒类经销商等。由于服务业的资料很难搜集、计算，所以将其排除在外，但服务业亦属于消费支出中的重要一环，可以从个人消费支出（包括商品零售和服务）中一窥究竟。

零售额提升代表个人消费支出增加，经济情况好转。如果预期零售额升高，利率可能调升，对美元有利；如果零售额下降，则代表景气趋缓或不佳，利率可能调降，对美元偏向利空。

公布时间：每月月中公布上一个月的具体数据，20：30（夏令时），21：30（冬令时）。

数据影响：数据增长利好美元，利空非美元货币，反之利空美元。

9. 生产者物价指数（PPI）

影响程度：☆☆☆☆

生产者物价指数（PPI）是衡量工业企业产品出厂价格变动趋势和变动程度的指数，是反映某一时期生产领域价格变动情况的重要经济指标，也是制定有关经济政策和国民经济核算的重要依据。生产者物价指数与 CPI 不同，主要目的是衡量企业购买的一篮子物品和劳务的总费用。由于企业最终要把它们的费用以更高的消费价格的形式转移给消费者，所以，通常认为生产者物价指数的变动对预测消费物价指数的变动是有用的。

生产者物价指数共调查 9 大类商品：① 燃料、动力类；②有色金属类；③ 有色金属材料类；④化工原料类；⑤木材及纸浆类；⑥ 建材类：钢材、木材、水泥；⑦ 农副产品类；⑧ 纺织原料类；⑨ 工控产品。

生产者物价指数是用来衡量生产者在生产过程中所需采购品的物价状况，因而这项指数包括了原料、半成品和最终产品等三个生产阶段的物价资讯。

公布时间：当月末两周后公布，20：30（夏令时），21：30（冬令时）。

数据影响：数据增长利好美元，利空非美元货币，反之利空美元。

10.ADP 就业人数预估

影响程度：☆☆☆

ADP 被市场认为是“小非农数据”。ADP 全美就业报告由 ADP 赞助，宏观经济咨询公司（Macroeconomic Advisers）负责制定和维护。本报告采集自约 50 万家匿名美国企业，是美国就业情况的反映。

公布时间：每月第一周周三 20：15（夏令时），21：15（冬令时）。

数据影响：就业人数增长利好美元，反之利空。

11. 新屋开工率 / 成屋销售率

影响程度：☆☆

新屋开工率（Housing Starts）是开始破土动工打新地基的住宅的数量占比，包括单用户和多用户（single-family 和 multi-family），不包括流动住房、集体宿舍、公寓和长期对外出租的旅馆。

成屋销售率（Existing Home Sales）是美国房地产行业协会研究部每月接收 650 多个房地产经纪人组织和协会及全国多元报价系统形成的单一家庭成屋销售情况的数据。

新屋开工率增加，显示市场景气看好，对于生产资料的需求增加。美国新屋开工率增加，理论上对于美元来说偏向利多，不过仍须合并其他经济数据一同考量。成屋销售统计的是建造完毕的房屋，它对几个月前的利率更加敏感。新屋销售数据在销售类中占据重要地位，直接反映出房地产市场的景气状况。房地产市场状况体现出居民的消费支出水平，若消费支出强劲，则表明该国经济运行良好。

公布时间：每月 16 日 -19 日 20：15（夏令时）；21：15（冬令时）。

数据影响：数值增长利好美元，反之利空。

12. 日本短观报告

影响程度：☆☆☆☆

日本政府每季度会对近一万家企业作未来产业趋势调查，调查企业对短期经济前景的信心，以及对现时与未来经济状况与公司盈利前景的看法。负数结果表示对经济前景感到悲观的公司多于感到乐观的公司，正数则表示对经济前景感到乐观的公司多于感到悲观的公司。

历史情况显示，日本政府每季公布的企业短观报告数据极具代表性，能准确地预测日本未来的经济走势，因此与股市和日元汇率波动有相当大的联动性。

公布时间：每季度公布。

数据影响：报告内容鹰派利好日元，鸽派利空日元。

13. 德国 IFO 经济景气指数

影响程度：☆☆☆☆

德国 IFO 经济景气指数由德国 IFO 研究机构编制，是观察德国经济状况的重要领先指标。IFO 是德国经济信息研究所注册协会的英文缩写，1949 年成立于慕尼黑，是一家公益性的、独立的经济研究所，被称为德国政府智库之一。这个指数的编制，是对包括制造业、建筑业及零售业等各产业部门每个月均进行调查，每次调查所涵盖的企业家数在 7000 家以上，依企业评估目前的处境状况，以及短期内企业的计划及对未来半年的看法，依此编制出该指数。

因为 IFO 经济景气指数为每月公布，并且调查了企业对未来的看法，涵盖的部门范围广，因此在经济走势预测上参考性较高。指数越高，表明经济越景气，越利好该国货币；当指数降低时，表明经济开始衰退，则利空该国货币。

公布时间：调查当月第四周，法兰克福时间上午 10：00。

数据影响：数值增长利好欧元，反之利空。

第五节　基本面分析注意要点

利用基本面分析对外汇市场进行研判时，为了让各位投资者少走些弯路，以下分析要点要引起注意。

1. 有时基本面对走势的影响大于技术面

如果是一些影响程度较低的基本面因素，那么汇率波动方向可能会沿着技术面指示的方向运行。如果从技术面角度看汇率波动将可能朝向某一方向运行时，恰好即将公布的某项重要经济数据，其基本面显示方向刚好与技术面相反，那么汇率很有可能会先按照数据指示的方向运行，然后回归技术面趋势。

以笔者的一个失误操作为例，可以作为反面案例，提示大家注意这一点的重要性。

图 4–5

如图 4–5，欧元兑美元汇率走势在 2018 年 6 月 14 日 19：00 前始终保持震荡上涨的走势，并且突破了前期高点。从当时的技术指标来看，随机指标保持高位盘整，处于钝化但没有任何死叉反转的形态，而量价虽然背离，但买盘经历了一段时间的蓄势。在这种走势下，即使价格出现反转走势，在此之前汇价也必然会再向上冲击一波后再反转下跌。所以在汇价突破了前期高位平台之后，笔者毫不犹豫地进行了看涨交易。在随后的几个小时，汇价也确实在缓慢走高，交易开始逐渐获利。但这一切都在突然之间发生了改变，而且让人猝不及防。

当日晚间，北京时间 19：45，欧洲央行公布利率决议，结果不仅没有加息，而且欧洲央行行长德拉基在讲话中发表鸽派言论，预示欧元区可能很长一段时间都不会有加息计划，这给欧元兑美元汇率造成了极大的利空。不仅如此，在随后的美国方面数据中可见，美国 5 月份零售销售月率与 5 月份进口物价指数月率都出现了增长，初请失业金人数下降，这些数据均利好美元，利空欧元。

19:45	●	欧元区6月欧洲央行主要再融资利率(%)	0.00	0.00	0	高		
		欧元区6月欧洲央行边际借贷利率(%)	0.25	0.25	0.25	高		
		欧元区6月欧洲央行资产购买规模(亿欧元)	300	300	300	高		
		欧元区6月欧洲央行存款机制利率(%)	-0.40	-0.40	-0.4	高		
20:29		美国截至6月9日当周初请失业金人数(万)	22.2	22.3	21.8	高	利多 美元 利空 金银 石油	
		美国截至6月2日当周续请失业金人数(万)	174.6	173.2	169.7		利多 美元 利空 金银 石油	
20:30		美国5月零售销售月率(%)	0.4	0.4	0.8	高	利多 美元 利空 金银 石油	
		美国5月零售销售(亿美元)	4976		5020			
		美国5月核心零售销售(亿美元)	3960		3993			
		美国5月核心零售销售月率(%)	0.4	0.5	0.9	高	利多 美元 利空 金银 石油	
20:30		美国截至6月9日当周初请失业金人数四周均值(万)	22.55		22.43	高		
20:30		加拿大4月新屋价格指数年率(%)	2.4	1.7	1.6			
		加拿大4月新屋价格指数月率(%)	0.0	0.0	0			
20:30		美国5月进口物价指数月率(%)	0.6	0.5	0.6	高	利多 美元 利空 金银 石油	
		美国5月出口物价指数月率(%)	0.6	0.3	0.6		利多 美元 利空 金银 石油	
		美国5月出口物价指数年率(%)	3.7		4.9			
		美国5月进口物价指数年率(%)	3.6	3.9	4.3	高	利多 美元 利空 金银 石油	

19:45	●	欧元区	法兰克福	★★★	欧洲央行公布利率决议。
20:30	●	欧元区	法兰克福	★★★	欧洲央行行长德拉基(Mario Draghi)召开新闻发布会。

图 4-6

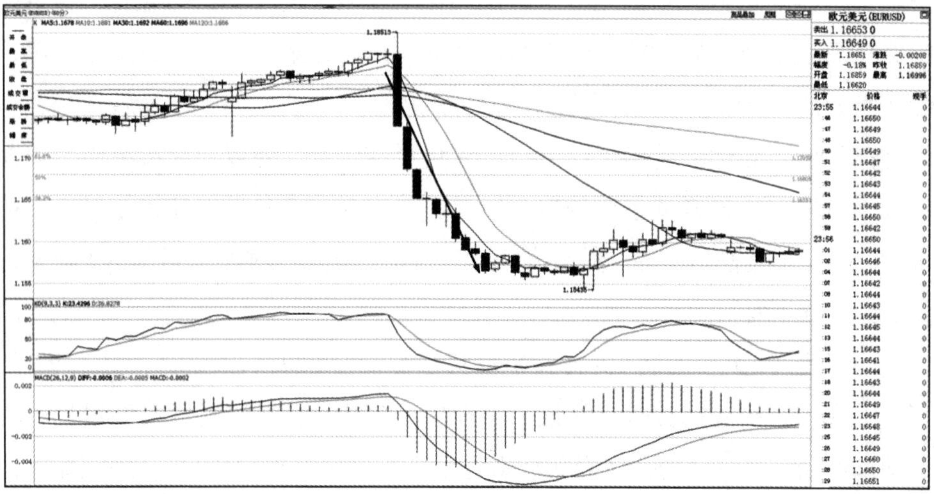

图 4-7

从图 4-7 中可以看到，当 19：45 欧洲央行公布利率决议后，欧元兑美元的汇率就开始了加速下跌行情。美国公布的数据更是给这种下跌走势火上浇油，盈利的多单瞬间就到达了止损位置。如果没有严格止损，只用三个小时，欧美汇率就下跌了 1700 余点，每一手多头头寸将亏损 1700 美元。这种下跌一直持续到第二天的亚洲盘，累计跌幅近 2900 点。

通过这个案例，说明重要的基本面因素对于市场汇率的影响是很大的，所以每个交易日要首先了解日内是否有重要的基本面数据公布，公布的具体时间以及影响的交易品种。如果技术面与基本面预期方向一致，可以在基本面数据公布前进场，轻仓尝试。若基本面预期与技术面背道而驰，或对走势没有十足把握，就要规避基本面风险，在消息公布前空仓观望是最佳选择。

2. 数据的各种数值

一项经济数据公布前，大家会看到两组已知的数值，即前值和预测值。前值即上一次公布的最终数值，预期值则是市场预期公布的数值，投资者可以根据数值公布的历史记录曲线或其他资料，对下一次公布的数值进行增长或下降的预测。

时间	区域	指标	前值	预测值	公布值	重要性	利多 利空	解读
20:30		美国第四季度实际GDP年化季率终值(%)	2.5	2.7	2.9	高	利空 金银 石油	
		美国第四季度企业获利年化季率终值(%)	4.3		-0.1			
		美国第四季度最终销售年化季率终值(%)	3.3		3.4			
		美国第四季度年化实际GDP终值(亿美元)	172717		172865			
		美国第四季度GDP平减指数终值(%)	2.3	2.3	2.3	高		
		美国第四季度消费者支出年化季率终值(%)	3.8	3.8	4	高	利多 美元 利空 金银 石油	

图 4–8

如图 4-8，美国第四季度 GDP 年化率终值的前值为 2.5%，市场预期值为 2.7%，如果实际数据高于前值以及预期值，将会极大程度上利好美元，利空非美货币。如果最终值高于前值 2.5%，但是低于预期值 2.7%，那么虽然会对美元造成影响，但是影响程度会弱很多。如果实际公布的数值低于前值，同时也低于预期值的话，对美元则会是严重的利空，美元跌幅会适当扩大。

通常市场对于预期值要比前值更为看重，所以当某项数据公布后，要先与预期值对比，然后再与前值对比，以判断对某种货币是造成利好还是利空影响，同时判断影响力度。此外，对于预期值的对比，投资者可以把它看成对市场波动的短期影响，而前值的对比可以看作对市场长期的影响。

当同一时间发布多项重要数据且影响方向不一时，极容易出现价格上下快速波动，或者按照某一项数据方向运行。在这种情况下，投资者需要规避数据带来的影响，等待半小时，待价格波动逐渐平稳回归技术面的时候再进行交易。

3. 为什么数据公布前价格会异常波动

越是重要的基本面因素，在公布前炒作的情绪就越是高涨，“买预期卖事实”在任何一个领域都是一样的。只有未知的事情才有炒作价值，才有更多的利润回报，当然风险也是巨大的。

很多时候大家会发现，当某一项基本面消息即将落地之前，本应是暴风雨前的宁静，市场却格外疯狂。当基本面消息公布后，市场反而表现平淡，令人大跌眼镜。

许多投资者应该对股票市场更为了解，当一家上市企业股价飙升时，大多数投资者都是一头雾水。当企业公布某项利好消息时，股价却立马掉头下跌，这就是很典型的例子。不论是再重要的利好或利空消息，一旦被所有人知晓，那么这个消息也就“不值钱”了，失去了炒作的价值，此时就会有聪明人借助消息对普通投资者的影响锁定利润离场。

一般基本面消息公布前的异常波动行为主要有两种情况。第一种情况是在数据公布前一交易日或更前一些时间，价格出现大幅单边运行，给投资者一种未来基本面消息公布后的结果方向与当前价格走势一致的感觉，这是消息面的提前反应。当消息公布后，市场波动幅度较小，可能出现涨跌快速轮动或反转的走势。第二种情况则是在基本面消息即将公布前几分钟汇率快速波动，每一分钟波动幅度都很大且速度极快，给人一种山雨欲来的感觉，此时会有很多投资者被这种波动刺激提前进场。这种情况一般在某项重要数据公布前出现的可能性比较大。

4. 千万不要想着利用基本面消息一夜致富

笔者认为，现在的基本面行情越来越难做，不确定性极强，很多时候看似重要的基本面因素，实际上对于汇率的影响并不是很大，造成的振幅并不比平时更大，有时反而还会小很多。其实博弈的消息或数据并不是那么有价值，许多外汇交易商为了刺激投资者开户交易，有时会恶意夸大数据的作用和影响。

另外，理想和现实总是有很大的差距。许多投资者都会有这样的想法：10 次公布数据，每次提前进场，用小止损博大收益，只要准确率在 40% 到 50% 就可以稳健获利了。这看似是一个非常不错的盈利模式，但其中的不确定因素太多了，准确率能否达到标准是一方面，价格的波动是否每次都会很大，是否每次错误都能够及时止损，获利后能否及时兑现？很多问题都会让想法与现实的差距越拉越大。

某一项数据或消息自己十分肯定，准备满仓或重仓“干它一票大的”，这是许多赌性较强的投资者想做的事。当自己特别想在短期内致富，恰好近期有一项重要的基本面因素将会公布，为短期致富创造了条件，此时各大媒体预测这一基本面的最终结果与预期还特别一致，这三点结合起来，就促成了一笔“疯狂”的交易。但是在金融投资市场中，很少有绝对的事情发生，所有的行为都是不确定的。全世界有无数的经济学家，有多少人能准确预测出某一项数据或决策的最终结果？更何况是大多数都没有上过经济学课的普通投资者呢？所以，结果是显而易见的。在笔者十余年的投资生涯里，几乎没有见到哪一位投资者是靠博弈基本面实现盈利的。

当对某一个基本面的结果相对比较肯定，准备参与交易时，要控制好仓位，下单仓位以及止损幅度都可以适当放大，但不可过大。账户盈利是依靠每一次小的盈利逐渐积累起来的，不要幻想一次暴富。

下面用笔者的一次实战案例来讲解一下。

图 4–9

在美元还没有加息前，笔者已经制定了寻找低位提前进场欧元兑美元的交易策略。加息前欧美货币果然开始下跌，提供了很好的条件。然而当时市场卖盘虽然有所减弱，但仍然不能完全判断最佳低点，所以在一个相对较低的位置初步试探性地轻仓做多。虽然后面的行情并没有更大幅度的下跌，但也有一定的跌幅。在指标更加超卖的情况下，笔者进行了第一次补仓。

订单	时间 /	类型	手数	交易品种	价格	止损	获利	时间	价格	手续费	税金	库存费	获利
18940119	2018.03.20 10:57:34	buy	2.00	eurusd	1.22478	1.23603	0.00000	2018.03.26 17:02:28	1.24418	-40.00	0.00	1.70	2 872.00
18940120	2018.03.21 15:43:34	buy	4.00	eurusd	1.22478	1.22178	0.00000	2018.03.26 17:02:41	1.24426	-80.00	0.00	3.40	7 712.00

图 4–10

在美国加息靴子尚未落地前，欧美货币出现了一波上涨行情。虽然此时整体交易已经有了盈利，但毕竟笔者的目的是等待加息后更大幅度的上涨行情，所以此时止盈是因小失大，事实证明这个决定是正确的。2018 年的 3 月 22 日，当美国加息的行为得到确认，虽然当时欧美货币汇率出现了一个交易日的下跌，但随后便展开了连续的上涨，最终笔者在相对高位离场。

笔者从来不去寻找最低和最高位置，追求极致往往物极必反，交易做到相对正确即可。许多投资者高位卖不出，低位买不到，就是过分追求卖在最高位、买在最低位的错误想法。

通过这一案例可以总结出以下几点。

（1）交易要设置止损，但止盈可以灵活掌握。

（2）制定好交易策略，不要轻易因价格的波动而改变。

（3）相对确认的基本面交易要提前下单，在靴子落地后平仓。

（4）即便面对确认的行情，交易也要适可而止，不可重仓，不可设置过大的止损。

（5）补仓仓位相比首次下单仓位要翻倍。

（6）不要苛求交易在最高点或最低点。

第五章
技术分析之 K 线分析

本章将开始学习技术面的分析方法及应用技巧。技术分析在不同投资领域的作用有所不同，例如在股票市场，由于政策干预严重，内幕交易及机构操纵等现象大量存在，导致技术面分析在股票市场中的准确率大打折扣。但是在外汇市场，因为交易机制完善且监管到位，市场中基本没有人为操纵、内幕消息等因素的干扰，几乎所有的个人或机构投资者都在应用技术指标进行交易，所以这些指标就会格外地真实有效。

第一节 K 线分析理论

技术分析是一种利用各种指标、图形对价格后期走势及位置进行分析的方法，使用难度不高，即使没有金融背景的投资者，也可以在很短的时间内学会。其难点则是对指标的原理要有相对深入的了解，知道每项指标的核心价值是什么，这样才能更好地利用。

另外，每个技术指标都会存在一些缺陷，要对这些不足之处有充分的了解，找到弥补的办法。这就要求在学习大量技术指标的同时，也要找到相互弥补且不冲突的技术指标，形成一套属于自己的功能完善且行之有效的技术分析模型。在《孝寒点位交易法》一书中，笔者把自己创造的分析系统详细地介绍了出来，新入市还没有自己的交易模型的投资者，可以作为参考。

技术指标分为很多类型，从指标区域来看，可以分为主图指标、辅图指标；从功能上分类，可以分为趋势型指标、震荡型指标、强弱型指标。本章将对各项技术指标逐一进行讲解，希望投资者在学习以后尝试使用，不断总结，最后形成一套属于自己的分析体系。

K 线分析是所有投资者入门学习的第一个技术分析方法，因为它简单有效，可以与其他任何指标组合使用，在技术分析中占有不可撼动的地位。许多投资者擅长裸 K 线分析（除了 K 线不利用任何指标），但如果是其他指标，则必须结合另外一种或几种指标组合使用（必须配有 K 线），所以 K 线分析既是入门，也是核心。

《日本蜡烛图技术》一书中讲解了数百页近千种 K 线组合，笔者认为没有必要学习那么多，近九成甚至更多的 K 线组合都很少出现或概率很低，要将这些组合全部记下也很难。一般的投资者只需要记住几种最简单易记且准确率较高、经常出现的 K 线或组合即可，若对 K 线分析十分着迷，可以待完善了自己的交易体系后进行更系统的学习。

一、K 线分析理论概述

K 线分析理论起源于日本德川幕府时代，当时日本米市商人用于记录米市的行情与价格波动，后因其细腻独到的标画方式而被引入到股市及期货市场。目前，这种图表分析法在我国以至整个东南亚地区尤为流行。由于这种方法绘制出来的图表形状颇似一根根蜡烛，加上这些蜡烛有黑白之分，因而也叫阴阳线图表。通过 K 线图，能够把每日或某一周期的市况表现完全记录下来，股价经过一段时间的盘档后，在图上即形成一种特殊区域或形态，不同的形态显示出不同的意义。

那么，为什么叫“K 线”呢？实际上，日本的“K”并不是写成“K”字，而是写作“罫”（日本音读 kei）。K 线是“罫线”的读音，K 线图称为“罫线”，西方以其英文首字母“K”直译为“K”线，K 线分析理论由此发展而来。

二、K 线的组成及绘制方法

K 线由每个分析周期的开盘价、收盘价、最高价和最低价组合绘制而成。以绘制日 K 线为例，首先确定开盘和收盘的价格，它们之间的部分画成矩形实体。如果收盘价格高于开盘价格，则 K 线称为阳线，用黑框空心或红色柱形表示。如果收盘价低于开盘价格，则 K 线称为阴线，用黑色实体或绿色实体柱形表示。最后用较细的线将最高价和最低价分别与实体连接，最高价与实体之间的线称为上影线，最低价与实体之间的线称为下影线，如图 5-1 所示。

图 5-2 为单根 K 线的不同形态。图中 K 线形态均为常见形态，其中部分单根 K 线形态对后期价格的发展起到十分重要的分析作用。

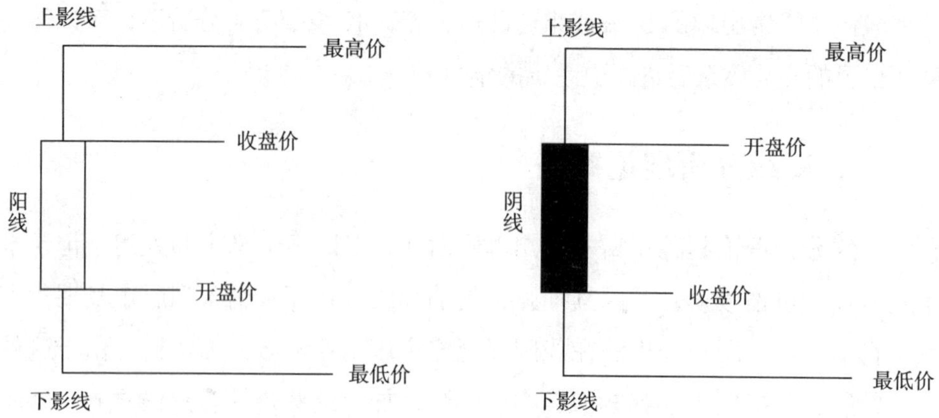

图 5-1

基本形态	名称	基本形态	名称
	大阳线		大阴线
	下影阳线		下影阴线
	上影阳线		上影阴线
	小阳线		小阴线
	十字线		一字线

图 5-2

第二节 单根 K 线的分析方法

不是任何一种单根 K 线形态都可以单独对后市进行分析判断的，多数 K 线需要组合后方可形成一种交易信号。但有极个别的单根 K 线，如大阴线、大阳线以及长上影或长下影阴线或阳线，可以单独对后市走势起到重要的分析作用。

一、大阳线

大阳线最高价即是收盘价，最低价即是开盘价，并没有上下影线，所以也叫“光头光脚大阳线”，略有一点点上下影线也可以归类于此。这种大阳线说明价格上涨力度强劲，几乎没有出现什么回调，所以价格呈多头一边倒的情况，是一种继续看涨的信号。

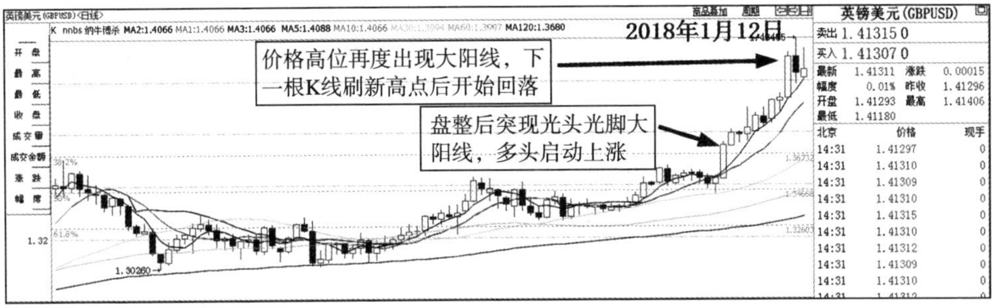

图 5-3

如图 5-3，2018 年 1 月 12 日前，英镑兑美元汇率都是以小幅度的震荡盘整为主，但是 12 日当天开盘后，英美货币开始单边上涨，直到当日收盘。虽然 K 线有略微的小上影线，但超过 1900 点的 K 线实体，完全可以算是光头光脚的实体大阳线。随后英美货币开始展开单边上涨行情，并且带动了均线系统整体上扬。1 月 24 日开盘后，英美汇率继续冲高，当日上涨 2360 点，再度收出大阳线。次日价格创出新高点后开始回调。从第一根大阳线起涨到见顶回调，最低点位 1.35390，最高点位 1.43455，本轮英镑兑美元货币上涨超过 8000 点。也就是说，在这波上涨行情中，每手多单可获得超过 8000 美元的收益。

操作要点如下。

（1）如果大阳线还在向上拓展空间，但距离上方压力位较近，或大阳线收线位置刚好到达或接近上方强压力位，暂时不能进场做多，最好等待突破后再进场交易。

（2）即使收出大阳线，看涨概率较高，多单进场后，依然要严格止损，因为偶尔会出现大阳线后接大阴线的情况。

（3）行情启动初期，大阳线后会持续盘整一段时间。盘整后突破盘整平台，可能会展开一轮上涨，此时可以买入看涨头寸。

（4）大阳线后出现小幅回调是可以接受的，只要调整幅度不大且持续盘整，仍有继续上涨的机会。

（5）在盘整阶段均线系统走平黏合时，大阳线在均线中间出现，此时均线和 K 线信号的准确率较低，要等待价格继续上涨带动均线形成多头排列，此时买入最佳。

（6）下跌趋势中出现大阳线，要防止出现二次回踩，高位沽空或等待价格再度回调时进场为宜。

（7）出现大阳线后，如果价格距离上方压力位较远，其他指标同时看涨时，激进型投资者可以追涨做多，稳健型投资者要等到价格回调到大阳线实体一半位置时再进场做多。

二、大阴线

大阴线的开盘价为最高价，收盘价为最低价，上影线或下影线极短或没有上下影线，所以大阴线也称为“光头光脚大阴线”，是后市看空的一种 K 线形态。出现大阴线，说明市场看空情绪高涨，几乎呈单边下跌走势，期间多头几乎没有反抗。

如图 5-4，2018 年 4 月 3 日，2 小时周期走势中，亚洲盘阶段美元兑加元汇率连续小幅阴跌，保持在前期的盘整平台位置，并无突破走势以及明确的趋势。欧洲盘阶段美元兑加元汇率突然出现了一波加速下跌，2 小时周期图上收出了一根几乎光头光脚的实体大阴线，同时短周期均线开始加大下跌的角度。换线后，下一根 K 线先是反弹到前面大阴线实体一半的位置，然后再度下跌，刷新低点。

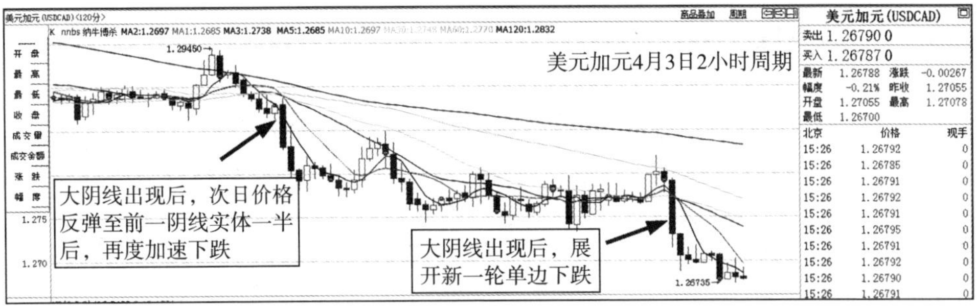

图 5–4

在后面的走势中，也出现了一根大阴线。虽然前期价格一直保持区间震荡，但这一根实体大阴线的出现打破了僵局，形成了新一轮单边下跌趋势。

操作要点如下。

（1）如果大阴线还在运行，距离下方支撑位较近，或大阴线收线位置刚好到达或接近下方强支撑位，暂时不宜马上进场沽空，最好等待破位后再进场沽空。

（2）即使收出大阴线，下跌概率较高，空单进场后，依旧要严格止损，因为偶尔会出现大阴线后接大阳线的情况。

（3）行情启动初期，收出大阴线后会持续盘整，盘整后跌破盘整平台，可能会展开新一轮下跌，此时可以进场沽空。

（4）大阴线后有小幅反弹是可以接受的，只要反弹幅度不大且持续盘整，仍有继续下跌的机会。

（5）在盘整阶段均线系统出现黏合走平时，大阴线在均线中间出现，均线和 K 线信号的准确率较低，要等待价格继续下跌带动均线呈空头排列后买入最佳。

（6）上涨趋势中出现大阴线，要防止出现二次拉高，逢低做多或等待价格再度反弹时进场为宜。

（7）出现大阴线后，价格距离下方支撑较远且其他指标同时看空时，激进型投资者可进场追空，稳健型投资者可等待价格反弹到大阴线实体一半附近时进场做空。

三、上影阳线、上影阴线

价格先涨后跌，K 线图上留下较长上影线，但 K 线实体却呈小阳线或小阴线，即为上影阳线或上影阴线，又称为“倒锤头线”。倒锤头线是 K 线分析中十分重要的看空信号，由于价格在上涨过程中突然出现大量的空头卖盘，形成多翻空的反转，所以后续价格走势很有可能会继续朝着空头的方向运行。

倒锤头线的实体部分可以为阳线，也可以为阴线，阴线说明空头的力度更强劲一些。最重要的是上影线与 K 线实体的比例，如果上影线与实体长度大小相等，说明空头力度并不强，价格继续上涨的概率较大，所以并不是标准的倒锤头线。标准的倒锤头线，上影线长度至少是 K 线实体长度的两倍甚至是三倍以上。总之，上影线越长，看空信号就越强烈，下跌的概率也就越高。

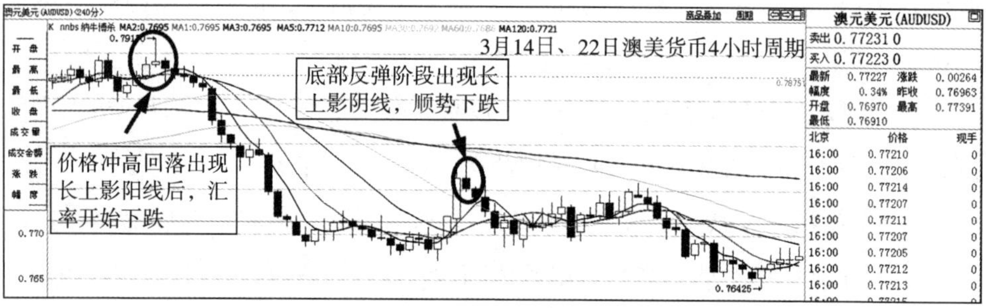

图 5-5

如图 5-5，从澳元兑美元汇率的走势中，来学习一下倒锤头线的使用方法。2018 年 3 月 14 日与 22 日，4 小时周期图中分别出现了两根倒锤头的 K 线形态，不同之处在于一个为上影阳线，一个为上影阴线。相同之处则在于，都是出现倒锤头线后价格展开了下跌，并且上影线均比 K 线实体长许多。倒锤头线是非常准确的判断价格顶部的信号之一，虽然出现的频率不高，但是一旦出现，完全可以利用这一个技术信号判断后市进入下跌行情，从而进场沽空。

操作要点如下。

（1）上影阳线的上影线长度至少要是 K 线实体长度的两倍甚至三倍以上，上影阴线虽然上影线更长，但是阴线的实体部分越长，说明下跌力度越强。

（2）倒锤头线出现在价格上涨高位效果最佳，下跌途中出现效果次之，出现在价格盘整阶段效果最差。

（3）如果价格经历了一波大幅度的下跌，在反弹阶段出现倒锤头线，是二次回踩信号，但后续下跌力度不会很强。

（4）出现倒锤头线后，投资者进场沽空。若价格突破倒锤头线的上影线最高价，需要止损，以防止出现突破行情。

（5）如果上影阴线的阴线实体过大，可能出现超卖或背离现象，需要等待反弹后再行沽空。

（6）形成倒锤头线后，若下方距离支撑位较远，或其他指标均为看空信号，激进型投资者可以直接进场沽空，稳健型投资者可以等待价格反弹至上影线一半的位置逢高沽空。

（7）若连续出现两根倒锤头线，为双针探顶 K 线组合，准确率更高。

四、下影阳线、下影阴线

价格先跌后涨，K 线留下较长的下影线，K 线实体呈阳线即为下影阳线，K 线实体呈阴线即为下影阴线，又称为“锤头线”。与倒锤头线相反，锤头线通常出现在价格趋势底部，是 K 线形态中十分典型且有效的止跌信号或底部反转、反弹信号之一。

价格先跌后涨，说明空方动能耗尽，空方力度逐渐增强，行情反转形成空翻多的状态并且有望持续。锤头线的下影线越长，说明价格反转的力度越强。K 线实体可阴可阳，但阳线的力度更强，反转或反弹的效果更佳。同样，下影线的长度至少要是实体部分的两到三倍，如果实体是阳线，可以稍大一些。

如图 5-6，3 月 29 日至 4 月 4 日期间，澳元兑美元在 2 小时周期图中出现了两次底部的锤头线，每一次出现价格都立竿见影地展开了反弹行情，即使投资者设置 200 点止损也不会被扫掉。两根锤头线虽然有阴阳之别，但是下影线均为实体的三倍左右，是非常标准的锤头线形态。锤头线形态出现在不同的周期，对后市的影响也不同，这一点在后面关于“周期”的讲解中会做详细讲述。

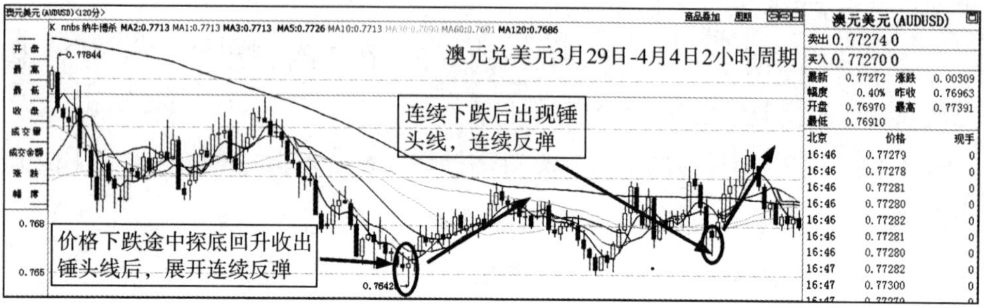

图 5-6

操作要点如下。

（1）下影阳线的下影线长度至少是 K 线实体长度的两倍甚至三倍以上，下影阳线虽然下影线要更长，但是阳线的实体部分越长，说明上涨力度越强。

（2）锤头线出现在价格下跌低位效果最佳，上涨途中出现效果次之，出现在价格盘整阶段效果最差。

（3）如果价格经历了一波大幅度的上涨，在回调阶段出现锤头线是二次探顶信号，但后续上涨力度不会很强。

（4）出现锤头线后，投资者可以进场做多。若价格跌破锤头线的下影线最低价，需要止损，以防止破位后加速下跌。

（5）如果下影阳线的阳线实体过大，可能出现超买或背离现象，此时需要等待回调后再进场做多。

（6）形成锤头线后，若上方距离压力位较远，或其他指标均为看涨信号，激进型投资者可以直接进场做多，稳健型投资者可以等待价格回调至下影线一半的位置逢低做多。

（7）若连续出现两根锤头线，为双针探底 K 线组合，准确率更高。

五、其他 K 线形态

上面讲述的单根 K 线，如果出现标准形态，都可以作为主要的交易信号。其余的单根 K 线形态，则必须要配合其他 K 线形成组合后进行分析，如小阴线、小阳线、十字星等。一字型 K 线在外汇市场几乎不会出现，因为外汇市场没有涨跌幅限制，所以不会出现开盘一字涨停、跌停的行为。

第三节　常见的双 K 线组合

在 K 线分析理论中，单根和两根 K 线组合的数量相对较少，多数双 K 线组合的准确率也不是很高，但还是有一些可以作为重要的交易依据。

名称	基本形态	名称	基本形态
平底	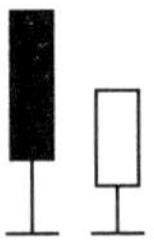	平顶	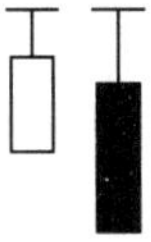
乌云盖顶		倾盆大雨	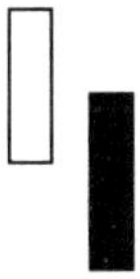
曙光初现		旭日东升	

图 5-7

一、平底

汇价下跌过程中力度逐渐衰竭，并且在下方某一位置买盘支撑非常强劲，这时连续两根甚至更多K线最低价都会在同一位置探底然后回升。将这些K线底部连接起来，几乎会形成一条水平的直线，这个位置就是汇率的阶段性底部。K线形成两平底甚至多平底后，表示下方买盘支撑强劲，是一种汇率即将上涨的信号。

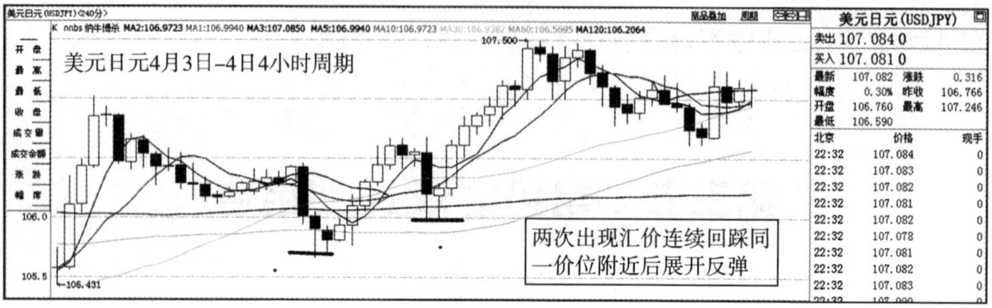

图 5-8

如图5-8，美元兑日元汇率在4月3日和4日两次出现平底的K线组合。第一次平底中，第二根K线的下影线与前一根K线的下影线位置不完全一致，但是美日货币汇率同样展开了上涨行情。平底行情的标准形态要求底部位置完全平行，但如果位置稍有差别也是可以接受的，可视为一种变形形态来应用。第二次出现平底K线组合则十分标准，两根K线下影线最低价几乎完全一致，此后汇价再度上涨。

平底K线组合源于价格连续在某一位置反弹所形成的技术支撑以及心理支撑，该支撑导致了价格反弹。

操作要点如下。

（1）出现平底形态，要做好汇价底部反转的准备。若手中持有空单，应随时准备平仓。

（2）出现平底时，投资者可以进场做多，止损位设置可以设在平底支撑的下方，一旦破位立即止损。

（3）平底出现在汇价下跌底部与盘整阶段作用明显，在上涨阶段效果稍弱。

（4）平底K线组合要求两根或多根K线底部相同或差别较小。若高低起伏明显，则不属于平底组合。

（5）如果是两根 K 线的平底组合，不一定左阴右阳，也可以第一根为阳线，第二根为阴线，但最低价依旧要相同或相差不大。如果是左阴右阳，那么阳线实体也不一定要比前一根 K 线小，如果是吞没形态也可以。

二、平顶

在汇价上涨过程中，多头力量逐渐减弱，连续两根或多根 K 线在同一价位附近受阻或冲高回落，将这些 K 线最高价连接起来，会形成一条水平线，该水平线是较强的压力位。平顶 K 线组合是一种高位沽空信号，在连续压力的作用下，看涨情绪会逐渐发生变化，引起多头头寸的减少，导致汇价下跌。

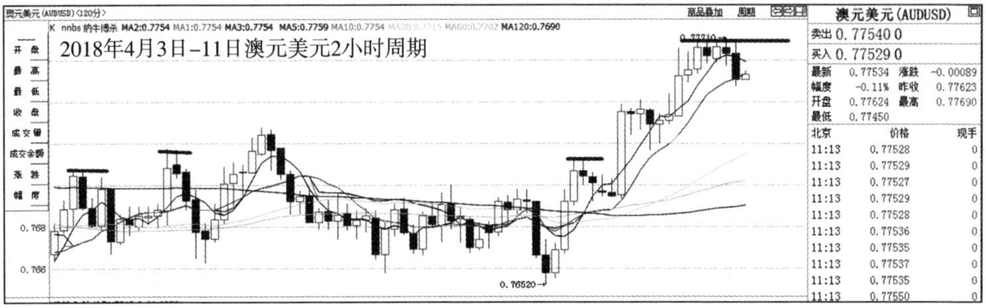

图 5-9

如图 5-9，4 月 3 日到 11 日期间，澳元兑美元货币在 2 小时周期图中出现过多次平顶 K 线组合，几乎每一次出现平顶 K 线组合，价格都会有些许回调。平顶 K 线组合出现的频率很高，但是出现频率高的 K 线组合，准确性往往就会差一些，所以在使用上一定要多结合其他指标进行分析。平顶 K 线组合多数情况下对价格的影响都是短暂的，适合短线投机交易，但很难带动价格出现大幅度的反转下跌行情，这一点很重要。

操作要点如下。

（1）平顶 K 线组合的上影线越长，反转信号越强。

（2）如果平顶位置刚好是其他指标的重要压力位，效果更佳。

（3）空单止损位设置在平顶压力位的上方，一旦突破要暂时离场。

（4）平顶走势的操作策略与平底走势相反。

（5）平顶的K线数量越多，说明这一位置的压力越强，调整概率及幅度越大。

三、乌云盖顶

乌云盖顶K线组合也是K线分析中最常用的组合之一，准确率相对较高，也经常出现在盘面上。乌云盖顶属于顶部回调信号的一种，第一根K线为实体中阳线或大阳线，第二根K线略有高开后直接下跌，收出光头光脚实体更大的阴线或略微带有影线，意味着多翻空的速度很快。

乌云盖顶K线组合通常出现在价格顶部，形成反转的概率较高。但也会出现在盘整阶段，出现在盘整阶段对后期走势的影响不大。若价格突破乌云盖顶的最高价，代表空方力度不足，价格将继续上涨，空单需要止损。

四、倾盆大雨

倾盆大雨也是一种后市看空的K线组合，相比乌云盖顶要更加强势，出现后价格的下跌力度可能更大。倾盆大雨K线组合的特征是，第一根中阳线或大阳线收线后，第二根K线直接低开低走，大幅跌破前一根阳线的最低价，说明空头突然发力且力度强劲。

同样，一旦价格突破乌云盖顶的最高价格，需要立即将空单止损。越是明确的看空信号，一旦突破，上涨的力度就越强劲。

五、曙光初现

曙光初现是一种看涨的K线组合，通常出现在价格下跌趋势的底部位置。第一根中阴线或大阴线探底后，第二根K线直接低开高走，形成多翻空的格局，随后价格可能会继续反弹一定的幅度。如果第二根K线低开位置刚好是支撑位置，效果更佳。

一般第二根阳线实体不会高于第一根阴线，否则就形成了吞没形态，当然吞没形态也是看涨形态。曙光初现的最低价格一旦跌破，需要考虑是否平仓持有的多单，如果此时卖盘出现放量或破位，那么多头头寸的风险就很大了。

六、旭日东升

旭日东升 K 线组合是比曙光初现更强劲的看涨信号，因为第二根 K 线是高开高走，而且突破了前一根阴线的最高价，所以显示多头情绪更加激烈，后市上涨的概率以及幅度也可能会更大。风险在于，如果 K 线组合出现后投资者进场做多的话，由于前一根 K 线已经有一定的涨幅，那么就会有追高的风险。实战中，投资者在追涨的时候，一定要判断上方的压力位置，看是否还有足够的获利空间，以及是否出现技术背离的现象。

本节对于旭日东升、曙光初现、倾盆大雨、乌云盖顶四种 K 线组合没有做更详细的图文讲解。由于外汇市场为 24 小时连续报价交易，所以几乎不会出现明显的低开或高开的情况，除非周末结束后，周一开盘可能会出现小幅度跳空，其余时间不会出现。投资者对于以上四种形态了解即可，当周一出现跳空走势时，若出现这四种 K 线组合，可以根据情况应用分析。

第四节　多 K 线组合

三根或三根以上 K 线组合，是 K 线分析中最常见的 K 线组合，其组合数量高达上百种，但是大多数 K 线组合出现的频率很低，且准确率也并不是很高，所以投资者并不需要将全部的 K 线组合牢记于心。本节总结出了 8 种市场经常出现的多 K 线组合形态，只需要将其记住并且灵活应用，在 K 线分析和实战中即可达到较高的应用水平。

名称	基本形态	名称	基本形态
早晨之星	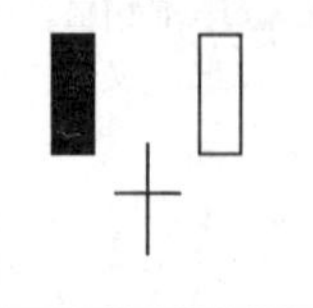	红三兵	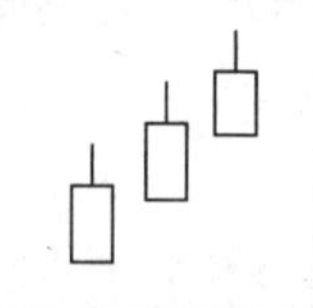
黄昏之星	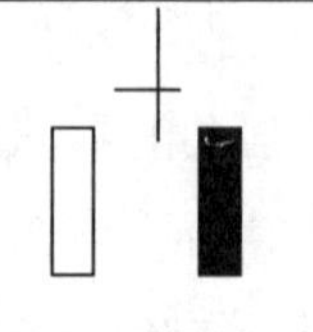	三只乌鸦	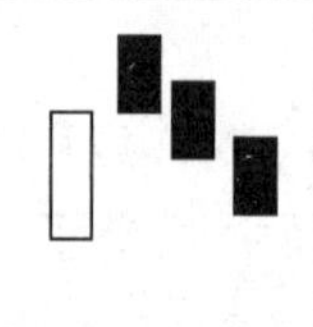
两阳夹一阴		两阴夹一阳	
多方尖兵	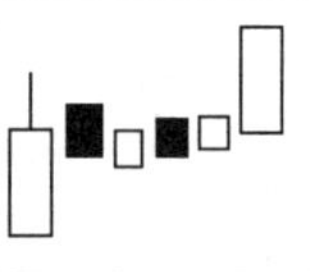	下跌三部曲	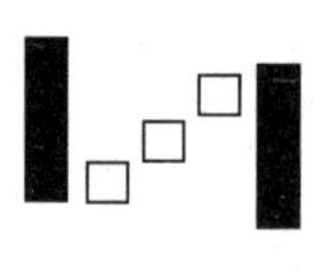

图 5-10

一、早晨之星

早晨之星，顾名思义就像是清晨的太阳冉冉升起，表示黑夜已经过去，光明即将来临，是信号最强烈的 K 线组合之一，预示价格已经到达底部，即将反转上涨。

早晨之星 K 线组合的组成为三根 K 线，第一根 K 线为中阴或大阴线，影线最好不要过长。第二根即中间的 K 线可以是阳线或阴线的十字星，小阳线

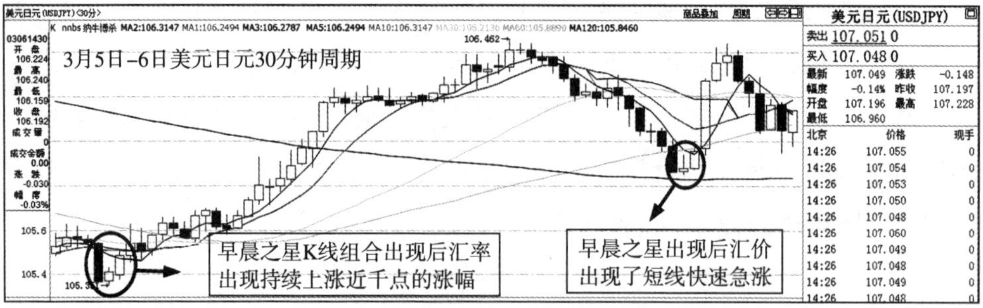

图 5-11

效果最佳，小阴线效果最差。第三根 K 线为中阳线或大阳线，上影线不能过长，最好是光头阳线，实体部分可以高于第一根 K 线或略低一些。早晨之星形成的原因是空头力度逐渐衰竭，随后多空双方处于势均力敌的局面，最终多方动能超过空方。

如图 5-11，美元兑日元货币汇率在 3 月 5 日和 6 日分别出现了两次比较标准的早晨之星 K 线组合。第一次出现后，汇价虽然上涨缓慢，但持续时间很长，在不到 24 个小时的时间里涨幅达到 1000 点。第二次出现早晨之星后，价格立竿见影地加速冲高，1 个小时内涨幅便超过了 400 点。由于涨幅较大，涨速过快，所以随后出现了技术背离。早晨之星出现的频率比较低，但信号强度很强，所以一旦出现，应作为重要的交易依据。

操作要点如下。

（1）出现早晨之星 K 线组合，若手持空单，应考虑平仓离场。

（2）早晨之星 K 线组合如果受到下方支撑，看多信号效果更佳。

（3）根据早晨之星进场多单后，若价格跌破早晨之星组合的最低价，应暂时止损，以防止加速下跌。

（4）价格回调若不超过早晨之星第三根 K 线阳线实体的 1/2，是加仓或进场做多信号。

（5）早晨之星组合代表了多空转换过程，可以与 MACD 指标结合分析。

二、红三兵

红三兵 K 线组合的特征是，当价格连续阴线下跌或盘整后，连续拉出三

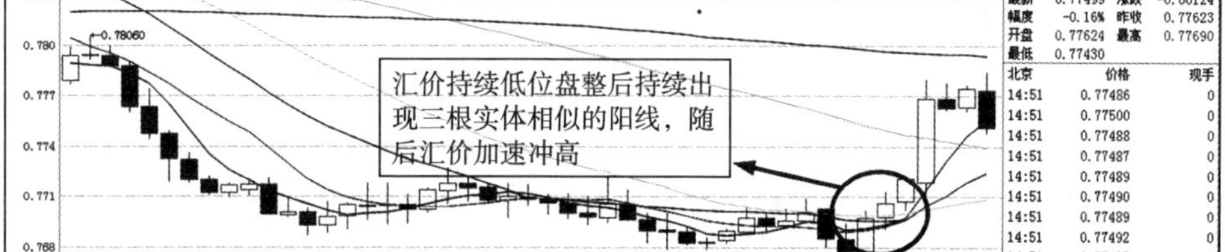

图 5-12

根中小阳线。出现红三兵易带动均线趋势上行，所以是一种看涨的K线组合。需要注意的是，在盘整区域连续出现三根大小几乎相等的阳线，才算是标准的红三兵组合。

如图5-12，澳元兑美元汇率走势经过较大幅度下跌后，开始了较长周期的低位盘整。当出现连续三根实体大小相近的阳线后，汇价突然大幅拉高，2个小时内便上涨了500点。图中的红三兵K线组合出现在汇价下跌趋势中，代表价格将展开低位反弹。如果红三兵出现在价格上涨横盘阶段，则预示新一轮单边上涨行情开启，上涨的持续性以及涨幅会更强一些。

操作要点如下。

（1）红三兵代表多头动能持续增长，空单应早做处理。

（2）红三兵出现可进场做多，稳健型投资者等待价格回调到第三根阳线的开盘价时可以进场。

（3）进场做多前要观察上方压力位置，获利空间是否充分。

（4）红三兵形成后，若对某一强压力位造成突破，效果更佳。

（5）红三兵的阳线上影线不能过长，否则会形成倒锤头线的空头信号。阳线的实体也不能过大，否则会出现技术背离或追高风险。

三、黄昏之星

黄昏之星的情况与早晨之星正好相反，是较强烈的上升趋势中出现的反转信号。黄昏之星K线组合形态如果出现在上升趋势中，应引起注意，因为此时趋势已发出比较明确的反转信号或中短期的回调信号。

黄昏之星K线组合的原理是，第一天价格继续上涨，拉出一根中阳线甚至大阳线，表示多头情绪依旧强烈。第二天价格冲高回落，表明多头情绪开始下降，K线收出上影线，实体部分窄小，构成“星”的主体，可以是阴线或阳线的十字星，也可以是小阳线，带上影线的小阴线是最佳形态。第三天多空完全反转，空头开始发力，价格大幅下跌，收出中阴线或大阴线的实体，三根K线就形成了黄昏之星的K线组合。

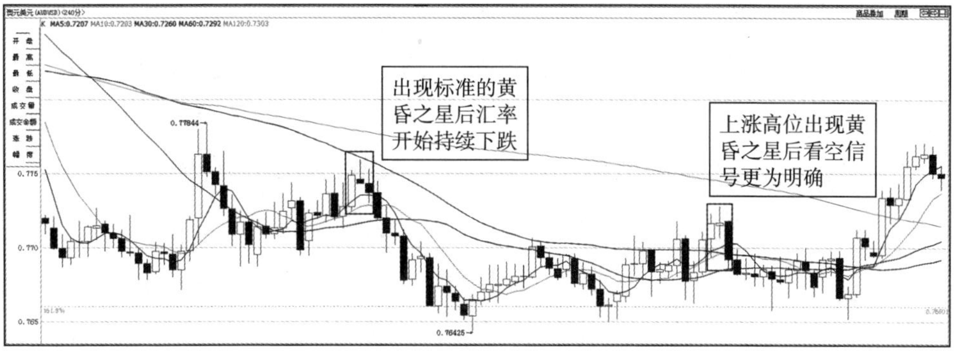

图 5-13

虽然黄昏之星出现的频率不高，却是非常强烈的高位反转信号，出现该 K 线组合后，价格往往出现立竿见影的调整。如图 5-13，3 月 27 日出现黄昏之星 K 线组合后，澳元兑美元汇率就出现了连续下跌走势，不足 12 个小时的时间里累计下跌近 900 点。虽然黄昏之星的支撑效果明显，但如果使用不当，也达不到最佳效果。

操作要点如下。

（1）黄昏之星是较强烈的空头信号，此时持有多单是不明智的选择。

（2）黄昏之星 K 线组合的第二根、第三根 K 线若有较长的上影线，效果更佳。

（3）黄昏之星处于上方较强压力位置时，调整力度会更大。

（4）价格突破黄昏之星最高价是多头止损信号。

（5）黄昏之星第三根阴线实体过大，可以等待价格反弹到实体一半左右进场沽空。

（6）进场前要关注 MACD 指标卖盘动能是否同步放大。

四、三只乌鸦

三只乌鸦也叫“暴跌三杰”，是由三根连续出现的中小阴线组成的。中国传统观念认为，乌鸦是不吉之物，意喻不祥，所以出现三只乌鸦，后市看跌的意味浓重。三只乌鸦是后市看空信号，但并不是快速的反转信号，而是由多头市场慢慢转变为空头市场。由于多空转换速度不快，所以投资者有充分的时间做出反应。

三只乌鸦出现在下跌趋势中，意味着下跌延续。出现在上涨趋势中，是回调的信号，但并不能确认为行情反转，当价格受到较强支撑时，仍将反弹上涨。在盘整阶段出现下跌的三只乌鸦，将带动横向运行的均线向下开口，很容易形成一波单边的空头行情，且信号效果最佳。

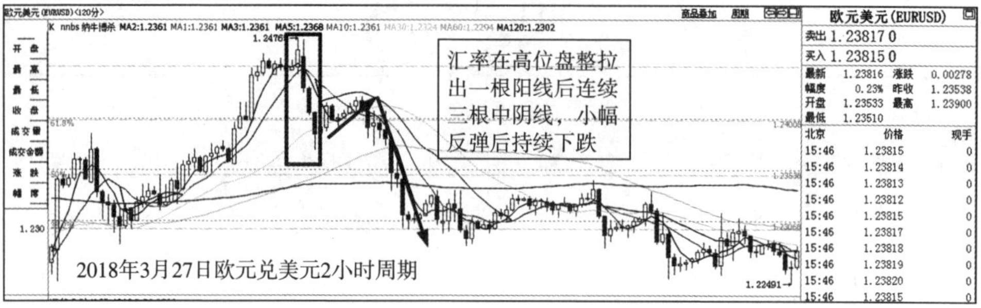

图 5-14

如图 5-14，3 月 27 日欧元兑美元亚洲盘阶段汇率在高位窄幅盘整，K 线阴阳交错。欧盘开始后交易逐渐活跃，首先盘整后拉出一根中阳线，表示多头动能依旧强劲。第二根 K 线多空立即反转，收出一根中阴线且实体吞没前一根阳线，形成吞没形态。随后的两根 K 线均为中阴线，且实体大小几乎相等，形成了三只乌鸦的三连阴走势。由于连续出现阴线，形成较大幅度的下跌，导致技术面上略有背离。此后汇价虽有反弹，但力度薄弱，后期出现了幅度更大更为持续的下跌行情。图中案例为比较强势的三只乌鸦 K 线组合。针对不同的市场情况，交易策略上要有所调整。

操作要点如下。

（1）若与其他指标同步发出沽空信号，空单可以进场，多单需要立即止损。

（2）若三根阴线力度较强，则追空有风险，可等待价格反弹至第三根阴线最高价后轻仓沽空。

（3）进场前要观察下方的获利空间，若距离强支撑较近，则继续观望或等待反弹后进场。

（4）上涨阶段的三只乌鸦可轻仓交易，下跌盘整后出现三只乌鸦，仓位可适当放大，博弈单边下跌行情。

（5）三只乌鸦跌破下方关键支撑后效果更佳。

五、两阳夹一阴

两阳夹一阴，顾名思义，是由三根 K 线组成的 K 线组合，这也是一种比较典型的看涨形态。第一根阳线为中阳线或大阳线，第二根 K 线为阴线但实体较小，第三根 K 线依旧为中阳线或大阳线，最高价与第一根阳线相仿。两根实体大小相似的阳线将一根实体略小的阴线包夹，形成两阳夹一阴的 K 线组合。这种 K 线组合意味着多空反复轮转之后，依旧是多方获胜，多方最终占据主导地位。

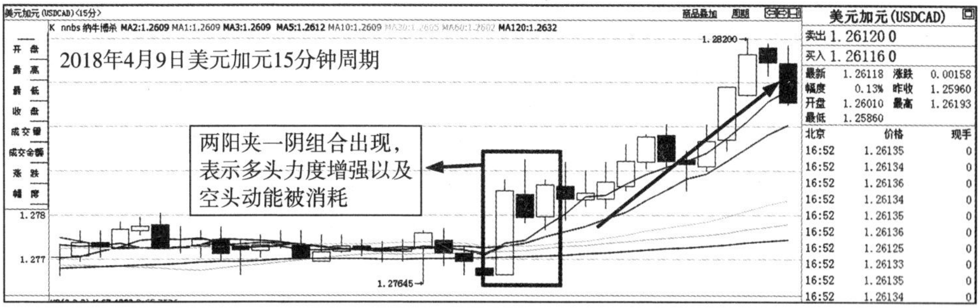

图 5-15

如图 5-15，两阳夹一阴出现在价格盘整阶段，效果是比较好的。如果出现在价格上涨的高位，反而说明多头动能减弱，不仅不会继续冲高，反而可能见顶。两阳夹一阴出现在下跌低位，只是技术性反弹，要根据上方压力空间决定是否参与多单交易。图中可以看到，两阳夹一阴形态中的两根阳线完全将中间的阴线包裹，随后带动均线系统开口向上，走出单边上涨行情。虽然两阳夹一阴形态出现的频率比较低，但是一旦出现，作用还是比较大的。

操作要点如下。

（1）两阳夹一阴 K 线组合，中间的阴线实体一定不能比两侧的阳线实体大。

（2）第三根阳线被阴线跌破，看涨信号消失，多单应止损，以防止加速下跌。

（3）第三根阳线不可有过长的上影线，下影线则越长越好。

（4）出现两阳夹一阴形态后，如果多头动能没有放大，且均线没有开口向上，看涨力度会减弱。

（5）若第三根阳线实体过大，可等待价格回调至阳线实体 1/2 处逢低买入。

六、两阴夹一阳

两阴夹一阳是指两根中阴线或大阴线，包夹中间的一根实体略小一点的小阳线，两根阴线实体大小相仿，最低价位置几乎保持持平。若第三根阴线实体过大，则下跌空间有限，存在反弹风险。

两阴夹一阳的 K 线组合同样出现的频率较低，但出现后则是比较典型的看空信号。该 K 线组合出现在下跌后的盘整阶段，可能会引发新一轮的下跌趋势，效果是最好的。出现在下跌底部，可能表示卖盘力度减弱，易引发反弹。出现在高位，表明市场有回调的机会，但不能确认行情反转，要结合下方的支撑进行分析。

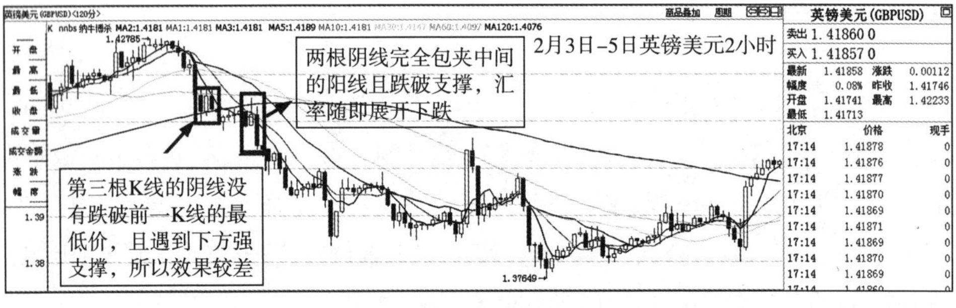

图 5-16

如图 5-16，2 月 3 日到 5 日期间，在英镑兑美元汇率 2 小时周期的走势图中，共出现了两次两阴夹一阳的 K 线组合。第一次出现时，其实形态并不标准，因为第三根 K 线阴线实体小于中间的阳线，最低价并没有跌破，所以没有形成完全的包夹。其次，阴线包夹的位置刚好是 MA120 均线的支撑位置，在没有确认跌破的情况下，信号的准确率是比较低的。

第二次出现阴线的包夹，形态就比较标准了。第三根阴线完全跌破中间阳线的最低价，而且下方几乎没有强劲的支撑，所以空头信号出现后，价格震荡下跌过程中偶有加速，形成一轮单边下跌趋势，跌幅还是比较大的。

操作要点如下。

（1）两阴夹一阳形态发出的空头信号明确的情况下，多单应离场。

（2）下方有较强的支撑时，宜暂时观望，等待破位时再入场沽空。

（3）第三根阴线实体跌幅较大，可以等待反弹至阴线实体 1/2 处进场沽空。

（4）止损位设置在包夹形态最高价上方（如果跌幅不大的话）。

（5）如果阴线包夹形态的卖盘动能没有放大，或没有牵引均线向下开口，需要等待进一步的明确信号。

七、多方尖兵

多方尖兵是由多根 K 线形成的 K 线组合，发出的是后市看涨的多头信号。多方尖兵的特征是价格在上涨过程中遭受空头阻击，价格冲高回落留下较长的上影线，但 K 线实体依旧是阳线，且与影线并未形成倒锤头线。之后价格开始以小阴线小阳线的形式盘整，最后多头蓄势充分再度发力，价格再度上涨并且突破前一根阳线的上影线最高价。

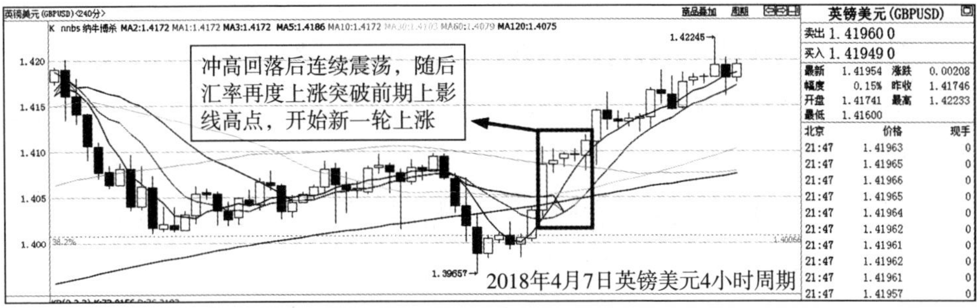

图 5–17

如图 5–17，价格上涨初期阶段力度强劲，冲高回落后停止上涨，进入高位窄幅盘整阶段。在盘整过程中回调幅度很小，空头力量薄弱。当多头蓄势充分且空头动能完全消化后，汇价再度冲高且突破上一轮上涨的高点，展开新一轮上涨行情。

多方尖兵对后市的影响类似于笔者在《现货黄金投资技巧》中讲到的“上涨横盘上涨，下跌横盘下跌”的原理。上涨后既然没有出现快速上涨，而是在高位盘整，多数情况下是在修复指标，蓄积新一轮动能。如果符合预期，真的开始冲高，上涨就会持续一段时间与幅度。

操作要点如下。

（1）在价格冲高回落的高位盘整阶段，震荡的小阳线数量要多于小阴线。

（2）高位盘整阶段震荡的时间越久，一旦展开新一轮行情，上涨的力度越大。

（3）上涨趋势中出现多方尖兵，准确率远高于下跌趋势反弹阶段。

（4）上涨后的盘整阶段，汇率回调幅度不得跌破冲高回落的阳线最低价，也就是说震荡阶段回调力度不可过大。

八、下跌三部曲

下跌三部曲是由多根 K 线组合而成的一种看空信号。当价格出现下跌的中阴线或大阴线后，开始以连续小阳线反弹，数量为 2~5 根。反弹过后价格进一步下跌，吞没前期反弹小阳线并创下低点，后市有望延续下跌。形成下跌三部曲是因为价格上涨时遇到空头阻力，但空头阻力不强。价格反弹时多头动能逐渐衰竭，最终多头失去耐心，加入空头行列，刺激价格展开更大幅度的下跌。

前面展示的 K 线组合示意图中，下跌三部曲的 K 线组合是标准形态，但在实际应用中会出现许多变异形态。比如标准的下跌三部曲是一根中阴线或大阴线接三个小阳线，然后出现一根幅度更大的实体阴线。但是在图 5-18 中，是两根阴线间或夹杂两根小阳线，或夹杂四根小阳线，这也是下跌三部曲的 K 线组合。在实际走势中，出现两根阴线中夹杂三根或以上 K 线的下跌三部曲的组合非常少，其中以两根小阳线居多。一旦出现下跌三部曲，通常意味着新的一轮下跌行情展开。一旦 K 线组合信号有效，沽空利润空间是很大的。

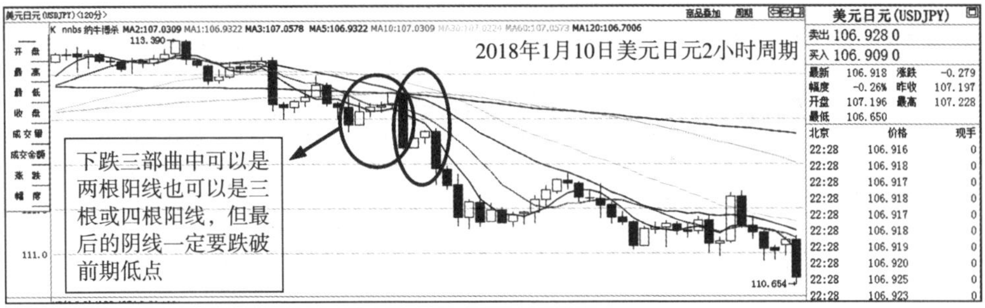

图 5-18

操作要点如下。

（1）下跌趋势中出现下跌三部曲，下跌力度强而且持续时间久，上涨趋势阶段出现该形态通常为技术性反弹。

（2）下跌三部曲 K 线组合最后一根阴线必须跌破 K 线组合最低点。

（3）两根 K 线中间夹杂的小阳线数量为 2~5 根，超过或小于这个数字均无效。

（4）如果最后一根阴线的实体幅度过大，低位追空要关注下方获利空间，观察下方的强劲支撑位在哪里。

第五节　K 线技术形态

K 线技术形态指的是在某一阶段中，价格经历了较长一段时间的运行，形成了多根 K 线，这些 K 线连接起来，形成某种可以对后期走势有影响的技术形态。由于这些技术形态不会很标准，所以投资者要牢记每种技术形态的特点，在实际走势中及时捕捉，灵活应用。

一、V 字底

V 字底又称尖底，是指价格连续长阴下跌到重要支撑位，以 V 形反转方式连续长阳上攻，形成 V 形反转的底部样式。V 字底是一种变化较快、转势力度极强的反转形态。

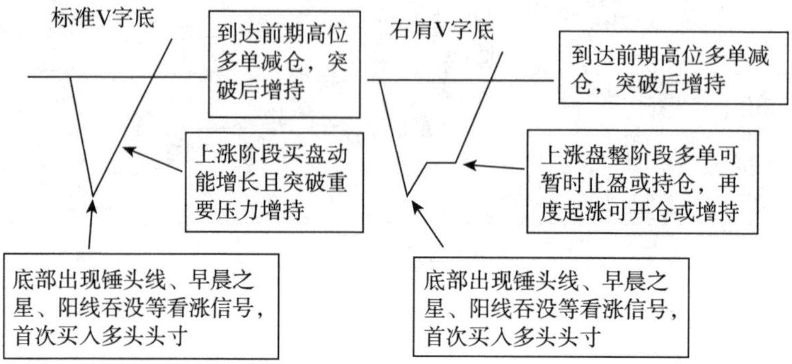

图 5-19

操作要点如下。

（1）价格下跌，底部区域若出现如早晨之星、锤头线、大阳线等明确的底部信号，可初步轻仓尝试进场做多。若没有明确信号，可继续观望。

（2）价格反弹初期，若买盘动能持续增长，或放量突破上方关键压力位，可开仓做多，或进行适当补仓。

（3）当价格反弹至 V 字底的下跌起点高位时，价格可能会回调或滞涨震荡，此时可以暂时离场或大幅度减持，待价格突破后可重新开仓做多或增仓。

（4）价格跌破 V 字底最低价或期间出现任何空头信号时，宜平仓离场。

（5）右肩形 V 字底在右肩震荡阶段，多单可以暂时止盈或观望。若震荡后下跌，则不做任何操作。震荡后再度放量上涨，可以重新开仓或适当增仓。

实际走势中，标准的 V 字底形态数量较少，因为汇率大幅下跌一定是有原因的，而且市场情绪几乎单方面看空，想要急速反转是很难的，需要利好的刺激或其他因素导致交易情绪发生转变。很多时候 V 字底反弹或反转的时候，也很难突破起跌点，因为价格连续下跌后，趋势会发生改变，而且上方会形成一道道强压力，价格在反弹的时候需要许多量能去突破它们，这一点是很难的。实战中，在应用 V 字底形态时，底部的信号与上涨持续信号以及顶部信号都需要精准判断。

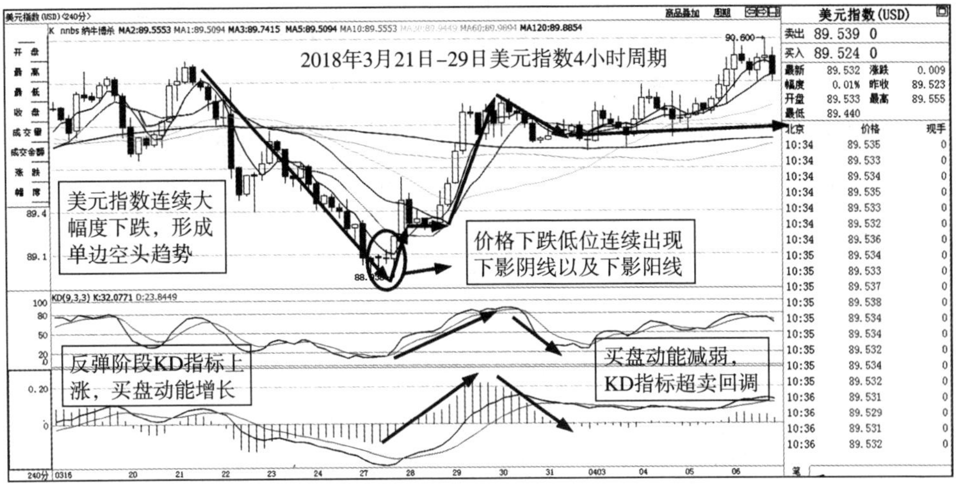

图 5-20

如图 5-20，美元指数的 K 线形态属于右肩 V 字底形态，前期美元指数连续下跌过程中，均线系统已经开始单边向下，每一条均线都会对指数上涨造成一定的压力，所以反弹十分艰难。在指数到达底部区域时，分别出现了下影阴线、阳线以及光头阳线等底部信号，可作为初期布局多单的依据。当价格在底部确认时，开始出现反弹，KD 指标金叉上涨，买盘动能温和增长。当指数遇到上方均线压力时开始盘整，形成右肩。在盘整过程中，KD 指标没有死叉，买盘动能不降反增，所以盘整后价格再度冲高，可以增持或重新开仓做多。当美元指数涨至前期高点附近时，KD 指标到达超买区域开始滞涨，买盘动能衰弱缩量，发出顶部信号，此时多单可以减仓或离场。

二、倒 V 字顶

倒 V 字顶又称尖顶，是 V 字底的反转形态，是指价格连续长阳上涨至关键压力位，以倒 V 形反转方式连续长阴下跌，形成尖顶形反转的顶部样式。倒 V 字顶是一种变化较快、转势力度极强的反转形态。

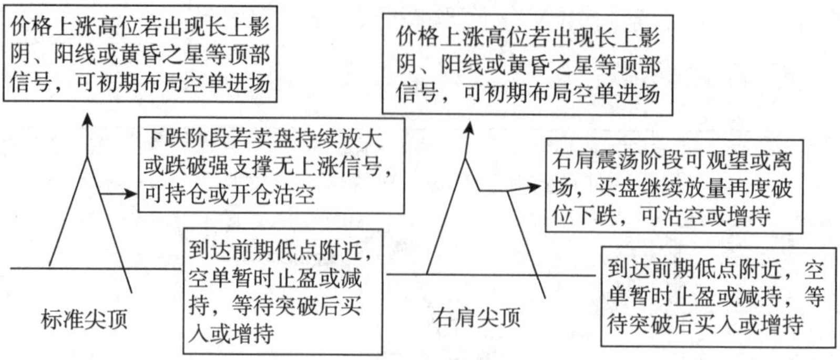

图 5-21

操作要点如下。

（1）价格上涨区域若出现黄昏之星、倒锤头线、大阴线等明确的顶部信号，可初步轻仓进场尝试沽空。若没有明确信号，可继续观望。

（2）价格下跌初期，若卖盘动能持续增长，或放量跌破下方关键支撑位，可开仓沽空，或适当进行补仓。

（3）当价格下跌至起涨点低位时，价格可能会反弹或止跌震荡，此时可以暂时离场或大幅度减持，待价格破位后可以重新开仓沽空或增仓。

（4）价格向上突破见顶最高价或期间出现任何多头信号时，宜平仓离场。

（5）右肩形尖顶在右肩震荡阶段，空单可以暂时止盈或观望。若震荡后上涨，则不做任何操作。震荡后再度放量下跌，可以重新开仓沽空或适当增仓。

如图 5-22，在 2 月 10 日 -3 月 29 日期间，欧元兑美元货币 4 小时周期图中，出现过多次倒 V 字顶 K 线形态，每一次出现后，汇率都会出现一定程度的下跌。通过图中两次倒 V 字顶的形态，可以总结出许多相关的规律。

多数情况下，倒 V 字顶形态的顶部位置都会出现空头信号的 K 线组合。在顶部回落阶段，多头买盘会持续回落，随机指标也会拐头向下。当汇价跌到前期低点位置时，都不会马上破位，而是选择盘整一段时间。在盘整阶段，只要不出现大幅反弹，且买盘动能未能持续放大，多头力量释放充分后再度下跌时，都会出现更大的跌幅。当倒 V 字形态反转结束后，各项指标都会发出许多看涨信号。这些相配套的技术信号，后面的内容中都会讲解。

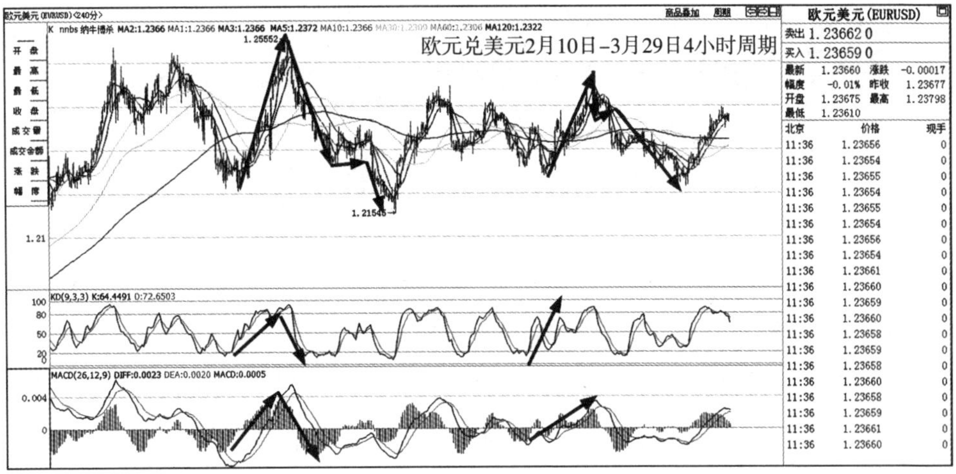

图 5-22

三、头肩顶

头肩顶是最常见的反转技术形态之一，是在上涨行情接近尾声时出现的看跌形态。价格放量上涨后回落，形成的第一个顶点为“左肩”。回调后价格再度冲高，刷新高点后回落形成“头部”。回调后最后一次冲高回落，形成“右肩”。

头肩顶的左肩多头动能最为强劲，头部稍弱，右肩多头量能最弱。头肩顶的头部位置价格最高，左肩次之，右肩的位置最低。头肩顶的形成周期较长，但一旦出现，则是有效的高位反转信号，下跌持续性较强。

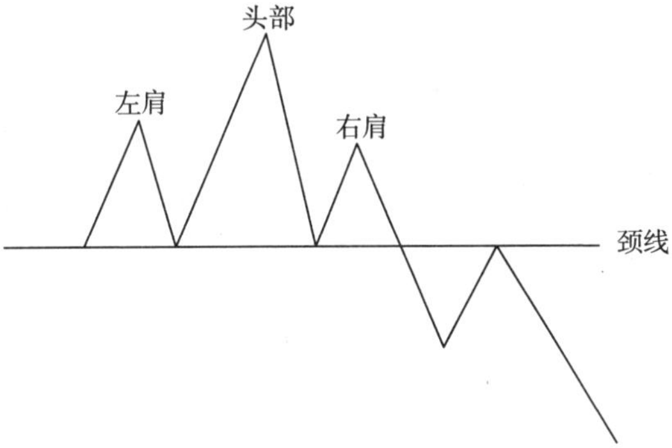

图 5-23

操作要点如下。

（1）头肩顶形态每一个封顶的能量都会减弱，说明市场追涨人气不足，多头乏力。

（2）头部量能比左肩要小，这是一种量价背离现象，本身即是高位沽空的操作依据。

（3）右肩峰顶比左肩低，说明多头动能已经耗尽。右肩峰顶略高于左肩也是可以接受的，但是多头量能绝不能突破。

（4）头部价涨量缩是第一沽空点，右肩峰顶回落是第二沽空点，跌破颈线是第三沽空点，价格低位反弹至颈线压力位回调是第四沽空点。

（5）根据沽空位置，颈线、右肩、头部峰顶上方位置作为补仓位或止损点。

（6）头部峰顶最高价一旦被向上突破，表明整个头肩顶形态失效，价格可能会出现更大幅度的上涨。

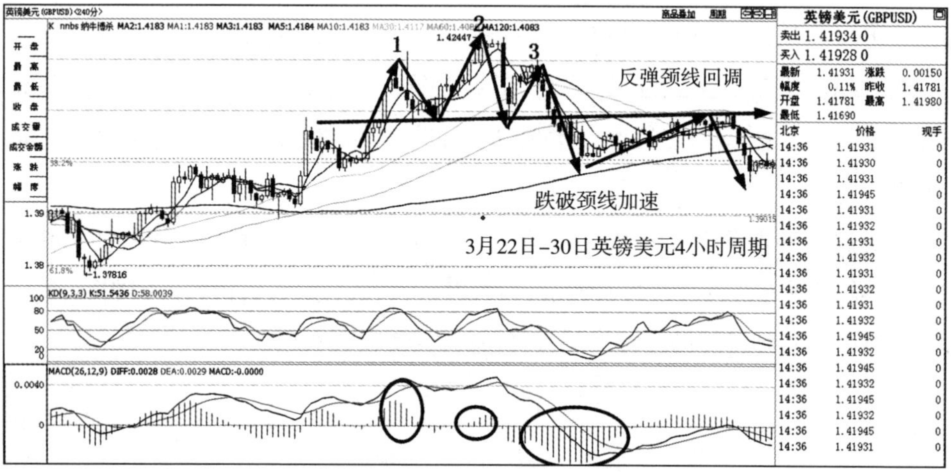

图 5–24

如图 5-24，2018 年 3 月 22 日开始，英镑兑美元货币汇率走势在 4 小时周期图中酝酿了一波比较标准的头肩顶形态。图中头肩顶形态的头部位置最高，左肩其次，右肩最低。左肩的多头动能还是比较强的，但是到了头部位置已经萎缩了许多，到了右肩的位置已经完全转化为空头量能，形成了十分明显且严重的量价背离。

左肩与头部的两次回调反弹形成了几乎水平的颈线，这条颈线就成为日后汇价的支撑或压力位，当汇价破位后会出现加速下跌的走势。在反弹过程中，颈线对价格起到压力作用，在没有更多买盘支持的情况下，反弹到颈线位置时会受阻回落。

头肩顶是一种周期较长的高位反转形态，前期上涨中，下方必然形成了许多较强劲的支撑，所以下跌起来会比较缓慢，一波三折。在没有利空配合的情况下，下跌不会特别顺利。所以在回调阶段，投资者需要时刻关注其他辅助指标，判断下跌力度以及关键支撑位破位的概率。

四、头肩底

头肩底是头肩顶的相反形态，是最为常见的底部反转形态之一。价格第一波下跌伴随着较强的空头能量，随后小幅反弹形成“左肩”。随后价格展开更大幅度的下跌，刷新前期低点后反弹，形成“头部”。第三波下跌力度最弱，但上涨力度是最强的，从而形成“右肩”。

头肩底形态的左肩空头量能最大，头部次之，右肩最弱。头部的价格位置最低，左肩其次，右肩最高。头肩底的形成周期较长，但一旦出现，大多都是有效的底部反转信号，其后的上涨持续性较强。

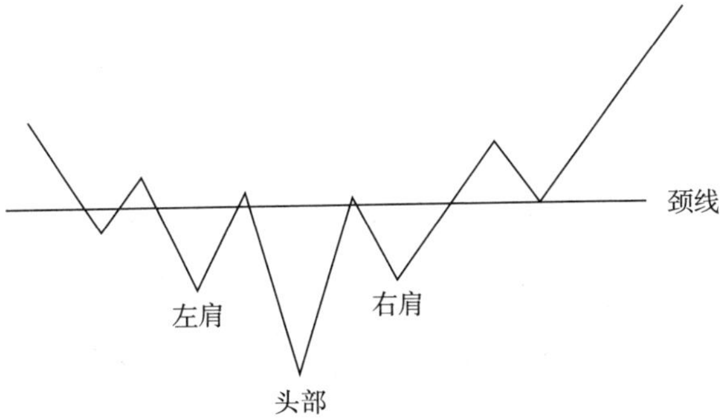

图 5–25

操作要点如下。

（1）头肩底形态的每一个下跌低点，空头能量都会减弱，说明市场追空人气不足，空头乏力。

（2）头部卖盘量能比左肩要小，是一种量价背离现象，这本身即可作为低位做多的操作依据。

（3）右肩底部价位比左肩高，说明空头动能已经耗尽。右肩价位底部略低于左肩也是可以接受的，但是空头量能绝对不能突破。

（4）头部价涨量缩是第一个买入多单的点位，右肩低点反弹是第二个做多买入点，上涨突破颈线是第三个做多进场点，价格回踩颈线受到支撑反弹，是第四个做多买入点。

（5）根据做多位置，颈线、右肩、头部最低位置下方作为补仓位或止损点。

（6）头部最低价一旦被向下突破，表明整个头肩底形态失效，价格可能会出现更大幅度的杀跌。

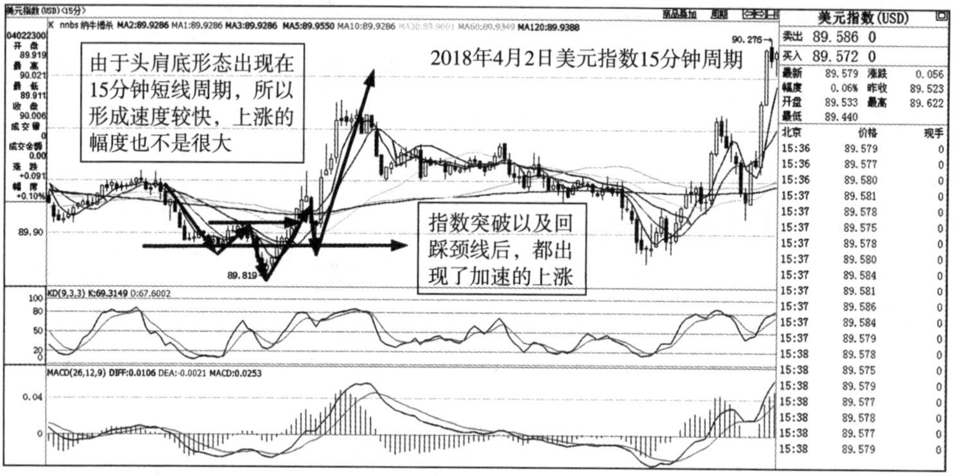

图 5-26

如图 5-26，美元指数在 4 月 2 日 15 分钟周期图中走出头肩底形态，由于出现在短周期图中，所以形成的时间周期比较短，上涨的持续性自然也不会很强。多空信号出现在不同周期图中，影响力度是不同的。任何一个技术形态都不一定跟标准形态完全一样，所以在实战中，投资者一定要善于总结和发现各种变形形态。

图中所示的头肩底形态，每次下跌幅度都不是很大，而且形成的周期比较短。当形成头部的时候，空头动能几乎已经所剩无几。当右肩形成时，市场的交易人气已经被多方占据，并且多头动能不断放大。

颈线的位置至关重要，从图中可以发现，当美元指数突破颈线后，会展开加速上涨行情。当价格回踩颈线位证明支撑有效后，也会出现加速上涨。每当支撑位被市场确认后，投资者看涨的信心会更加充足，上涨的力度也自然更强劲。

五、双底

当价格处于低位时，筑底的过程可能是快速的，也可能是漫长的，在反复“磨底”的过程中，自然会出现一个或多个低点，当这些低点符合一定的特征，就可以作为后市看涨的信号。双底形态也称为“W 底”，当价格探底回升之后再度回调，最后出现更大的反弹，在这个过程中就形成了两个底点，整体走势类似于“W”，这种形态称为双底形态。

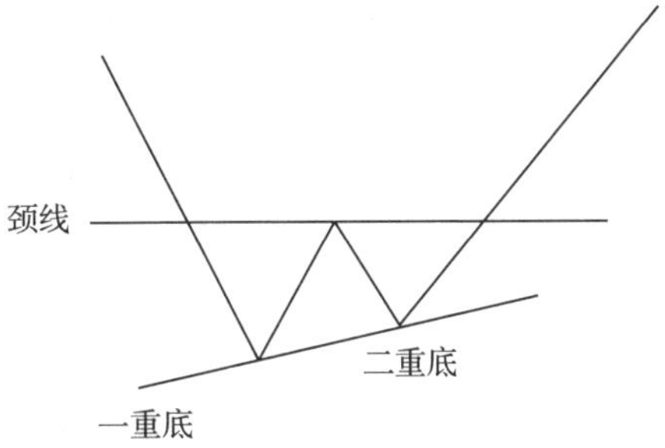

图 5-27

操作要点如下。

（1）第二个底的位置高于第一个底，才能显示下跌力度的衰减。

（2）第二个底的卖盘动能要更弱一些。

（3）价格回踩颈线反弹或突破颈线，都有可能出现加速上涨。

（4）价格跌破单底价格，多单需要止损离场。

（5）第二个底阶段价格下跌、卖盘减弱是第一进场点位，突破颈线为第二个多单进场点，价格回踩颈线有效反弹是第三个多单进场点。

（6）第二个底反弹后再度探底回升，如果空头力度再度减弱，则是三重底形态，依旧是底部看涨信号。

图 5-28

如图 5-28，2017 年 11 月 23 日到 28 日期间，美元兑加元货币在 4 小时周期图中出现了比较标准的双底技术形态，随后价格出现了持续性的上涨行情。从图中可以很清晰地发现，双底形态的第二个底部位置明显高于第一个底部。另外，从 MACD 指标来看，形成第一个底部时，空头动能还是很强劲的，但是第二个底部空头基本上消耗殆尽，市场气氛逐渐转多，这都符合标准的形态定义。当价格到达颈线位置时，明显开始滞涨盘整，但是并没有大幅度回调，也没有出现很大的卖盘量能。当价格再度放量突破颈线时，价格才真正展开了持续且大幅的上涨行情。

有时双重底的第二个底部位置会低于第一个底部，这时要观察第二个底部是否出现了明显的底部信号，如有没有出现长下影线，或者卖盘是否放量等。如果有底部特征，也可以作为双底形态使用。

六、双顶

双顶形态又称为“M 顶”。当价格在高位反复构筑顶部时，会出现一个或多个顶点，当这些顶点符合一定标准时，便形成了明确的顶部信号。当价格在高位连续两次冲高后回落，多头动能逐渐衰竭或完全形成多翻空的走势时，技术形态就形成了双顶。当价格跌破双顶颈线位后，会开启加速下跌行情。

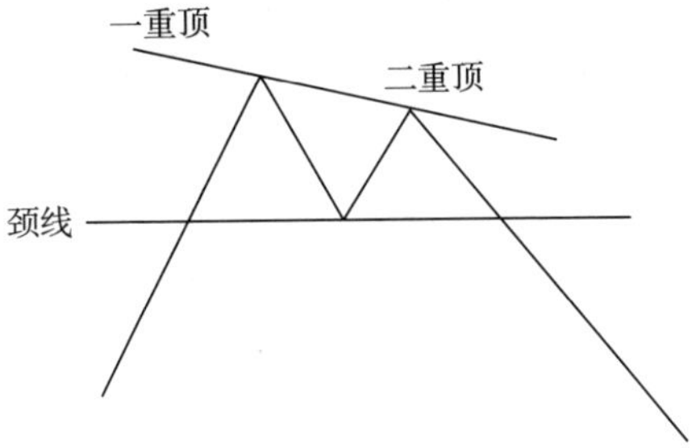

图 5-29

操作要点如下。

（1）第二个顶的位置低于第一个顶，才能显示上涨力度的衰减。

（2）第二个顶时的买盘动能要更弱一些。

（3）价格回踩颈线下跌或跌破颈线，都有可能出现加速下跌。

（4）价格上涨突破第一个顶时的价格，空单需要止损离场。

（5）第二个顶部阶段价格上涨、买盘减弱是第一进场点位，跌破颈线为第二空单进场点，价格回踩颈线压力有效下跌是第三空单进场点。

（6）若第二个顶回调后再度冲高回落，如果空头力度再度减弱，则是三重顶形态，依旧是高位见顶信号。

关于 K 线组合及技术形态，实际走势中还有很多，但是标准形态往往只是少数，更多的是各种“变形”后的形态，投资者要多加总结，慢慢积累经验。

第六章
柱状线之宝塔线

技术分析中，柱状线主要分三大类，即K线、美国线、宝塔线，其中K线的使用范围最广泛，因为其能够更好地体现价格的变动，并且可以通过不同的组合来判断后期市场的运行方向。相比之下，美国线虽然历史同样悠久，道氏理论对其也有比较全面的解释，但是在大多数国家，应用最多的还是K线。美国线的绘制方法比较简单，也没有太多的组合形态，所以在本书中不做介绍。宝塔线是本书讲解的第二种柱状线，虽然宝塔线的绘制方法同样简单，但是几种宝塔线组合对后市走势的影响还是很大的，准确率也比较高，非常有实用价值。

第一节 宝塔线原理与基础

宝塔线（英文：TOWER，缩写：TWR）是一种注重股价分析的中长期技术分析工具。宝塔线指标 TOWER 与 K 线图及点状图类似，都是应用趋势线原理，引入支撑区和压力区的概念，以不同颜色（红绿色、黑白色、虚实体）的柱状线来区分股价涨跌的一种图表型量化指标。它主要将价格多空之间的争夺过程和力量的转变数值表现在图表中，借以研判未来价格的涨跌趋势，帮助交易者选择适当的买卖时机。

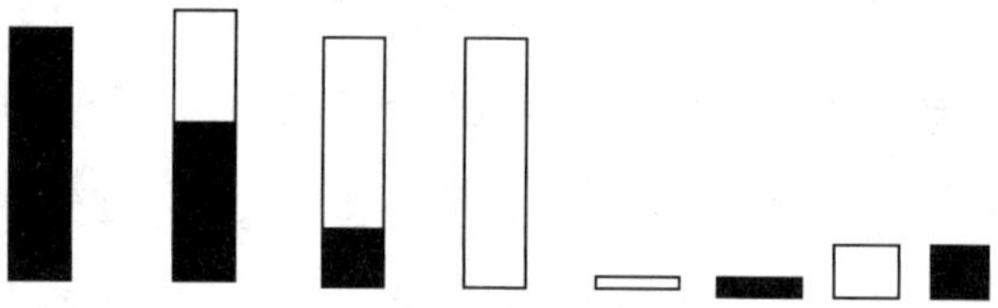

图 6-1

宝塔线指标以标的的收盘价作为参照，当价格上涨时用红色柱体表示，股价下跌时用绿色柱体表示（本书用白色空心柱体表示价格上涨，黑色实心柱体表示价格下跌），通过柱体的变化情况，可以研判价格的未来走势。

和其他技术分析指标不同的是，宝塔线指标没有计算公式，而是靠以画图表的方式形成的。由于选用的柱体“基础时间周期”不同，宝塔线指标包括日宝塔线指标、周宝塔线指标、月宝塔线指标和年宝塔线指标以及分钟宝塔线指标等很多种类型。经常用于股市研判的是日宝塔线指标和周宝塔线指标。

（1）价格上涨用红色（白色）柱体表示，价格下跌用绿色（黑色）柱体表示。

（2）以某一时段的收盘价作为基准价，每当换线时，依次将价格收盘价的涨跌画在图表上。

（3）如果前一根宝塔线是代表上涨的白色柱体，下一根宝塔线出现下跌，那么价格未跌破前一根宝塔线白色柱体低点的那一部分跌幅，在宝塔线中仍用白色柱体表示，跌破的部分则用黑色柱体表示。

（4）如果前一根宝塔线为下跌的黑色柱体，下一根宝塔线上涨，价格未涨过前一根宝塔线黑色柱体高点的那一部分涨幅，宝塔线仍用黑色柱体表明，涨过的部分用白色柱体表示。

（5）未来的各周期行情画法依次类推。

宝塔线的特征和画法与点状图类似，并非是记载每个周期的价格变动过程，而是在价格创新高或新低时才予以记录，这一点不同于K线的画法。由于目前技术分析软件上的宝塔线是电脑自动生成的，因此投资者不需自己画线，这里主要是通过讲解其画线原则，使读者对宝塔线指标有更深入的了解和认识。

第二节　宝塔线的基础应用

（1）当价格由底部向上反转，宝塔线的阴阳线进入翻红的状态时，说明价格开始上涨，投资者可适量介入多单。

（2）在价格上升途中，只要宝塔线的阳线一直持续出现，说明价格一直维持强势上涨的态势，投资者应坚决持有多单或逢低做多。

（3）当宝塔线维持阳线状态的时间很长，并且价格短期内涨幅已经很大时，投资者应密切关注宝塔线的状态。一旦宝塔线的阳线开始进入翻绿的状态，说明价格的短期涨势有可能结束，投资者应考虑平仓多头头寸，离场观望。

（4）在价格下跌途中，只要宝塔线的阴线一直持续出现，说明股价一直维持强势下跌的态势，投资者应持有空头头寸或逢高卖出多单。

（5）当价格在一段幅度的盘整区间中维持小翻红、小翻绿状态时，只要这个盘整区间没有被突破，说明价格的整理态势没有结束，投资者可以选择持币观望，耐心等待机会。

（6）当价格维持高位盘整，一旦出现实体很长的阴线，向下突破盘整区间时，说明价格高位盘整的态势已经结束，将进入一个较长时间的下跌行情，投资者应该跟进空单，卖出多头头寸。

（7）当价格在上升途中维持中低位整理，一旦出现实体很长的阳线，且阳线向上突破整理区间时，说明价格中低位整理的态势已经结束，将进入一个快速的上涨行情，投资者应及时做多，或者平仓空头头寸。

（8）在价格下跌途中，宝塔线翻绿了一段时间后突然翻红，投资者应再观察几天，不可轻易买入，防止价格出现假突破。

宝塔线的单根柱线分析准确率不如 K 线，所以不作为主要的分析依据。宝塔线使用的真正核心是几个宝塔线形成的组合。投资者在使用宝塔线时，与 K 线分析并不冲突，可随时在分析软件中切换 K 线与宝塔线指标，并且宝塔线的一些关键有效组合是很少出现的，所以大多数时候投资者都是在进行 K 线分析。MT4 软件中没有宝塔线这一指标，投资者要下载其他软件进行分析使用。

第三节 宝塔线的进阶技巧

宝塔线组合主要分为两根与三根宝塔线组合，每一种组合有两种形态。虽然宝塔线的组合数量不多，但是如果出现在盘面上，对后市发出的信号是极强烈的，准确率较高。当价格走势出现持续涨跌，无法判断何处反转，通过其他指标找不到答案时，宝塔线作为辅助指标，往往能起到意想不到的效果。需要说明的是，宝塔线组合只有标准形态，没有变形形态，所以在实战中如果发现盘面中的形态与本书中的形态不同，皆属于无效的宝塔线组合。

一、二平顶形态

二平顶是宝塔线图形中经常出现的形态，是一种后市看空信号。因为该形态经常出现，所以准确率会略低一些，即便该形态形成后价格开始下跌，持续性也不会太久，是一种短线信号。

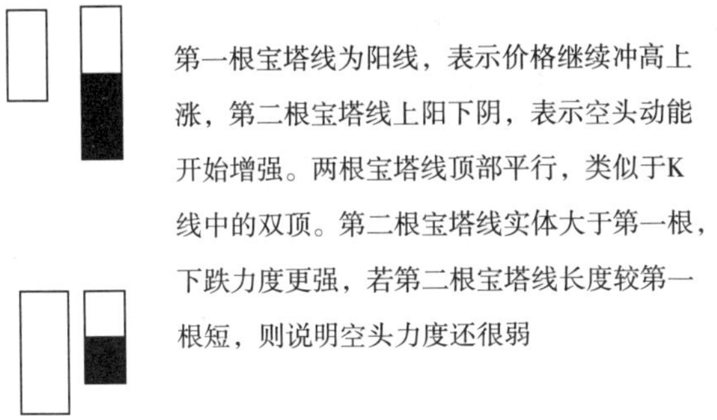

图 6-2

操作要点如下。

（1）出现二平顶组合后，若其他指标同时发出空头信号，可以进场沽空。

（2）二平顶的顶部位置最高价上方可以作为空单的止损价。

（3）如果二平顶组合的第二根宝塔线阴线实体过大，投资者要注意追空风险，此时可观察 K 线影线下方支撑位的距离以及是否出现技术背离。

（4）空单进场后，如果价格并没有展开下跌走势，而是连续震荡，收出数根宝塔线，二平顶的空头信号会逐渐减弱，空单可以提前离场。

（5）二平顶出现在价格较低位置时效果较差。

如图 6-3，2018 年 3 月 2 日，美元兑日元货币汇率 2 小时周期图中出现了非常标准的二平顶宝塔线组合，而且第二根宝塔线的长度大于第一根，表示空头力度较强。当二平顶形态完全形成后，汇价很快展开了下跌走势。在下跌过程中，KD 指标死叉持续向下，卖盘量能持续增长，汇率价格也是持续走低，跌幅较大，不到 20 个小时的时间里下跌了 1600 点。若按 100 倍杠杆计算的话，每手可获利约 1600 美元。

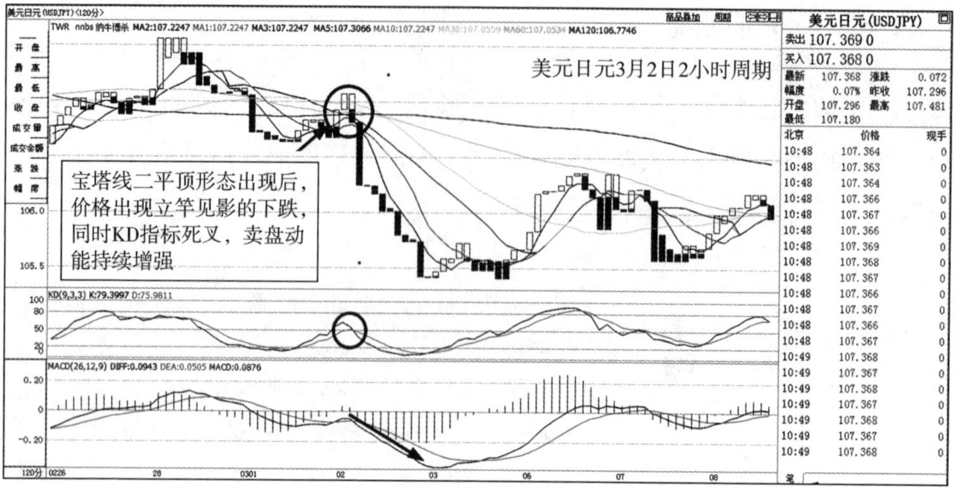

图 6–3

二、二平底形态

宝塔线二平底形态同样为两根宝塔线的组合，是一种后市看涨信号。不同的周期出现二平底宝塔线组合，对后期价格影响的持续时间以及幅度不同，但整体来说短周期中影响力会略弱一些。

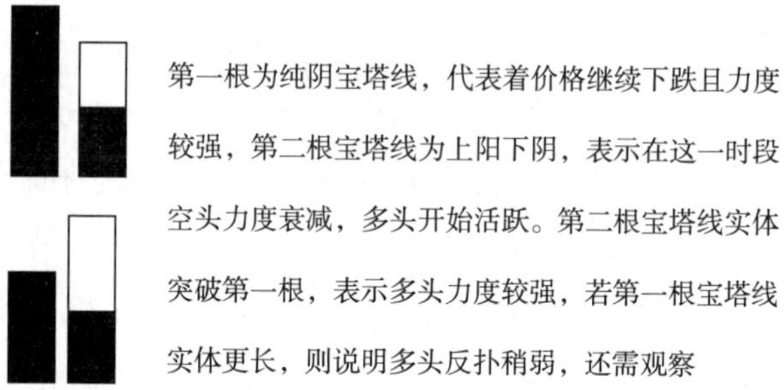

图 6–4

操作要点如下。

（1）出现二平底组合后，若其他指标同时发出多头信号，可以进场做多。

（2）二平底的底部位置最低价下方可以作为多单的止损价。

（3）如果二平底组合的第二根宝塔线阳线实体过大，投资者要注意高位追涨风险，要观察影线上方压力位的距离以及是否出现技术背离。

（4）多单进场后，如果价格并没有展开上涨行情，而是连续震荡并收出数根宝塔线，二平底的多头信号会逐渐减弱，此时多单可以提前离场。

（5）二平底出现在价格较高位置时效果较差。

技术分析的综合性非常强，单独使用任何一个指标，准确率都不会太高，当一些指标组合起来使用，就会产生 1+1 > 2 的效果。如图 6-5，美元兑加元的这段走势中，当价格下跌时，阴线实体逐渐缩小，本身就说明卖盘乏力。当第二根宝塔线出现下阴上阳的形态时，说明买盘开始活跃。尤其是第二根宝塔线实体突破了第一根宝塔线，更是说明了多强空弱的态势。

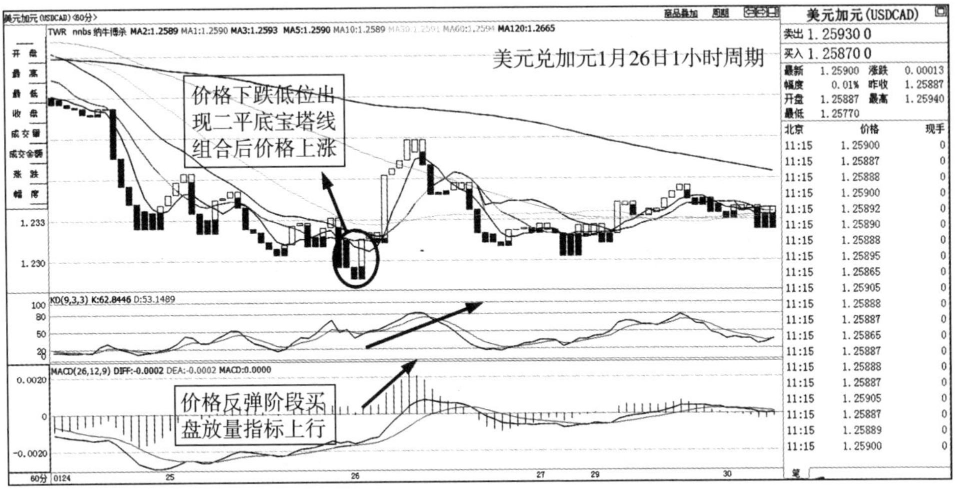

图 6-5

从 MACD 指标来看，价格还在下跌，但确实买盘在放量，技术上已经出现了背离走势，单凭这一点即可作为逢低做多的信号了。当宝塔线二平底形成后汇价反弹，买盘持续放量，KD 指标也开始了金叉反弹。虽然二平底形态出现后，汇价连续两个小时维持盘整，但第三个小时却出现了更强劲的上涨走势，4 个小时的时间便上涨了 700 余点。也就是说，4 个小时的时间就可以实现保证金翻倍的交易。

当盘面中出现二平底、二平顶的宝塔线组合后，如果没有其他指标配合，最好先观望一段时间，不可以将宝塔线单独作为进场交易的依据。由于多数情况下二平顶、二平底对于价格的影响力有限，所以建议短线交易应在 2 小时及以上的中长线周期当中应用。

三、三平底形态

三平底形态是宝塔线指标中最有效的看涨信号，在所有技术指标中准确率也是极高的，是笔者非常喜爱和经常推荐应用的技术分析指标。如果不利用其他指标进行技术分析，仅使用三平底指标作为唯一的交易依据，实战中会发现，虽然交易频率很低，几个交易日或者几个交易周才有一笔交易，但是准确率却是很高的。

笔者经常推荐那些不是很擅长技术分析的投资者，只用三平底、三平顶形态进行分析交易，完全可以实现账户盈利。三平底宝塔线组合出现在 2 小时、4 小时甚至日线周期中，能对价格造成较有持续性的影响，持续时间长并且有较大的涨跌幅度。

小阴线，表示空头力度有所减弱，但依旧存在。第三根宝塔线为上阳下阴，表示多头开始反扑，即将展开上涨走势。三平底组合中中间的宝塔线一定是最短的。若第三根宝塔线最长，说明多头更加强劲，若第一根宝塔线最长，说明多头反攻的力度还不够

图 6-6

操作要点如下。

（1）宝塔线三平底形态可以作为独立的看涨交易依据。

（2）跌破三平底最低价是多头止损信号。

（3）若第三根宝塔线实体过长，可等待价格回调 1/2 后再进场。

（4）三平底形态出现后，应在 3 根宝塔线内展开上涨。超过 5 根宝塔线还没有上涨，看涨信号可能会消失，此时应随时做好离场准备。

（5）出现三平底接三平顶的现象，不应进场做多，多单应暂时平仓。

（6）三平底形态出现在价格低位的准确率较高，上涨途中出现则上涨空间有限，横盘阶段出现该信号无效。

下面通过实盘案例来了解一下宝塔线三平底组合对后市价格的影响力度。

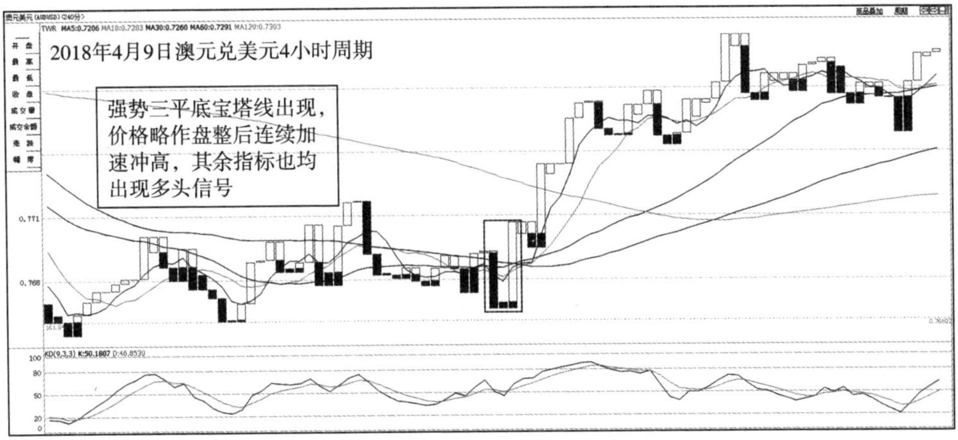

图 6-7

如图 6-7，澳元兑美元货币汇率 2018 年 4 月 9 日 4 小时中线周期图中，标注区域汇率价格还在加速下跌，此时出现了一根实体较长的宝塔线阴线。随后空头力度马上减弱，第二根宝塔线仅为一根很小的阴线。第三根宝塔线价格只是稍微调整了一下就立即展开上涨，所以第三根宝塔线下方阴线部分实体很小，上方阳线部分实体却很大。出现三平底形态后，价格并未马上展开拉升行情，而是在高位暂时盘整蓄势，换了第三根宝塔线后才开始加速冲高。

虽然宝塔线可以作为单独的交易依据，但是有其他指标作为辅助，共同验证，准确率会更高。比如图中在价格下跌的时候，卖盘并未放量，表明空头力量很弱。一旦价格开始反弹，买盘量能持续放大，多项指标都验证了三平底信号的可靠性，所以进场交易自然具有极高的成功率。

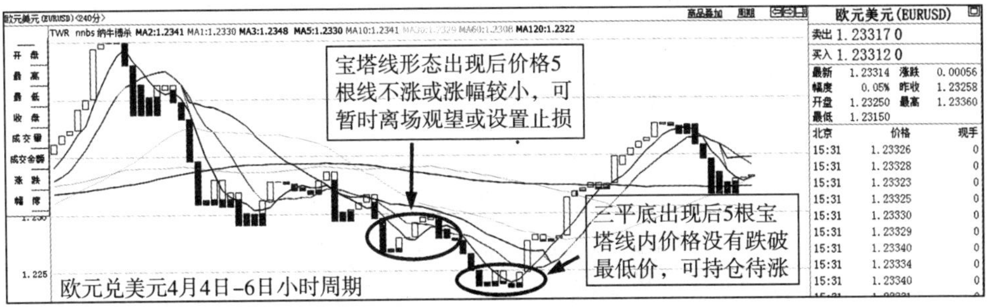

图 6-8

图 6-8 中，欧元兑美元在 4 月 4 日到 6 日 4 小时周期图中出现了两次三平底宝塔线组合，这样后期走势就比较危险了。第一次出现三平底看涨信号后，价格虽然有所上涨，但上涨力度不强，持续时间比较短。随后一根阴线开始下跌，后期刷新低点。第二次出现三平底宝塔线组合后，价格也是迟迟不涨，并且还有一定幅度的调整，但是好在并没有跌破新低，低位盘整了两根宝塔线后，展开了上涨行情。从这个案例可以看出，即使出现了三平底形态后，价格也未必一定会顺利上涨，投资者依然要严格做好风险控制，一旦跌破最低价或者 5 根宝塔线都没有上涨，一定要做好离场准备。

从这里也可以看出，外汇交易最考验投资者的并不是技术，而是心态。赚钱以后能否控制住欲望获利离场，亏损或失败后能否果断地承认错误并纠正错误，是能否持续稳定盈利的关键。通常专业的投资公司为了规避人性的弱点，都是一人出资，一人操盘，一人做风控，不会让账户掌握在一个人的手上。

四、三平顶形态

三平顶组合形态是宝塔线指标中最有效的顶部看空信号，可以作为唯一的交易依据进行下单操作。当然，如果其他指标同时发出顶部空头信号，沽空效果更佳。

三平顶、三平底宝塔线组合最珍贵的地方，就是可以比较高效率地判断出价格的顶部和底部。在技术分析中，最困难的就是上涨猜顶，下跌抄底，大多数投资者严重亏损的根本原因就是做错方向，或者盲目地抄底和逃顶，导致交易错误。宝塔线组合指标能有效地判断价格的反转，自然弥足珍贵。

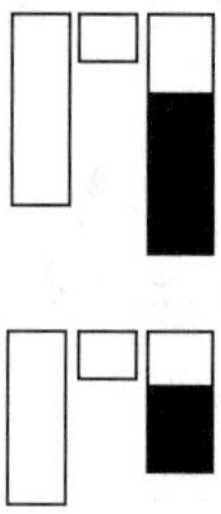

第一根宝塔线为大阳或中阳线，表示上涨力度依旧较强。第二根宝塔线为小阳线，说明上涨力度还是减弱。第三根宝塔线上阳下阴表示多空正在反转，并且有望延续下跌

图 6-9

操作要点如下。

（1）宝塔线三平顶形态可以作为独立的沽空操作依据。

（2）突破三平顶的最高价是止损信号。

（3）若第三根宝塔线实体过长，可等待价格反弹 1/2 后进场沽空。

（4）三平顶形态出现后，应在 3 根宝塔线内展开下跌。超过 5 根宝塔线还没有下跌，沽空信号可能会消失，此时应做好随时离场的准备。

（5）出现三平顶接三平底的形态，不应进场沽空，空单应暂时平仓。

（6）三平顶形态出现在价格高位准确率较高，下跌途中出现则下跌空间有限，横盘阶段出现该信号无效。

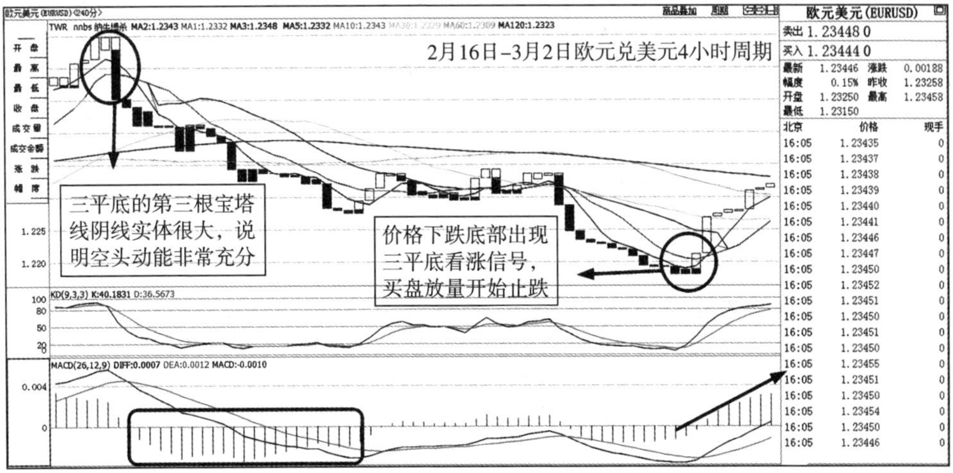

图 6–10

如图 6–10，2018 年 2 月 16 日，在欧元兑美元 4 小时的周期图中，出现了一组非常强劲的三平顶宝塔线组合。图中可见，第三根宝塔线的阴线实体部分很大，表示空头力量十分强劲。形成三平顶后基本没有出现反弹，直接展开杀跌，下跌持续性非常强。在下跌过程中，KD 指标低位持续钝化，MACD 指标卖盘动能持续蓄势放大。直到 3 月 2 日，价格在底部出现了三平底的宝塔线看涨信号，多头动能开始逐渐放大后，价格才止跌企稳。在这段时间，欧元兑美元汇率已经下跌了 3000 余点，如果沽空，是非常惊人的获利机会。

许多投资者赚钱也怕，亏钱也怕。赚钱后总是在还没有出现任何看空信号的情况下，赚了一些蝇头小利就急于平仓，结果因小失大，错过了更多的收益。当投资者进行一笔交易，而且成功盈利时，不要在意盈利是否会化为泡影，而是要继续关注盘面。当市场没有发出任何反转信号时，应该坚定持仓，出现反转信号后也应该毫不犹豫地离场。

极少数情况下，出现三平底的多头形态后，马上出现三平顶的空头形态，或出现三平顶的空头信号后又出现了三平底，这种情况虽然出现的概率不高，但比较危险。

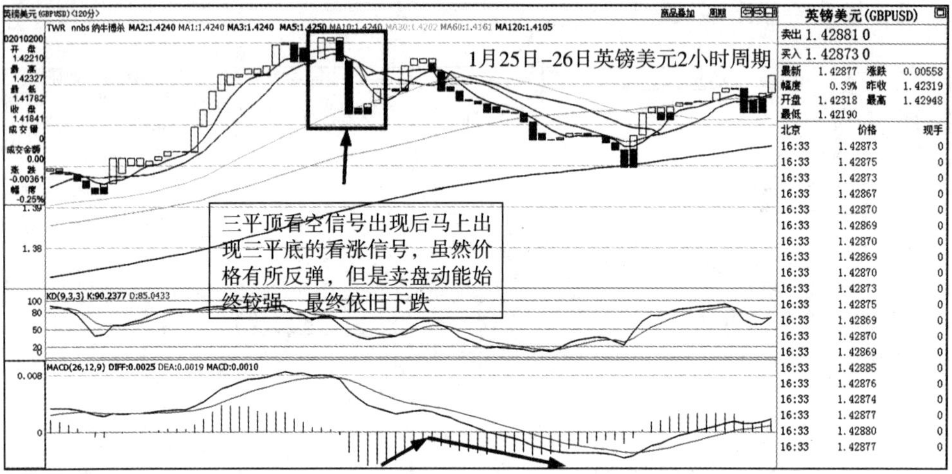

图 6–11

图 6-11 中，2018 年 1 月 25 日和 26 日，英镑兑美元货币在 2 小时周期图中就出现了这样的形态。当比较标准的三平顶高位空头信号出现后，仅下跌了一根宝塔线，就形成了三平底的看涨形态，但是后期价格依旧跌下来了。

三平底的宝塔线看涨信号出现后，虽然价格有所反弹，但是此时空头力量依然大于多头，上涨动能较弱。当价格再度开始下跌的时候，卖盘反而能放出更大的量能。所以当出现三平顶与三平底组合相互转换的情况时，投资者应暂时保持观望，或者结合其他指标综合判断，有明确信号时再进场交易。

以上讲述的四种宝塔线组合，是宝塔线指标中出现频率较高且具备一定准确率的组合应用。除此之外，还有多平底和多平顶形态，但是出现概率比较低且准确性一般，这里就不再赘述了。

第四节　宝塔线与 K 线结合应用

在技术分析中，宝塔线与 K 线有可能存在冲突，这里指的不是发出的交易信号存在冲突，而是在同一软件中，如果使用 K 线，就不能展示宝塔线，如果分析宝塔线，K 线就不能显示。若要同时展示两种柱状线，就需要两台电脑。

其实，投资者不必一直盯着宝塔线进行分析，多数情况下，以 K 线为主进行看盘分析即可。此外，当投资者对宝塔线理解程度很高之后，能够通过 K 线形态辨别出宝塔线的形态。虽然宝塔线与 K 线在某些方面有些冲突，但是在对后市判断上基本上是一致的，如果可以做到结合使用，在准确性方面会有所提高。

宝塔线与 K 线之间简单的结合应用，主要有以下四种方式。

（1）当汇价在底部横盘很久后，突然出现一根实体很长的向上突破大阳线，如果宝塔线也出现实体较长的向上阳线时，说明汇价涨势开始确立，投资者可以及时买进多头头寸。

（2）在汇价中长期上升途中，如果 K 线出现小阴大阳相互交替的向上态势时，只要宝塔线一直维持阳线的状态，说明股价涨势强劲，投资者应坚持一路持有多头头寸。

（3）在汇价中长期下降途中，若 K 线出现大阴小阳相互交替的向下态势时，只要宝塔线一直维持阴线的状态，说明汇价跌势绵绵不断，投资者应坚决抛弃多头头寸，转而买入或持有空头头寸。

（4）当汇价经过一段时间较大幅度的上涨行情后，如果汇价的 K 线在高位出现一根实体较长且向下突破的阴线，宝塔线也出现一根实体较长的向下阴线时，说明汇价跌势已经开始，投资者应及时抛售多头头寸，买入或持有空头头寸。

一、三平底与早晨之星

K 线指标中的早晨之星与宝塔线中的三平底组合，都是十分有效的底部反转信号。当这两种形态同时出现在盘面时，可以极大地提高交易信号的强度和可信度。当对 K 线以及宝塔线比较熟悉时，可以发现在许多情况下，当 K 线出现早晨之星组合时，恰好宝塔线也形成了三平底组合。只要有足够的经验，不仅可以结合宝塔线与 K 线提高交易的准确率，还可以通过 K 线判断宝塔线的形态，这样就不需要在盘面中将两种指标反复切换了。

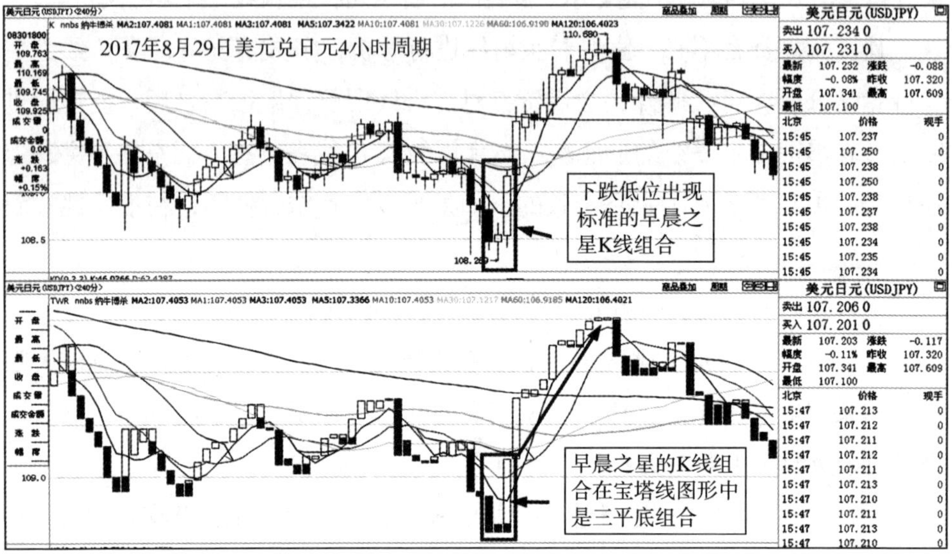

图 6-12

如图 6-12，两组走势图均选自美元兑日元货币 2017 年 8 月 29 日的 4 小时周期图。从 K 线图中可以看到，价格在下跌底部出现了早晨之星的 K 线组合，并发出了看涨信号。同一时间，下方宝塔线指标也出现了三平底的宝塔线组合。当这两种指标产生共振，同时发出看涨信号时，汇率价格立即展开上涨。

在技术分析中，之所以要将多种指标结合起合起来使用，就是利用这些指标相互之间产生的共振，从而提高交易的准确率。虽然不是每一次 K 线组合出现早晨之星后，宝塔线都会出现三平底组合，但是这种共振概率还是比较大的。当 K 线指标发出交易信号时，投资者可以快速切换至宝塔线，分析是否出现共振的交易信号。

二、三平顶与黄昏之星

K 线指标的黄昏之星与宝塔线的三平顶，都是非常有效的顶部反转信号。当这两种指标同时出现，会对汇价产生什么样的影响呢？

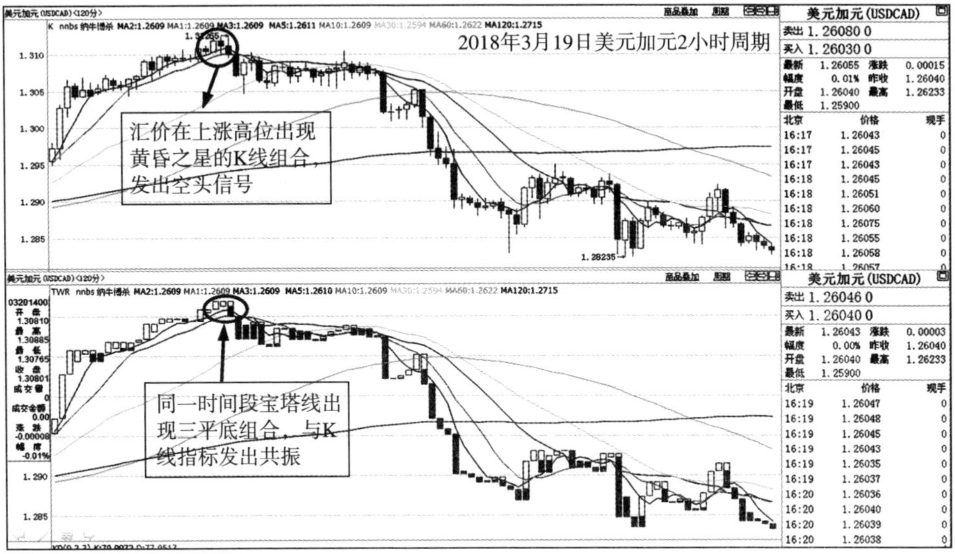

图 6-13

如图 6-13，2018 年 3 月 19 日，美元兑加元货币在 2 小时周期图中的汇价高位出现黄昏之星 K 线组合，发出空头信号。同一时间，宝塔线指标形成三平顶的空头组合。当两种指标同时发出反转信号后，价格盘整下跌且时常出现加速行为。图中可以看到，调整阶段下跌的持续性很强，累积的下跌幅度较大，其中的获利空间不言而喻。

当技术指标发出看涨或看空信号时，价格的下跌空间是未知的。如何判断下跌空间，需要进行相对复杂的分析，要结合支撑与压力的位置来判断后续涨跌空间，同时观察下跌时的速度是否出现严重的背离。同时，还要注意发出交易信号的周期，是长线周期还是短线周期等。总之，当发出交易信号后，投资者需要时刻关注盘面变化，没有出现任何反转或反弹信号时持仓，一旦发出任何的风险信号或指标出现反转时，则立即平仓离场。

第七章
技术分析之移动平均线

技术分析过程主要分为两个步骤，一是判断趋势，二是寻找位置。分析趋势是技术分析的第一步，如果第一步分析出现了错误，那么后面所有的分析都是徒劳的。投资者通常说的“顺势交易”，其核心就在判断趋势。趋势分析得准确了，交易就成功了一大半，即使在进场位置上出现些许瑕疵，也可以通过许多方式弥补，从而保证获利。

第一节　均线（MA）指标介绍

移动平均线是由著名美国投资专家葛兰碧（Joseph E.Granville，又译：格兰威尔）于 20 世纪中期提出来的。均线是当今应用最普遍的技术指标之一，它能够帮助交易者确认现有趋势，判断将出现的趋势，发现过度延伸即将反转的趋势。移动平均线（Moving Average），简称 MA（主图添加指标）。移动平均线是用统计分析的方法，将一定时期内的证券价格（指数）加以平均，并把不同时间的平均值连接起来，形成一条曲线，用以观察证券价格变动趋势的一种技术指标。

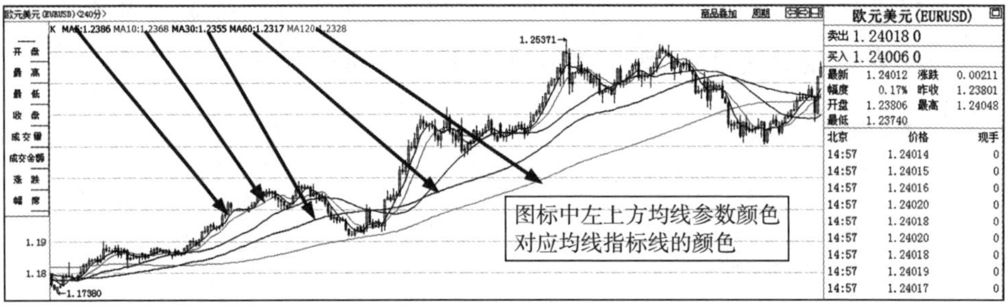

图 7-1

移动平均线常用参数有 5、10、30、60、120 和 240。其中，MA5 和 MA10 称为短期移动平均线，是短线操作的参照指标；MA30 和 MA60 称为中期移动平均线，是中线操作的参照指标；MA120、MA240 称为长期移动平均线，是长线操作的参照指标。

在参考移动平均线时，主图可以叠加该指标，投资者可以将 K 线图和移动平均线放在同一张图里分析，这样非常直观明了。

第二节　均线指标的优劣势

1. 趋势性

均线指标是重要的趋势指标，一旦均线系统向某一方向运行，价格就会延续向这个趋势方向发展。

2. 稳定性

均线趋势形成后会稳定持续一段时间，周期越长的均线，持续性与稳定性越强。

3. 助涨助跌

均线方向角度越大，价格的涨跌动力越强。

4. 支撑与压力

每一条均线都会对价格造成支撑或压力的作用，周期越长的均线，支撑和压力的效果越强。

5. 滞后性

均线指标是通过以往趋势来判断未来价格运行方向，所以只有未来价格先变动，均线才会发生改变，这就导致了均线趋势上涨但是随后价格可能出现大幅下跌甚至破位，即均线处于上涨趋势，但价格却出现了急速下跌的情况。当趋势发生反转时，往往价格已经出现较大幅度的涨跌，所以均线指标属于滞后型指标。

6. 辅助性

均线指标缺乏独立性，也就是说单一使用均线指标判断未来价格运行方向以及关键点位，准确率并不高，一定要结合其他指标才能发挥出最佳效果。

7. 诱导性

当价格处于盘整阶段时，价格总是跌宕起伏，均线也会随着价格的波动频繁地发出信号，诱导投资者做出错误的趋势判断。

均线指标确实存在一定的缺陷，这是每个技术指标共同的特点，但是仍然有许多的优势。相比较而言，均线的实用性更强一些。目前均线指标几乎是投资者进行技术分析的必备指标之一，非常普及。了解到均线指标的各种不足之处后，就可以利用其他指标的优点与其进行综合分析。

第三节　葛兰碧均线八法

葛兰碧是均线指标的创造者，他的均线八法是均线分析的基础，其余所有的均线使用方式，均是从均线八法演变而来的。投资者要熟练地掌握均线八法，才能够学习更多的高阶均线分析技巧。

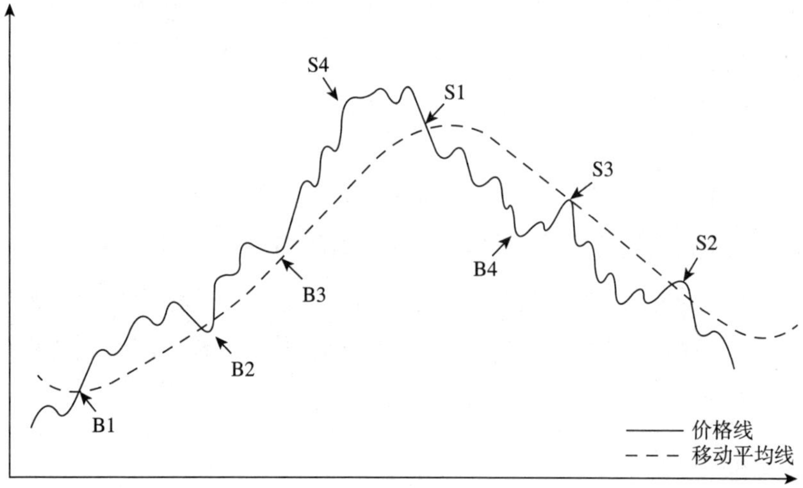

图 7-2

均线八大法则中的四条用来研判买进时机，四条用来研判卖出时机。总的来说，移动平均线在价格之下，而且又呈上升趋势时，是买进时机；反之，移动平均线在价格之上，又呈下降趋势时，则是卖出时机。

一、买入法则

买 1（B1）：移动平均线经过一路下滑后，逐渐转为平走，并有抬头向上的迹象。另外，价格线也转而上升，并自下方突破了移动平均线，这是第一个多头信号。

买 2（B2）：买 2 与买 3（B3）类似。价格线尚未跌破移动平均线，只要移动平均线依然呈上升趋势，前者也转跌为升，这是第二个多头信号。

买 3（B3）：价格线仍在移动平均线之上，但呈急剧下跌趋势，在跌破移动平均线后，忽而转头向上，并自下方突破了移动平均线，这是第三个多头信号。

买 4（B4）：价格线与移动平均线都在下降，如果价格线狠狠下挫，远离了移动平均线，表明反弹指日可待。这第 4 个多头信号为许多短线投机者热衷，但切记不可恋战，因为大势依然不妙，久战势必套牢。

二、卖出法则

卖 1（S1）：移动平均线从上升转为走平，并有转下趋势，价格线也从其上方回调，跌破了移动平均线，这是第一个沽空信号。

卖 2（S2）：价格线和移动平均线均同时向下运行，这时价格线自下方上升，突破了仍在下降的移动平均线后，又掉头下跌形成二次破位，这是第二个沽空信号。

卖 3（S3）：卖 3 类似于卖 2，不同的是略有反弹的价格线更加疲软，刚想突破移动平均线时，空头却发力卖出，使价格线掉头向下，这是第三个沽空信号。要注意的是，卖 3 与买 1 不同，买 1 是移动平均线自跌转平，并有上升迹象，而卖 3 的平均线尚处在下滑之中。

卖 4（S4）：价格一路暴涨，远远超过了也在上升的移动平均线，形成技术背离。暴涨之后必有暴跌，所以此处是第四个沽空信号，但是毕竟下方有均线支撑，所以下跌的空间和幅度都比较有限，投资者应谨慎参与沽空。

第四节　均线组合形态

一、多头排列、空头排列

当 MA5、MA10、MA30、MA60 均线由上至下依次排列，并全部处于上升趋势，这种均线组合称为多头排列，也称为单边上涨趋势。当 MA60、MA30、MA10、MA5 均线由上至下依次排列，并全部处于下跌趋势，这种均线组合称为空头排列，也叫单边下跌趋势。

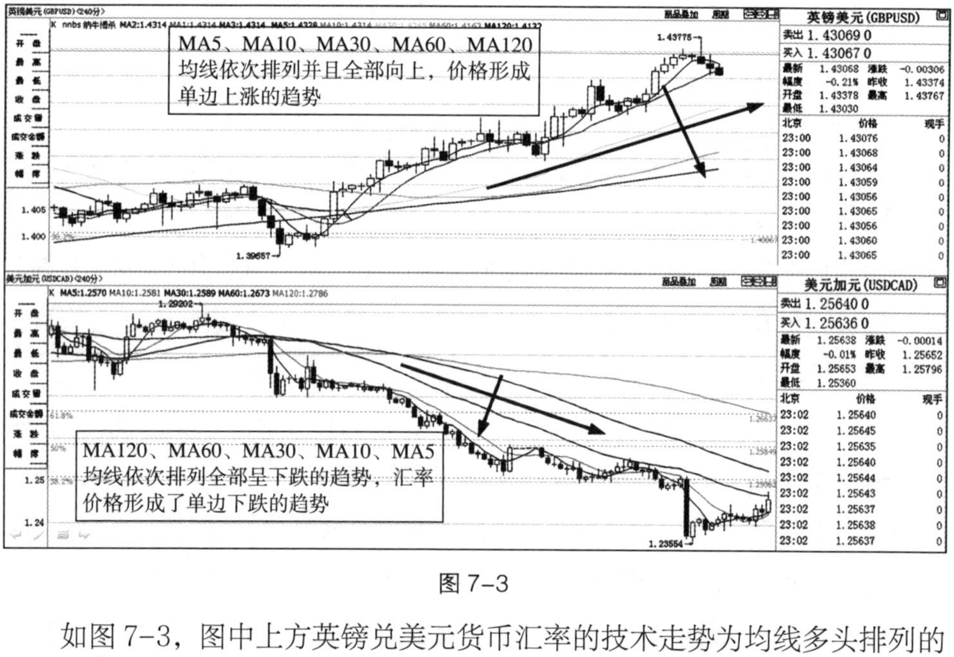

图 7-3

如图 7-3，图中上方英镑兑美元货币汇率的技术走势为均线多头排列的单边上涨趋势，其中第一条均线为 MA5，下方为 MA10，以此类推，最后一条均线为 MA120。这些均线由上至下依次排列，并且全部向上运行，价格也沿着均线的方向持续上涨。在汇价上涨过程中，每一条均线都是价格的支撑位，也就是说价格回调至下方任意一条均线，都有可能受到支撑后展开反弹。

图中下方的美元兑加元货币汇率走势图为均线空头排列的单边下跌趋势，最上方的均线参数最大，为 MA120 均线，下方依次是 MA60、MA30、MA10、MA5 均线，这些均线全部向下运行，价格随着向下的均线同步下行。在空头排列趋势中，任意一条均线均为压力位，价格反弹至任何一条均线都有可能受阻回落，重新回到下跌趋势中。

多头排列、空头排列是非常强劲的均线趋势组合，一旦形成，短期内难以改变。这种均线组合出现在越长的 K 线周期中，持续性也越强。多头排列、空头排列代表着价格不论短期、中期还是长期趋势，均为上涨或下跌，投资者在这种趋势下一定要顺势交易。

操作要点如下。

（1）MA5、MA10 属短期均线，均线支撑压力较弱。进场位可以选择在 MA30、MA60 甚至 MA120 均线位置（根据价格波动力度）。

（2）如果是在中长线周期图上，任何一条均线都有可能是有效的压力支撑位，皆可作为进场标准。

（3）当价格回踩某一条均线且有效后，二次回踩时破位概率会大大增加，不应草率进场。

（4）当在某一条均线位置下单交易后，若价格反方向运行，价格距离下一条均线较近时，可进行补仓。若亏损空间较大，可先行止损，之后在下一个进场点位继续顺势交易，且适当加大仓位。

（5）当价格突破所有均线后，反方向的头寸一定要立即止损。

（6）在单边行情中进行逆向交易，风险是最大的，随时可能会止损。如果没有特别明显的信号，尽量不要参与逆向交易，失败后要严格止损。进场成功后，在没有确认反转的情况下，不可长时间持仓，获利后应及时了结。

二、长期趋势中的短线回调

即使是单边行情，所有均线也不会始终保持一个方向，期间必然会出现短期回调。单边行情在反转的时候，都是从短期趋势回调开始，所以在长期趋势中出现了短期回调，可能会在合理位置出现进场的机会，当然也伴随着行情反转的风险。

长期上涨趋势中的回调行情包括：长期上涨趋势中的中期回调，即MA120均线上涨，MA60、MA30、MA10、MA5均线下跌，或中长期上涨趋势中的短线回调，如MA120、MA60均线上涨，MA5、MA10、MA30均线下跌。

长期下跌趋势中的反弹行情包括：长期下跌趋势中的短线反弹，即MA120均线下跌，MA60、MA30、MA10、MA5均线向上反弹，或长期下跌趋势中的中短线反弹趋势，即MA120、MA60均线处于下跌趋势，而MA30、MA10、MA5均线处于上涨趋势。

下面通过图7-4，了解一下在长期上涨或下跌趋势中价格出现回调应该如何应对。图中上方澳元兑美元的走势中，可见汇率形成单边下跌趋势后，所有均线全部呈现向下的空头排列趋势，汇价下跌的持续性很强，跌幅较大。在价格反弹阶段，MA5、MA10、MA30均线上涨穿越MA60均线，形成长期下跌趋势中的中短期反弹格局。当这些中期均线组合反弹至MA120均线后，受到该均线压制的影响，重新拐头向下，形成新一轮的单边下跌行情。

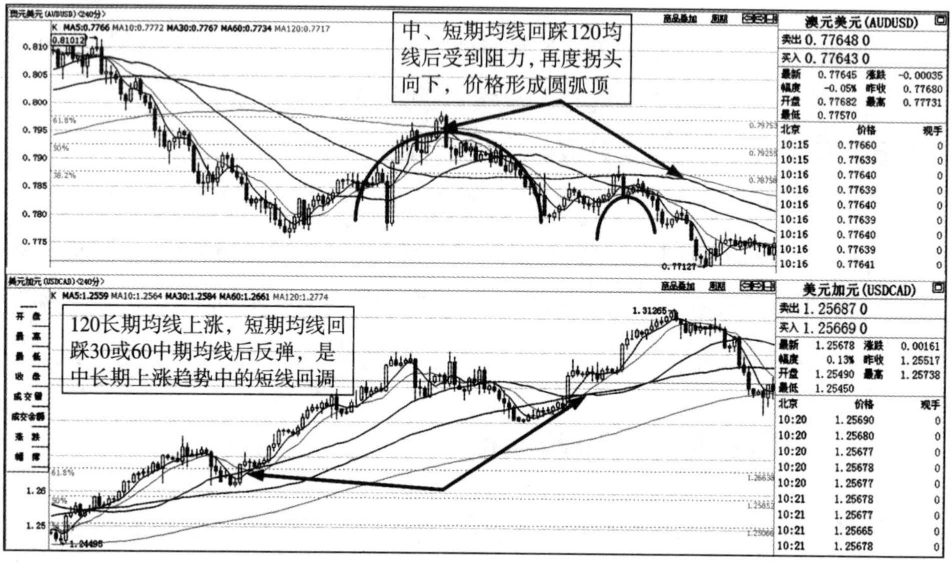

图7-4

MA120 向下运行，其他短期均线上涨，是长期下跌趋势中的中期上涨趋势，在所有均线没有拐头向上时，依旧存在受压力回调的风险，要等待汇价最终突破 MA120 均线，形成均线多头排列后，才最终形成反转，开始进入上涨行情。

图中下方美元兑加元走势中，汇率始终保持单边上涨的趋势，所有均线全部向上运行。期间 MA5、MA10、MA30 均线出现拐头向下的回调走势，但回踩至 MA60 均线后又重新拐头上涨。在多头排列状态下，价格回调的力度越弱，说明上涨力度越强，投资者可以在 MA60 甚至 MA30 均线位置轻仓布局多单，并做好深度回调止损的准备。

长期上涨趋势中，中期调整走势有不错的获利机会，当然也伴随着一定的风险。MA120 均线支撑力度更强，价格回调到该均线受支撑反弹的概率更大，除非短期均线向下突破 MA120 均线且持续向下运行，趋势才有反转的可能。

只要趋势没有发生改变，卖盘没有大幅度的放量，顺势交易盈利的概率会更大一些。

操作要点如下。

（1）单边行情中，参数最大的均线一旦突破，若没有更强的支撑或压力阻碍价格向反方向运行，应立即止损。

（2）在中期均线位置交易时，若距离下一个支撑或压力位置较近，可以选择补仓一次，并统一设置止损。若距离较远，则直接设置止损，在更强的点位重新开仓顺势交易。

（3）长期上涨或下跌趋势中，虽然价格会有短线回调，但价格也随时可能再度按照长期趋势方向运行，如果没有特别明确的交易信号和充分的获利空间，最好不要逆向交易。

（4）逆向交易必然面临重重阻碍，任何一个支撑或压力都可能导致价格拐头，所以逆向交易要秉承快进快出的交易策略，利润目标不要看得太大，持仓时间不可过长。

（5）判断均线支撑或压力是否有效，可结合其他指标进行分析。

三、均线系统宽幅震荡

价格趋势主要分为上涨、下跌和横盘震荡。震荡行情又分为宽幅震荡与窄幅整理。在宽幅震荡阶段，所有均线均朝着不同方向运行，均线与均线之间有一定的距离，且均线运行持续性不强，其间会不断地改变方向。宽幅震荡阶段，价格没有明确的方向趋势，但是均线并没有失去作用，至少告诉投资者当前价格处于宽幅震荡阶段，投资者自然就会有相应的交易策略。

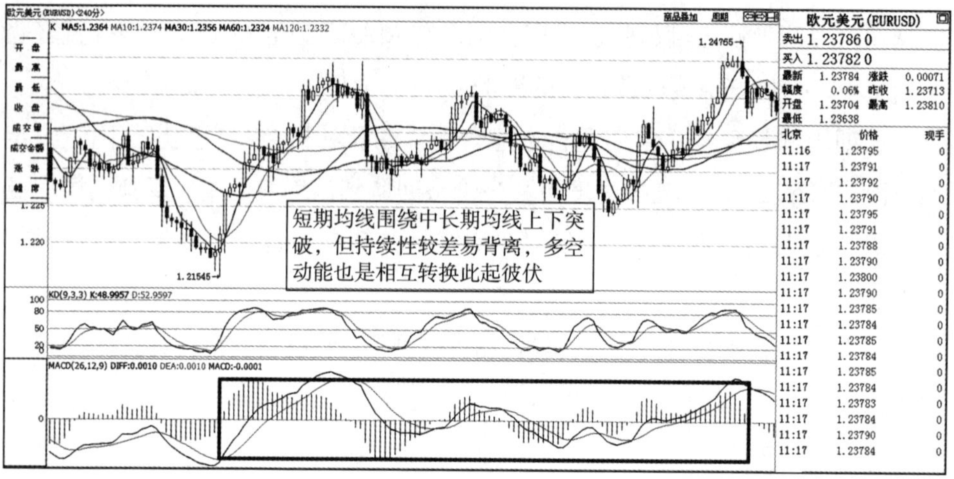

图 7-5

如图 7-5 中，欧元兑美元货币汇率的技术走势，就是典型的宽幅震荡行情。在宽幅震荡行情当中，由于 MA60、MA120 均线参数较大，不易发生改变，所以处于持续横向运行的趋势。而 MA30、MA10、MA5 均线参数较小，易发生变动，所以经常出现短期的上行或下行，不断在 MA60、MA120 中长期均线之间穿梭，形成了中长期盘整中的短期上涨或下跌趋势。

在宽幅震荡行情中，只要短线出现连续上涨或下跌行情，若没有带动中长期均线运行即发生背离，价格必然会向反方向运行。从交易动能上来看，宽幅震荡期间多头、空头反复转换，没有哪一方能长时间占据优势，但是通过一些技术方式，还是能分析出未来趋势的一些蛛丝马迹的。

操作策略如下。

（1）宽幅震荡后，通常会经过窄幅整理分出最后的方向。

（2）宽幅震荡阶段杜绝追涨杀跌。

（3）宽幅震荡明确后，找出支撑与压力，并在期间高抛低吸。

（4）突破盘整平台后平仓，震荡单转为趋势单。

（5）支撑或压力数量较多、点位不是特别明确的情况下，可采取轻仓布局加补仓的方式交易。

四、窄幅整理与趋势确认

在价格处于窄幅整理阶段时，交易的准确率是最低的，技术分析工作也是最困难的。在窄幅整理阶段，价格的波动空间十分狭窄，所有均线几乎相互黏合横向运行，多空动能都极其疲软，难以分辨未来运行的方向。当然，窄幅盘整过后，必然会出现新的趋势格局，而且盘整时间越久，一旦突破形成新的趋势，持续性也越强，涨跌幅度也越大。如果能在盘整阶段或新的趋势刚刚形成时正确判断后期趋势，及早进场，那么所得利润将是巨大的。

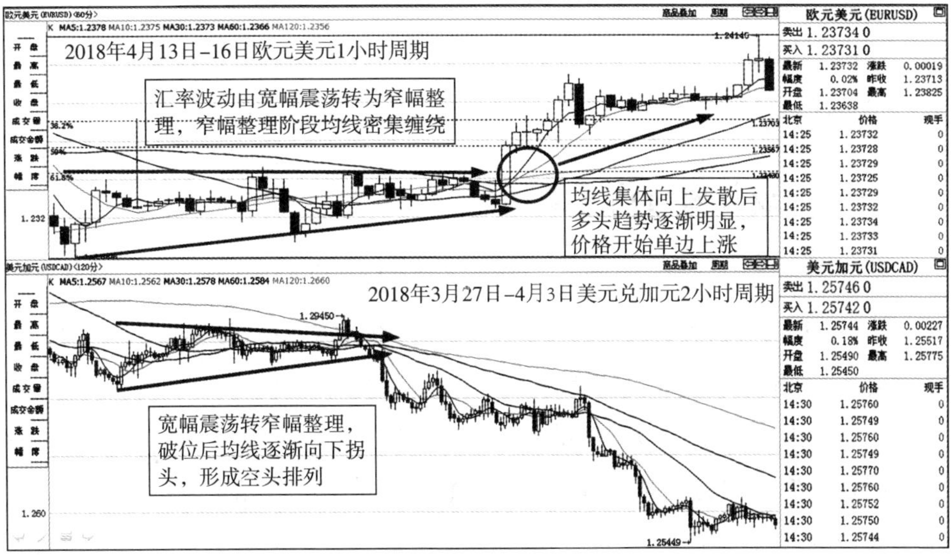

图 7–6

如图 7–6，图中两组货币对汇率走势都出现了一段时间的盘整震荡走势，相同的是窄幅整理前都经历了幅度较大的宽幅震荡行情，并且窄幅盘整后都展开了单边走势。不同的是欧元兑美元货币汇价盘整的时间较短，而美元兑加元货币盘整的时间周期更长一些。窄幅整理过后，欧元兑美元汇率走出了单边上涨行情，而美元兑加元却出现了单边下跌的走势，由于美元兑加元汇率窄幅盘整蓄势的时间更久，所以下跌的持续性更强，下跌幅度更大。

操作要点如下。

（1）均线窄幅盘整黏合开口后，不要急于顺势交易，向上开口时要关注上方是否有强压力，向下开口时要关注下方是否有强支撑。若短距离内存在较强的支撑或压力，可等待突破后进场顺势交易。

（2）汇价出现窄幅盘整，不要以为波动小就不关注它，盘整幅度越是狭小，距离突破形成趋势的时间窗口越近，更应该密切关注，以保证在趋势形成后第一时间入场。

（3）仅利用均线黏合后开口判断未来趋势，还是不能保证较高的准确率，偶尔也会出现开口失败重新整理甚至反方向突破的行为，针对这种情况，可利用 MACD 等动能指标进行判断。

（4）窄幅整理期间，投资者最佳的做法就是保持观望。本书介绍了许多分析指标，都可以判断盘整后的价格趋势。若盘整期间多种指标发出交易信号，也可提前轻仓布局。

五、均线背离与技术修复

技术分析中有许多背离形态，如均线之间的背离、均线与 K 线的背离、K 线与 MACD 指标的背离等。所有的背离均为价格后劲不足的表现，预示价格将会有所回调，是滞涨、止跌的信号。

所有均线之间保持着一定的距离向某一方向运行，属于正常的表现。若价格出现短期内急速的暴涨或暴跌，导致短周期均线大角度上行或下行，由于中长期均线反应比较慢，就会出现短期均线与长期均线的距离越拉越大的情况，这种行为就叫做背离。当背离出现后，就会出现价格的滞涨或止跌行为，接下来就是通过技术走势修复背离。通常修复背离的方式有两种：均线回归和均线等待。

1. 均线回归

当均线出现背离情况后，短期均线向中长期均线靠拢，而中长期均线向短周期均线运行，最终两组均线回归至合理位置，这种背离修复方式称为均线回归。

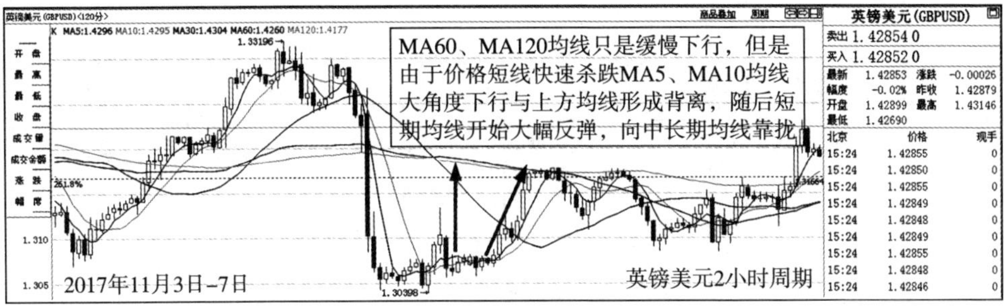

图 7-7

如图 7-7，英镑兑美元汇率在 2017 年 11 月 3 日盘中出现了连续近 6 个小时的急速下跌行情，MA5 和 MA10 均线几乎呈 90 度角向下运行。此时 MA30、MA60、MA120 等中长期均线还在高位缓慢向下，所以短期均线与中长期均线之间出现了较大的空间距离，形成了严重的背离。汇价止跌后开始缓慢上涨，MA5、MA10 均线形成金叉后加速反弹，直到回到上方中长期均线附近后开始企稳，这种均线背离后的修复方式叫做均线回归。

操作要点如下。

（1）均线背离后不可顺势追单，不论任何修复方式，都代表价格将会滞涨或止跌，顺势单风险较大。

（2）均线回归的背离修复方式，表示前期大涨或大跌的力度并不强劲，后期难以维持。背离修复后通常价格会出现盘整走势，以酝酿新的运行方向。

（3）均线回归期间，价格的回调力度可能比较小（根据支撑、压力而定）。若有充分的获利空间，可轻仓短线交易。空间较小则观望，等待修复结束。

（4）均线出现背离后，其他指标如果同样出现背离，此时交易的安全性更强。

2. 均线等待

当均线系统出现技术背离，加速上涨或下跌的 MA5、MA10 短期均线并未掉头向中长期均线靠拢，而是选择在高位或低位盘整等待。当中长期均线逐渐向短周期均线运行，并到达合理区间后，背离修复，汇价展开新的方向。

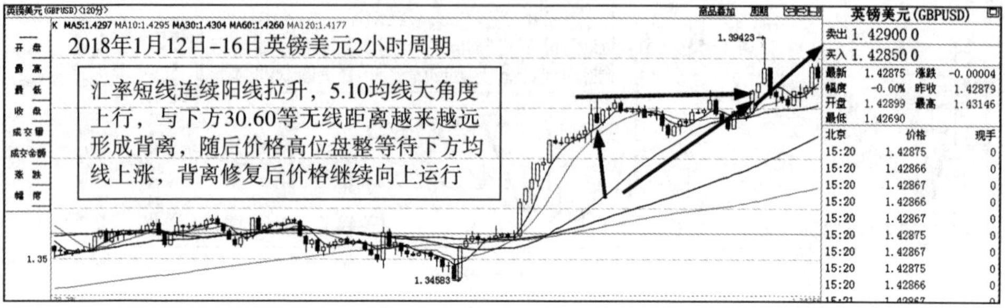

图 7-8

如图 7-8，2018 年 1 月 12 日，英镑兑美元 2 小时周期图中，汇价出现了 6 连阳 12 个小时的连续上涨，MA5、MA10 均线与下方 MA30、MA60、MA120 均线渐行渐远，形成了均线背离形态。但是价格与均线却并没有拐头向下朝中长期均线靠拢，而是在高位保持盘整走势，即使有所回调，幅度也十分有限。当下方均线逐渐向上移动靠近 MA5、MA10 均线后，盘整结束，多头蓄势充分，展开了新一轮上涨行情，并且刷新了前期高点。

操作要点如下。

（1）这种背离修复方式代表顺势一方蓄势充分，通常盘整修复之后，价格还会按照原来的方向继续运行。

（2）背离修复期间，价格会持续盘整，波动狭窄。盘整时间根据背离严重程度而定，此阶段不宜参与任何交易。

（3）背离修复时的盘整行情，按照窄幅整理后均线开口的方式进行交易。

（4）修复期间，激进的投资者可以在窄幅盘整阶段的震荡通道底部支撑附近，提前轻仓布局顺势单。

第五节　均线与 K 线结合

主图中 K 线与均线结合分析，是最普遍的分析模式，两者之间可以出现许多组合形态，并且发出不同的交易信号。

一、均线 K 线组合之断头铡刀

当均线系统处于盘整黏合状态时，突然价格大幅下跌，K 线形成一根实体较大的中阴线或大阴线，并跌穿所有均线，此形态称为“断头铡刀”，易对后市造成下跌影响，为空头信号。

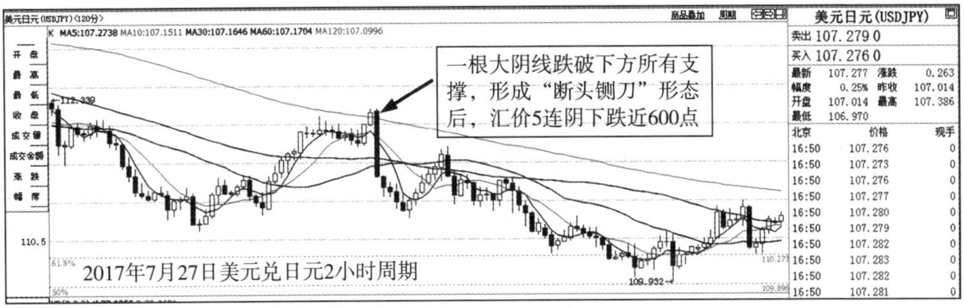

图 7-9

如图 7-9，2017 年 7 月 27 日，美元兑日元货币汇率 2 小时走势图中，价格在反弹过程中受到 MA120 均线的压力，价格突然受到阻力后急速下跌，K 线收出光头光脚实体大阴线，并且跌破下方所有的均线支撑，形成断头铡刀形态。此后连续收出 5 根小阴线，跌幅近 600 点。虽然后面价格连续小幅反弹，反弹至断头铡刀阴线实体一半位置后再度下跌，且幅度更大，持续时间更久。

操作要点如下。

（1）若断头铡刀阴线实体没有跌破所有均线，但是随后 1~2 根阴线放量破位，依旧是空头信号。

（2）断头铡刀出现在汇价下跌趋势中效果显著，盘整期间次之，上涨趋势中效果最差。

（3）出现断头铡刀形态后，空头动能一定会随之增长。如果下跌力度不强，等待价格反弹至阴线实体一半后进场沽空。

（4）沽空后严格止损，止损位置在阴线实体一半以上或阴线实体最高价上方，防止大阴线接大阳线，因为这种情况时常会发生。

二、均线K线组合之蛟龙出海

价格大幅上涨收出中阳线或大阳线，且上穿所有均线，即形成“蛟龙出海”形态。这种形态为多头信号，预示后市汇价可能会上涨。

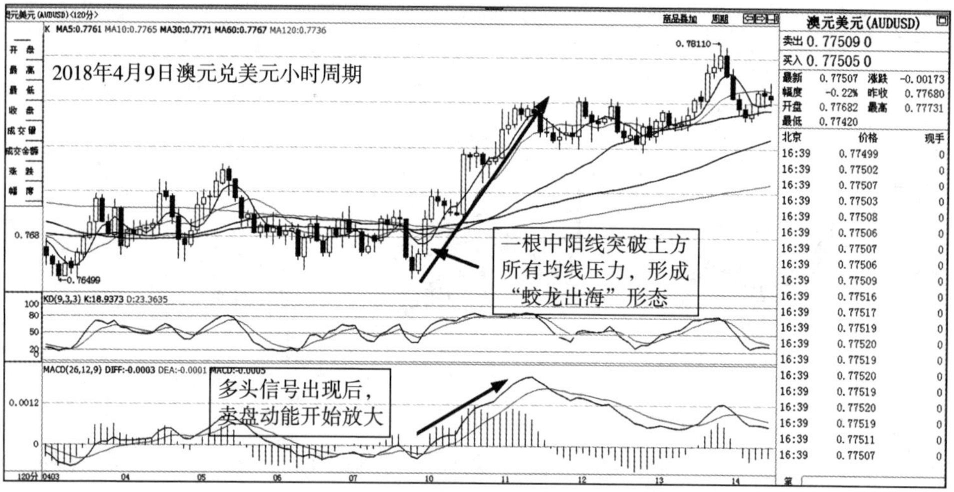

图 7-10

如图 7-10，澳元兑美元 2 小时的技术走势图中，在盘整阶段出现了一根中阴线跌破所有黏合的均线，形成断头铡刀空头形态，随后连续收出两根阳线，突破最高价，这就是为什么断头铡刀形态沽空后要严格止损的原因。

盘整阶段，一根中阳线突破了所有上方压力，形成了蛟龙出海形态。此时 MACD 指标买盘开始放量，多头动能在随后的走势中持续放大，汇价也开始加速上涨，同时带动所有均线向上发散，形成多头排列的单边上涨趋势。

操作要点如下。

（1）蛟龙出海形态最好配合动能指标，且一定要符合量价关系中的上涨理论。

（2）要严格止损，防止大幅度的多翻空形态。

（3）蛟龙出海形态出现在上涨趋势中效果最佳，盘整期间次之，出现在下跌趋势中效果最弱。

（4）阳线实体过大，若产生背离或遇到较强支撑，等待价格回调至阳线一半时进场，或暂时观望。

三、均线与 K 线的背离与修复

均线与 K 线之间也存在背离的走势。正常情况下，K 线会沿着均线运行，但是当价格加速大幅涨跌时，下方的均线并没有相应地朝着价格运动方向运行，导致 K 线与均线之间的距离逐渐加大，形成缺口，即为背离。其两者之间的缺口越大，说明背离越严重，价格反方向运行的概率越大。汇价上涨时的背离指的是下方均线与最高价之间的距离，下跌背离指的是最低价与上方均线的距离。形成背离后同样有两种修复方式，即 K 线回归均线与 K 线牵引均线。

1.K 线回归均线

当 K 线与均线发生背离后，均线向 K 线方向运行，而 K 线回调向均线方向运行，最终 K 线与均线回归到合理空间完成修复，选择下一步运行方向。

K 线与均线之间的背离在市场中是经常发生的，而且一般出现后发出的回调信号十分强烈，准确性很高。

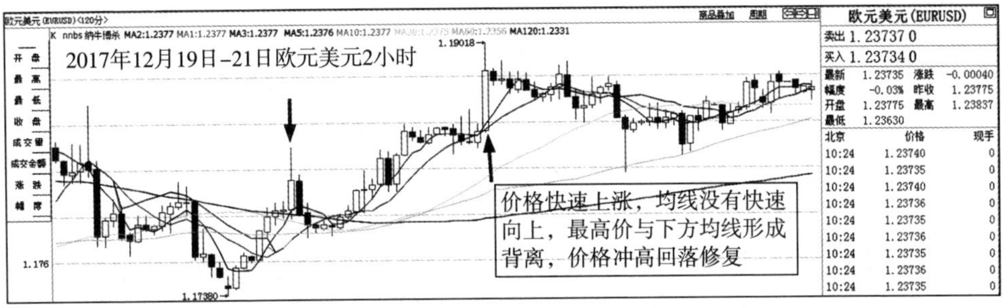

图 7–11

如图 7-11，2017 年 12 月 19 日到 21 日期间，欧元兑美元货币汇率在 2 小时周期图中出现了两次上涨背离行为。两次背离都是因为价格突然加速大幅上涨，但并没有得到均线的回应，最高价与下方均线拉开了很大的距离，形成了均线与 K 线之间的背离。形成背离后，汇价都是选择了冲高回落，并且下跌有一定的持续性。

操作要点如下。

（1）背离后有时会出现较大幅度且持续的回调，但依旧是一种短线回调信号，所以应以短线快进快出为主，一旦修复结束，即获利离场。

（2）背离多大的空间开始回调，没有具体的标准，也没有具体的时间，背离的掌握更多地需要投资者的实践经验。

（3）背离后汇价可能不会马上展开回调，进场交易后严格设置止损，以防止汇价以小阴小阳的方式修复背离。

（4）背离后根据信号进场交易，若连续几根 K 线都不能获利，可无须等待到达止损位即离场。

2.K 线牵引均线

当 K 线与均线背离后，汇价并没有展开回调，而是通过横盘的形式等待均线向 K 线靠近，这种修复方式叫做 K 线牵引均线。K 线牵引均线虽然是价格滞涨或止跌的信号，却不会有较大幅度的调整。

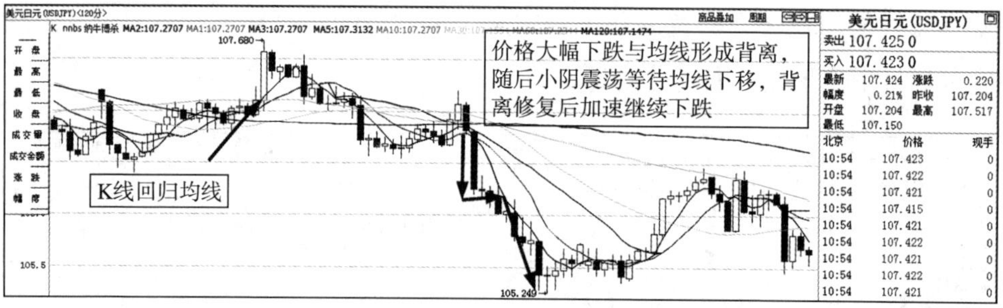

图 7-12

如图7-12,美元兑日元汇率走势图中,汇价下跌阶段出现长阴线下跌行情,由于最低价与上方均线距离较远，故形成均线与 K 线的背离现象。但是背离后价格并没有向上反弹，而是以小阴线微跌或十字星盘整，待上方均线向下靠近K线、修复背离后，价格开始继续下跌，这种背离修复方式为K线牵引均线。

操作要点如下。

（1）K线牵引均线修复，说明顺势力度依旧较强，背离修复后，价格按照原趋势继续运行的可能性较大。

（2）若背离修复后价格重新按照原趋势运行，突破后可顺势进场。如下跌背离修复后，汇价跌破前期新低，则顺势沽空。

（3）背离后进行逆向交易，若发现价格盘整不回调，或继续顺势运行，则需要止损。

（4）稳健型投资者不参与短线背离交易，等待背离修复后按照趋势交易。

第六节　双龙出海战法

对于技术分析初学者来说，可以先将均线的使用方法适当简化，在此推荐使用这套“双龙出海”均线战法进行均线分析。虽然该方法简单，但配合后面学习的其他指标，也有很高的准确率。

双龙出海战法使用MA5、MA30均线或MA5、MA60均线进行应用分析，具体使用哪套均线组合，可根据交易周期的长短进行选择，本书以MA5、MA60均线为例进行讲解。其中MA5均线为快线，MA30或MA60均线为慢线，通过各种搭配组合得出分析结论。

当快线上穿慢线形成金叉，且持续保持向上运行，为多头趋势。只要保持这种趋势且多头动能持续增长或维持较高水平，汇价就有机会持续保持上涨状态，交易策略以逢低做多为主。

当快线下穿慢线形成死叉，且持续保持向下运行，为空头趋势。只要趋势不变且卖盘保持增长或维持较高水平，汇价就可能持续下跌，交易策略应以逢高沽空为主。

很多初学者都在使用双龙出海战法，但是如果不结合其他指标的话，准确率不高，因为投资者根本没有办法判断价格上涨或下跌的进场点以及离场点位，对于价格趋势反转的把握难以控制，所以必须配合动能以及趋势指标进行分析。

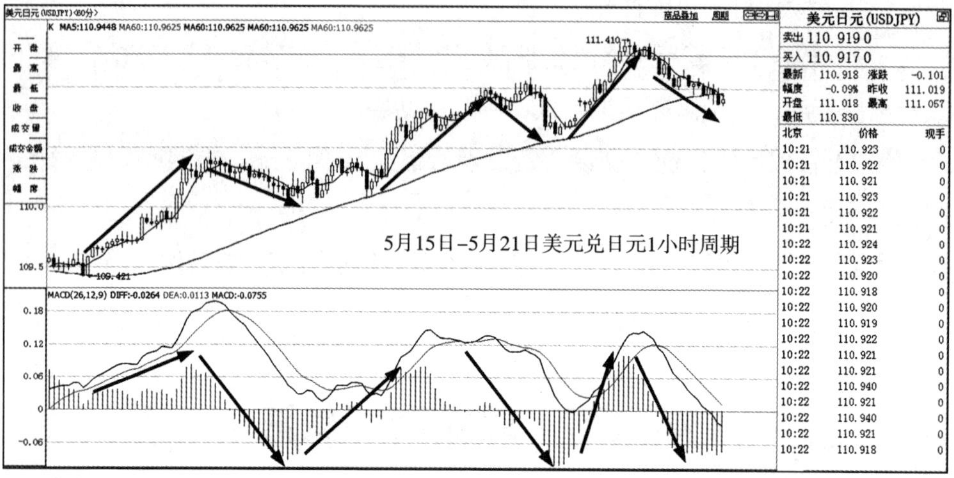

图 7–13

如图 7–13，2018 年 5 月 15 日至 21 日期间，美元兑日元汇率价格共出现了 6 个波段的涨跌。首先快线上穿慢线，开始走出第一波上涨行情。在这个阶段，MACD 指标显示多头动能持续放量增长或保持较高水平，当买盘转为持续萎缩时，结束上涨开始回调。当快线回调，K 线回踩慢线后，卖盘开始萎缩，买盘重新增长，价格迎来新一轮多头走势，且刷新前期高点，这种多空轮转共出现 3 次。当快线跌破慢线形成死叉，初步结束上涨趋势，意味着行情即将反转下跌。

操作要点如下。

（1）快线上穿慢线形成金叉后，K 线上涨是第一买点，金叉后 K 线回踩慢线受到支撑是最佳买点。

（2）价格上涨阶段，买盘连续收出 3 根缩量 K 线，是短线多单平仓点。

（3）上涨阶段价格回踩慢线后，买盘重新放量是逢低买入点。

（4）快线下穿慢线形成死叉，若卖盘持续放量，是趋势改变的信号。

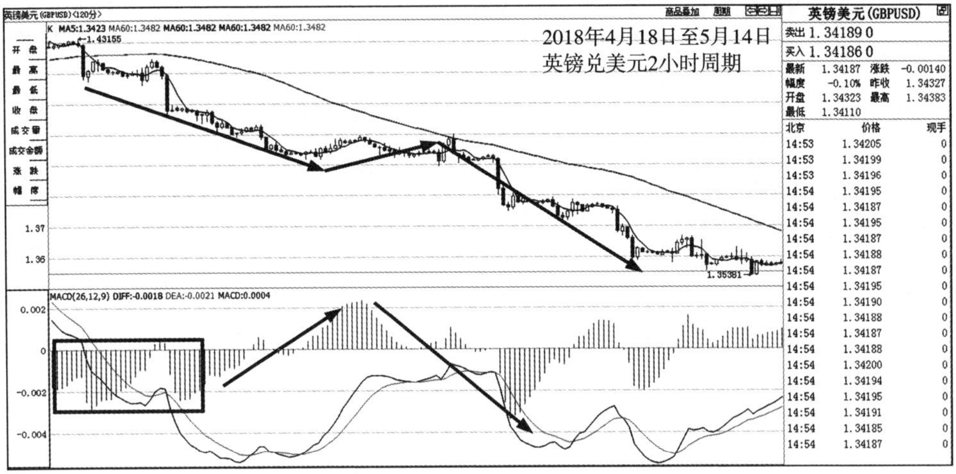

图 7–14

如图 7-14，4 月 18 日至 5 月 4 日期间，英镑兑美元货币走出了一波幅度较大、持续周期很长的单边下跌行情。图中可见，自快线下穿慢线形成死叉后，汇率价格便持续下跌。此阶段 MACD 指标卖盘持续且密集增加，价格持续下跌。当买盘持续缩量时，汇价或横盘整理或小幅反弹。当 K 线回踩慢线后再度放量下跌，只要快线始终保持在慢线下方，且慢线持续保持向下的趋势，汇价随时会展开新的下跌行情。

操作要点如下。

（1）快线下穿慢线形成死叉后，K 线下跌是第一沽空点，死叉后 K 线反弹回探慢线是最佳沽空点。

（2）价格下跌阶段，市场连续收出 3 根缩量 K 线，是短线空单平仓点。

（3）下跌阶段价格回踩慢线后，卖盘重新放量是逢高沽空点。

（4）快线上穿慢线形成金叉，若买盘持续放量，是趋势改变的信号。

第八章
技术分析之趋势指标

移动平均线指标是最常用以及最主要的趋势指标，同时也需要其他趋势指标配合分析，共同验证价格的趋势。本节讲述的趋势指标均为辅图指标，可与均线同时显示在K线分析图中，投资者可在其中选择自己最熟练，与其他指标契合度最高的指标进行组合分析。

第一节　动向指标（DMI）

动向指标（DMI）英文全称为 Directional Movement Index，简称为“DMI”，是由美国技术分析大师威尔斯·威尔德（Wells Wilder）创造的，是一种中长期技术分析指标。

DMI 指标通过分析价格在涨跌过程中买卖双方力量均衡点的变化情况，即多空双方力量的变化受价格波动的影响而发生由均衡到失衡的循环过程，从而提供对趋势判断的依据。

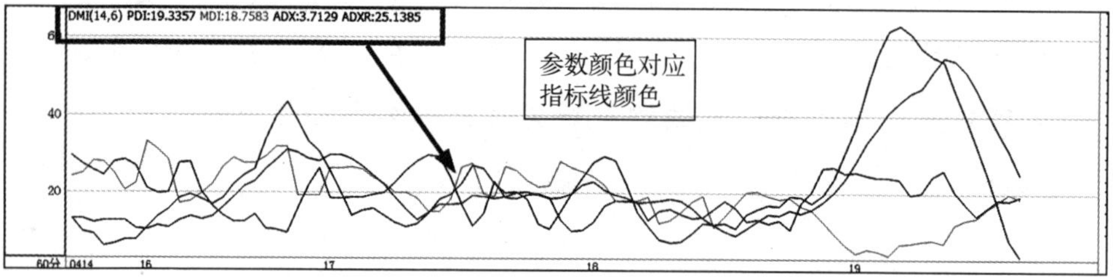

图 8-1

DMI 指标共有 PDI、MDI、ADX、ADXR 四条线，也是它的四个参数值，分为多空指标（PDI、MDI）和趋向指标（ADX、ADXR）两组指标线。每一条线都有不同的颜色，一般分析软件中左上角四个数值的颜色对应的就是每一条线的颜色。由于印刷问题，本书中四条线均为黑色。为了让各位读者能深刻理解指标的作用，在每一组实例中都会有清晰的标注。

和其他技术指标不同的是，DMI 指标的研判功能主要是判别市场趋势。在应用时，DMI 指标的研判主要是集中在两个方面，一个是分析上升指标 PDI、下降指标 MDI 和平均动向指标 ADX 之间的关系，另一个是对行情的趋势及转势特征进行判断。其中，PDI 和 MDI 两条曲线的走势关系是判断能否买卖的信号，ADX 则用以判断未来行情发展的趋势。

一、DMI 指标的基本使用方法

1. 多空指标（PDI 多方、MDI 空方）

（1）PDI 在 MDI 上方，外汇价格以上涨为主；PDI 在 MDI 下方，外汇价格以下跌为主。

（2）在汇价上涨行情中，当 PDI 向上交叉 MDI，是多头信号；相反，当 PDI 向下交叉 MDI，是卖出信号。

（3）MDI 从 20 以下上升到 50 以上，汇价很有可能会有一波中级下跌行情。

（4）PDI 从 20 以下上升到 50 以上，汇价很有可能会有一波中级上涨行情。

（5）PDI 和 MDI 以 20 为基准线上下波动时，表明该货币对多空双方展开拉锯战，汇价以箱体整理为主。

2. 趋向指标（ADX、ADXR）

（1）当 ADX 从上方下穿 ADXR 时，形成的交叉点叫做死叉。当 ADX 与 ADXR 形成死叉时，表明汇价上涨行情将终结。如果 ADX 和 ADXR 下行至 20 左右并交织波动时，说明汇价将横盘整理，没有上涨行情。

（2）当 ADX 在 50 以上反转向下，不管汇价是上涨还是下跌，都即将反转。

（3）当 ADX 从下方上穿 ADXR 时，形成的交叉点叫做 ADX 金叉 ADXR。当 ADX 与 ADXR 发生金叉时，预示着汇价将出现一波上涨行情，ADX 和 ADXR 运行至 50 以上时，将可能产生一轮中级以上的行情，ADX 和 ADXR 上行至 80 以上时，市场将很有可能是翻倍以上的大行情。

（4）当 4 条线间距收窄时，表明当前货币对汇率处于盘整走势中，DMI 指标失真。

在技术指标中，DMI 指标在使用上算是比较复杂的一种。虽然 DMI 指标与均线一样有许多指标线，但是均线指标看起来更加清晰简单，每一条均线是什么趋势，显示的支撑和压力都很明显。但是 DMI 指标不仅要看每一条线的趋势，还要看数值，并且不同指标线之间的组合所发出的信号也都不同，所以投资者应该先熟悉 DMI 指标最基础的用法，再接触更高级的用法。实战初期，投资者可能对 DMI 指标的应用不是很熟悉，建议看盘时对照书中的讲解慢慢练习。DMI 指标是准确率较高的指标，投资者不要因为使用麻烦或觉得不会用就轻易放弃。

二、DMI 指标的高级用法

DMI 指标的高级用法，通常是把四个数值结合起来应用，每一条线都需要达到一定的标准。投资者第一次学习时，可能觉得不容易掌握，实战分析中可以先尝试应用。当对 DMI 指标有一定的认识和应用经验以后，再重新学习本小节内容，可以更深入地掌握该指标的用法。

（1）当 PDI 从下方上穿 MPI，此为做多信号；若 ADX 止跌回升，则涨势更强。当 ADX 上涨至高位开始掉头回落，后期价格即使依旧上涨，其力度及速度也会有所放缓，随后在不长的时间内就会转为下跌，直到 ADX 线下跌拐头重新上涨为止。

上面讲解的文字看似复杂，其实十分简单，其中包括了价格涨—跌—涨的转变过程。

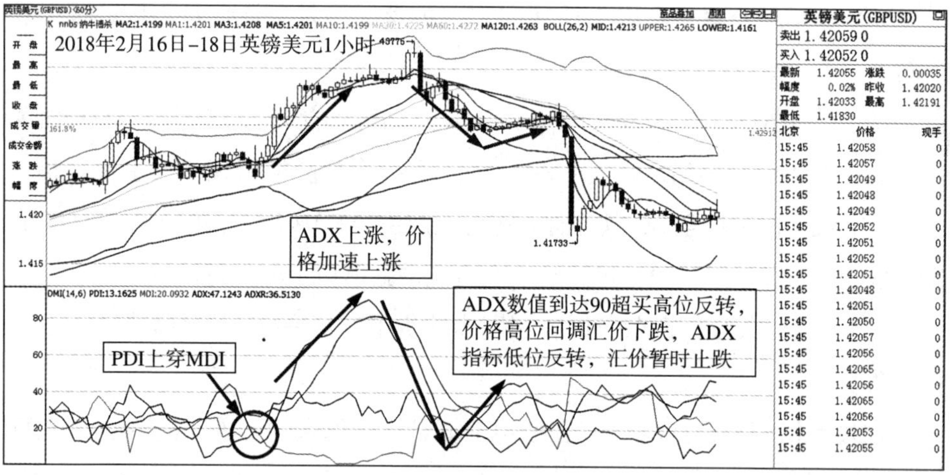

图 8-2

如图 8-2，英镑兑美元的走势图中，价格盘整后，随着 PDI 上穿 MDI，价格开始起涨。当 ADX 指标线也开始上行的时候，价格的上涨力度也开始增加。当 ADX 指标上涨至 80 以上区域后，汇价的上涨力度也开始减弱。虽然 ADX 指标在高位已经开始反转，但是汇价并没有马上下跌，而是又收了一根阳线后才缓缓下跌。在 ADX 指标开始向下运行时，汇价也在震荡下跌，直到 ADX 指标向上拐头后才停止继续下跌。当 MPI 上穿 PDI 后，价格再度下跌，MPI 指标线加速上涨时，汇价也出现了加速下跌。

（2）当 PDI 由上方向下跌破 MDI，是沽空信号，但仅以此推断准确率并不很高。如果 ADX 同时向上运行的话，则下跌信号更为明确，价格或出现力度较强的下跌走势。最终 ADX 开始见顶回落，汇价才可能暂时止跌甚至出现反弹，发出底部信号。

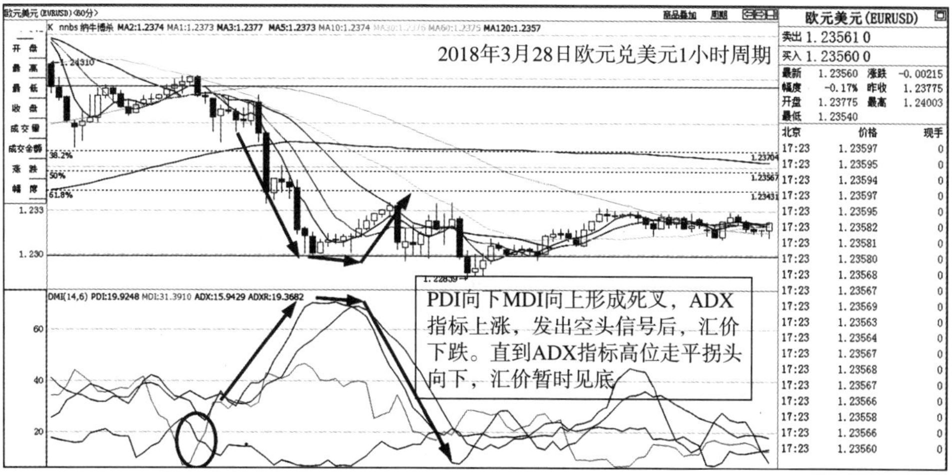

图 8–3

如图 8-3，2018 年 3 月 28 日，欧盘初期汇价走势逐渐活跃，此时 DMI 指标中的 PDI 线向下运行，MDI 线向上运行，两者形成死叉，发出空头信号。随后 ADX 线开始加速上行，同时汇价也展开了加速下跌的行情。当 ADX 线开始高位滞涨时，很明显，汇价在低位已经逐渐企稳，并慢慢筑底。ADX 指标高位拐头向下后，汇价开始小幅度反弹。

需要注意的是，当 PDI 与 MDI 指标死叉后，ADX 指标一定要加速上涨，汇价才会出现较大幅度的下跌。从图中后面的走势可以看到，汇价企稳反弹结束后，虽然PDI与MDI指标再度死叉，但是MDI并没有大幅度上涨，所以即使汇价下跌，下跌幅度和持续性也是非常有限的。

（3）当PDI与MDI相交叉时，不论是金叉还是死叉，是看涨信号还是沽空信号，这是第一进场点。如果错过第一进场点，当ADX与ADXR形成金叉时，则出现第二个进场点，而且信号更加明确，这就是DMI指标的二次金叉分析技巧。

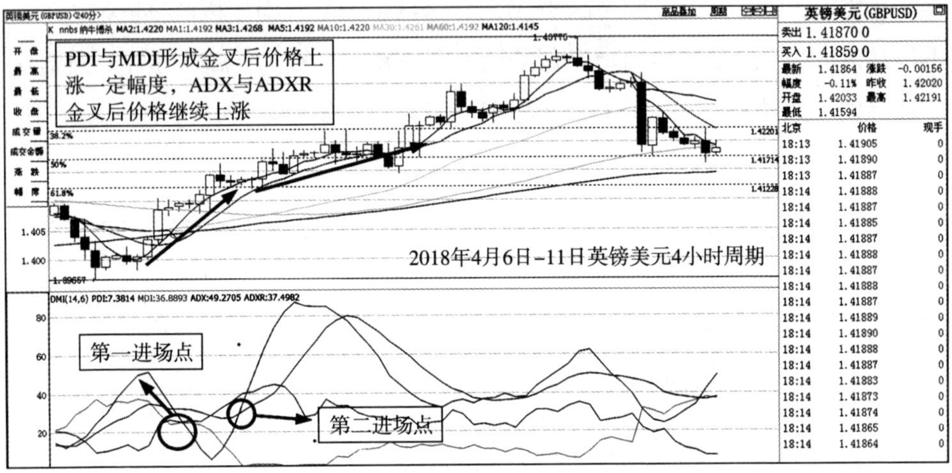

图 8–4

如图8-4，2018年4月6日，英镑兑美元汇率开始在底部企稳，此时DMI指标中PDI线上穿MDI线，发出第一个看涨做多信号，随后汇价开始震荡上涨。一段时间后，随着ADX线不断上行，最终与ADXR线形成金叉，发出第二个看涨做多信号，后期汇价又上涨了一定幅度。

需要注意的是，当ADX与ADXR指标形成金叉时，此时价格已经上涨了一定的幅度。投资者若准备进场做多，一定要关注当前汇价上方的强压力位在哪里，是否距离当前汇价较近，然后再决定是否进场参与交易。DMI线形成二次金叉形态，在发出第一个进场信号时，可以轻仓进场参与交易，设置止损。若交易失败，即以最小的损失离场。若成功，则继续持仓，在发出下一个进场信号后加大仓位。

（4）当 ADX 线位于 PDI 与 MDI 下方，且数值在 20 以下，代表价格处于无方向的震荡阶段，此时投资者应暂时保持观望，或通过其他指标判断盘整是否结束以及未来发展方向。

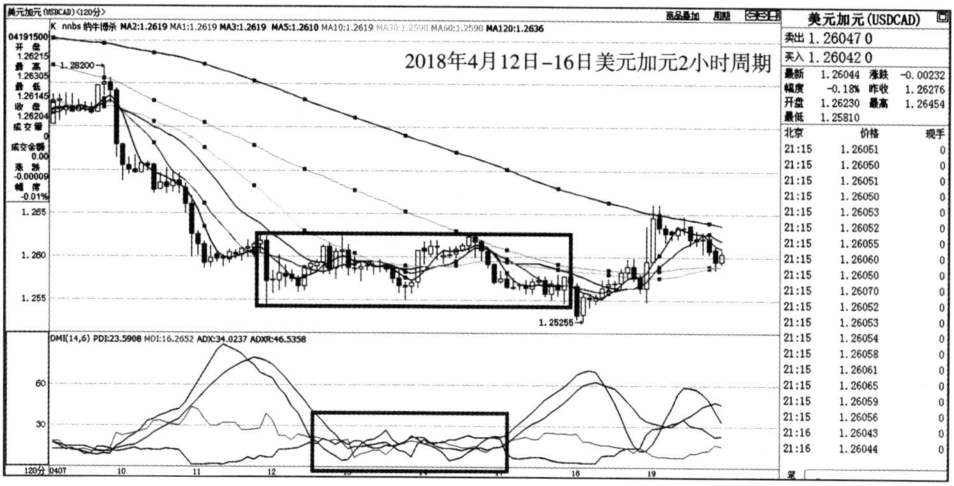

图 8–5

如图 8–5，美元兑加元货币汇率在 2018 年 4 月 12 日到 16 日经历了漫长的低位盘整走势。从对应的 DMI 指标可以看到，PDI、MDI、ADX、ADXR 四个指标线全部横向运行，并且相互交错。通常来说，当 MDI 线出现这样的情况时，说明当前汇率走势处于窄幅整理且没有方向的阶段。在窄幅整理阶段，MDI 指标也就失去了作用，即使后期指标线有所开口，由于其延迟性，利用价值也不是很大。

三、DMI 指标使用注意事项

DMI 指标虽然在判断趋势以及多空力度上具有一定的准确性，但也存在一些缺陷。比如 DMI 指标属于滞后型指标，更适合中线或中长线投资者使用。在短线交易时，DMI 指标的延迟性要大于其他指标，甚至可能当 DMI 指标都已经预示反转了，价格还在保持原有方向。

（1）当 ADX 指标处于 80 甚至 90 以上时，此时不论价格涨跌，都预示着回调或反转的可能，要防止追涨杀跌的风险。

（2）ADX 指标不能作为独立的交易参考，一定要结合其他指标进行综合研判。

（3）PDI 与 MDI 形成金叉或死叉，或 ADX 与 ADR 形成金叉或死叉时，若没有其他指标同时发出进场信号，不要急于操作，应等待进一步的确认。

（4）如果分析模型中已经选择了 DMI 指标，就不需要选择其他趋势指标了。一套分析模型中，每一个功能指标选择一个即可。

第二节　顺势指标（CCI）

一、CCI 指标基本理论

CCI 指标的使用普及率仅次于均线、MACD、KD 这些大众指标，可见该指标对于趋势的研判效果还是不错的。CCI 指标是美国股市技术分析家唐纳德·蓝伯特（Donald Lambert）于 20 世纪 80 年代提出的，专门用来测量股价、外汇及贵金属交易是否已超出常态分布范围，属于超买超卖类指标中较特殊的一种。

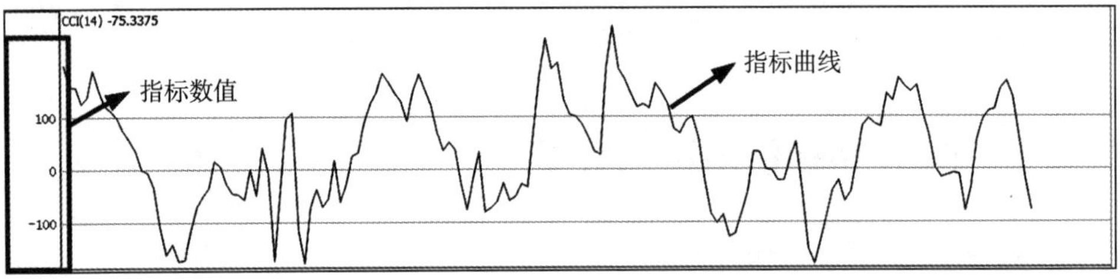

图 8–6

与其他超买超卖型指标相比，CCI 指标有自己的独特之处。像 KD、W%R 等大多数超买超卖型指标，都有“0~100”的上下界限，因此，它们对待一般常态行情的研判比较适用，而对于那些短期内暴涨暴跌的货币对的汇价走势，就可能发生指标钝化的现象。CCI 指标却是波动于正无穷大到负无穷大之间，因此不会出现指标钝化现象，这样就有利于投资者更好地研判行情，特别是那些短期内暴涨暴跌的非常态行情。

CCI 指标专门测量汇价是否已超出常态分布范围，属于趋势指标与超买超卖类指标中较特殊的一种，指标值波动于正无限大和负无限大之间，但是又不需要以 0 轴为中轴线，这一点也和波动于正无限大与负无限大的指标不同。

CCI 指标主要测量脱离价格正常范围的变异性，同时适用于期货商品及汇价。在常用的技术分析指标当中，CCI（顺势指标）是最为奇特的一种。和其他没有运行区域限制的指标不一样的是，它有一个相对的技术参照区域：+100 和 −100。按照指标分析的常用思路，CCI 指标的运行区间也分为三类：+100 以上为超买区，−100 以下为超卖区，+100 到 −100 之间为震荡区，但是该指标在这三个区域当中运行所包含的技术含义，与其他技术指标的超买与超卖的定义是不同的。

首先，在 +100 到 −100 之间的震荡区，该指标基本上没有太大意义，不能对汇率操作提供特别明确的信号，因此它在正常情况下是无效的。这也反映了该指标的特点——CCI 指标就是专门针对极端情况设计的。也就是说，在一般常态行情下，CCI 指标不会发生作用。当 CCI 扫描到异常波动时，要力求速战速决，胜负瞬间分晓，赌输了也必须立刻了结。

在 CCI 指标的固定理论中，当数值在 +100 上方为超买区，在 −100 下方为超卖区。笔者认为这样的界定有些笼统，会误导许多新入市的投资者。因为当数值刚刚超过 +100 时，价格上涨力度正强，此时若投资者以为到达超买区提前进场沽空的话，止损概率是很大的，所以笔者把超买与超卖区域又分为以下三类。

1. 超买区

+100~+150：此区间为强势超买区，价格在此阶段属于多头的强势阶段，是继续看涨的信号。

+150~+200：此区间为高位超买区，价格已经有很大一部分上涨空间，但是可能不会马上展开调整，甚至依旧有所上涨。虽然已经到了高位，但是回调信号不是特别强烈。

+200 以上：当数值到达 +200 以上时，则是严重的超买区域，价格随时可能会回调甚至反转。此时投资者切不可继续追高，要等待其余指标发出空头信号或 CCI 指标反转后，随时参与空头交易。

2. 超卖区

-100~-150：此区间为强势超卖区，价格在此阶段属于空头的强势阶段，是继续看空的信号。

-150~-200：此区间为低位超卖区，价格已经有很大一部分下跌空间，但是可能不会马上展开反弹，甚至依旧有所下跌。虽然此时指标已经到了低位，但是反弹信号不是特别强烈。

-200 以上：当数值到达 -200 以下，则是严重的超卖区域，价格随时可能会反弹甚至反转。此时投资者切不可继续追空，要等待其余指标发出多头信号或 CCI 指标反转后，随时参与多头交易。

二、CCI 指标六种常规用法

CCI 指标最基础的使用方法，是将指标参数与方向进行综合分析，从而得出趋势结论。通常有以下六种用法。

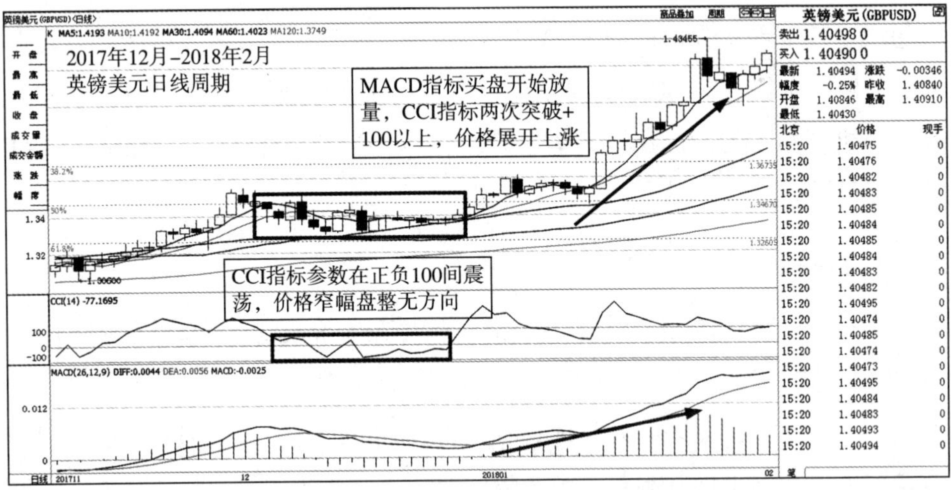

图 8–7

（1）当 CCI 指标曲线在 +100~-100 的常态区间里运行时，指标参考意义不大，可以用 KDJ、MACD 等其他技术指标进行研判。

前面提到，如果 CCI 数值始终在 +100~-100 之间运行，代表价格处于整理阶段，此时 CCI 指标失去作用，CCI 指标更适用于那些异常行情。

如图 8-7，2017 年 12 月，英镑兑美元货币汇率走势图中，CCI 指标与汇率价格一直处于窄幅整理阶段，没有任何信号提示接下来汇价运行的方向。2018 年 1 月开始，英美货币汇率出现买盘不断蓄势且逐渐放大的迹象，汇价也开始震荡反弹。当买盘开始大幅放量且持续增长时，CCI 指标也突破 +100 来到强势超买区域，自此英美货币汇率展开了一波幅度较大的中期上涨行情。

其实许多指标都可以与 CCI 指标配合使用，在此案例中，显示为 CCI 指标与 MACD 指标结合使用。当 CCI 指标处于震荡阶段时，首先关注指标数值先到达超卖区域还是超买区域，然后结合其他指标发出的交易信号进行分析，形成指标共振后，进场参与交易即可。

（2）当 CCI 指标曲线从上向下突破 +100 线，重新进入常态区间时，表明市场价格的上涨阶段可能结束，将进入一个比较长时间的震荡整理阶段。此时应及时卖出多头头寸，开始观望，或购入空头头寸。

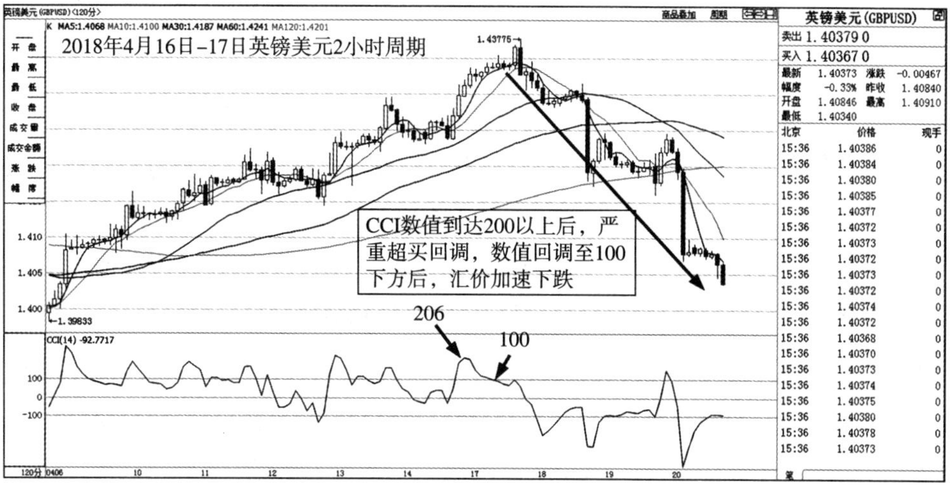

图 8-8

如图8-8，2018年4月16日，英镑兑美元货币汇率走势依旧保持上涨趋势，此时 CCI 指标数值最高到达 206，进入严重的超买区域。按照 CCI 指标理论，价格随时都有可能展开回调，是上涨回调甚至反转的信号。之后 CCI 指标开始拐头向下，但是此时英美货币汇率并没有展开调整，而是继续高位盘整，甚至继续小幅度震荡攀升。当 CCI 指标数值回落到 +100 以下后，汇价才真正构筑顶部，展开反转行情。

在这个实例中可以发现几个问题，首先，CCI 指标线反转的同时，价格可能不会马上开始下跌，而是会有所延迟，所以不必马上进场沽空。当然，如果价格立即下跌，或者其他指标也发出空头信号，提前轻仓布局也是可以的。

其次，在 CCI 指标数值从高位回落至 +100 以下这段时间，有时候价格已经出现了一定程度的下跌，所以投资者可以在 CCI 指标线在高位或严重的超买区开始向下拐头不久后提前进场布局，一旦数值跌至 +100 下方或 -100 下方，可适当增持。

（3）CCI 指标曲线从下向上突破 -100 线重新进入常态区间，表明市场价格的探底阶段可能结束，有可能进入一个盘整阶段或反转上涨走势，投资者可以平仓空单暂时观望，或买入多头头寸。这一条与上一种使用方法是完全相反的，投资者举一反三即可，在此不做具体讲解。

（4）当 CCI 指标曲线从上向下突破 -100，进入另一个非常态区间（超卖区）时，表明市场价格的弱势状态已经形成，将进入一个比较长的寻底过程，可以买入或持有空单，等待更高的利润。如果 CCI 指标曲线在超卖区运行了相当长的一段时间后开始掉头向上，表明价格的短期底部初步探明，可以少量建仓。CCI 指标曲线在超卖区运行的时间越长，确认短期底部的准确度越高。

俗话说“横有多长，竖有多高”。在技术分析中，许多指标都适用，CCI 指标也不例外。

如图 8-9，2018 年 4 月 16 日到 17 日，美元兑日元货币汇率持续下跌，CCI 指标也始终维持在 -100 的数值下运行，这已经算保持了非常久的时间。随着 CCI 指标数值回到合理区间，下跌的汇率才逐渐企稳。当 CCI 数值突破 +100 后，稳定的震荡上涨行情开启。

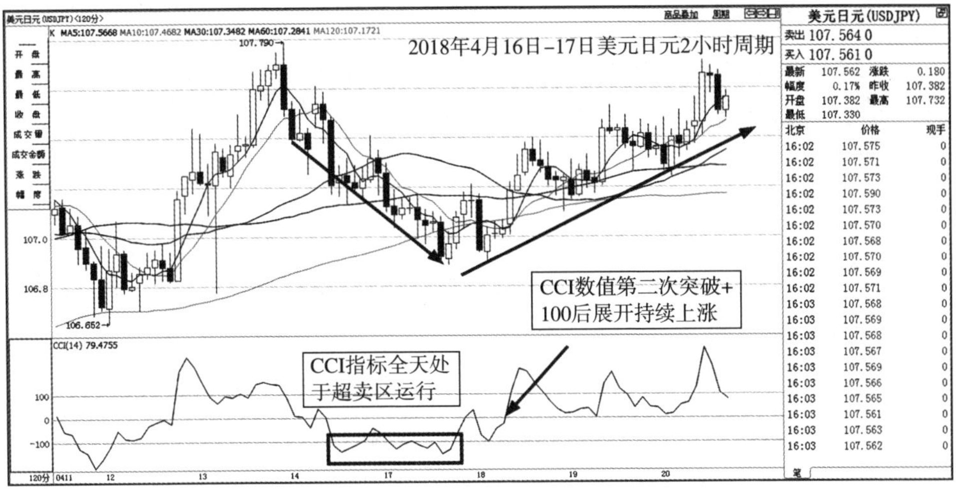

图 8–9

通过此案例，可以总结出以下一些 CCI 指标的使用方法。

①当 CCI 指标在超卖区域，即使没有进一步下跌，价格也可能会保持下跌，所以只要 CCI 指标数值处于超卖区域，对汇价就应该持续保持看空。

②当 CCI 数值在超卖区反弹时，不一定直接涨至超买区，可能会一波三折，中间有所回调。但只要 CCI 数值从超买区回调没有向下跌破数值 0，而且价格继续反弹上涨，则应继续保持看涨，多单也不必立即止损。

③上涨趋势中，多单止损位应设置在数值 0 的下方，下跌趋势空单止损

图 8–10

位应设置在 CCI 数值 0 的上方。

（5）CCI 指标曲线从下向上突破 +100 线而进入非常态区间（超买区）时，表明市场价格已经脱离常态，进入强势状态。如果伴随较大的多头动能，应及时介入多单，成功率将会很大。

（6）CCI 指标曲线从下向上突破 +100 线进入非常态区间（超买区）后，只要 CCI 指标曲线一直朝上运行，就表明价格依然保持强势，可以继续持有待涨。但是，如果在远离 +100 线的地方开始掉头向下时，则表明市场价格的强势状态可能难以维持，涨势可能转弱，应考虑卖出多头头寸，保持观望。如果前期的短期涨幅过大，同时价格回落时交投活跃，则应该立即卖出多头头寸，反手沽空。

三、CCI 指标趋势线形态分析

CCI 指标运行中，指标线也会形成许多形态，比如 M 顶、W 底，或三重顶、三重底，这些形态均代表多空争夺后价格可能出现的趋势。

1.CCI 指标 M 顶与多重顶

当 CCI 曲线在远离 +100 线上方的高位时，如果 CCI 曲线走势形成 M 头或三重顶等顶部反转形态，可能预示着汇价由强势转为弱势，汇价很有可能

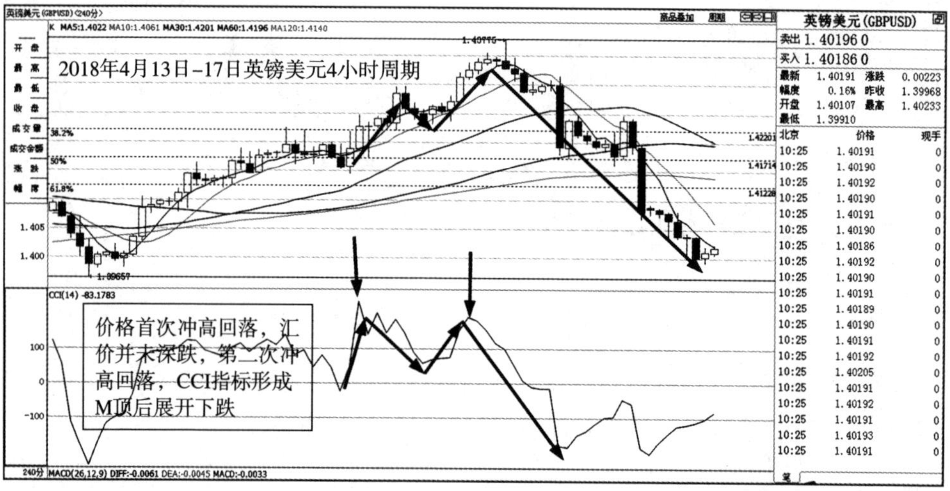

图 8–11

即将大跌，应及时卖出多头头寸并进场沽空。如果汇价曲线或其他指标也出现同样形态，则更可确认，其跌幅可以用 M 头或三重顶等形态理论来研判。

如图 8-11，2018 年 4 月 13 日，英镑兑美元汇率冲高后小幅回调，CCI 指标数值也在 +100 上方回落，但并未跌至负值，随后 CCI 指标与价格再度冲高。虽然此时汇价刷新了高点，但 CCI 指标却并未突破前期新高，所以这是一种价格与指标之间的背离。背离形成后，价格缓缓下跌，CCI 指标再度反转，形成 M 顶形态。当 CCI 指标跌至负值后，汇价开始加速下跌。需要注意的是，CCI 指标的 M 顶或多重顶形态，高点一定是逐渐下移的，具体分析方法与 K 线形态的 M 顶一致。

2.CCI 指标 W 底与多重底

当 CCI 曲线在远离 -100 线下方的低位时，如果 CCI 曲线的走势出现 W 底或三重底等底部反转形态，可能预示着汇价由弱势转为强势，汇价或将反弹向上，可以逢低适当布局多头头寸并平仓持有的空单。如果汇价曲线或其他指标也出现同样形态，更可确认形态的有效性。

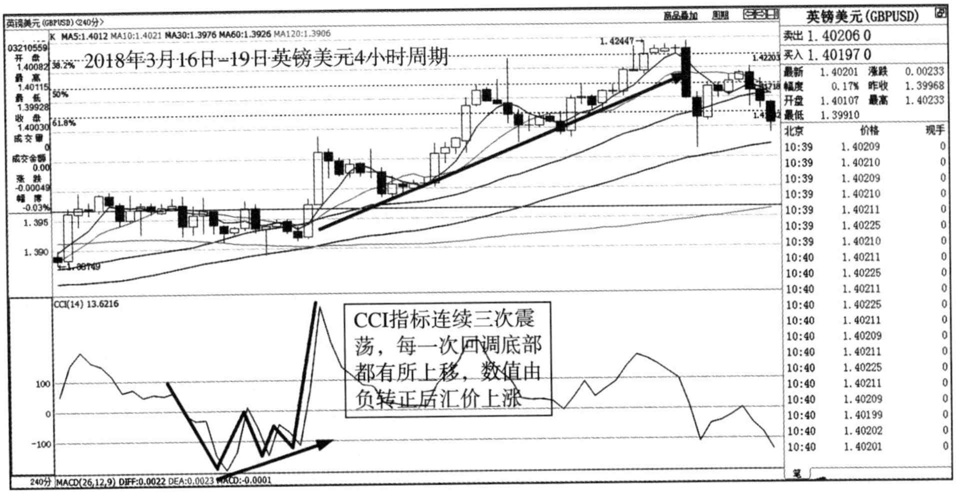

图 8-12

如图 8-12，2018 年 3 月 16 日至 19 日，英镑兑美元汇率在 4 小时周期图中持续盘整。通过价格走势来看，震荡方向是略向下的，但是下方的 CCI

指标却是震荡向上。在三次探底过程中，CCI 指标每一个底部都比前面的底部位置略高。第三次探底回升后，随着 CCI 指标从负值突破 +100，汇率价格开始展开上涨趋势。这种 CCI 指标的多重顶底形态，在分析时要注意 CCI 指标的顶部逐渐下移以及底部的逐渐上移，以及是否与价格形成背离。

第三节　三重指数平滑平均线

一、指标简介及原理

三重指数平滑平均线（TRIX）属于中长线指标，它过滤掉许多不必要的波动，以反映价格的长期波动趋势。

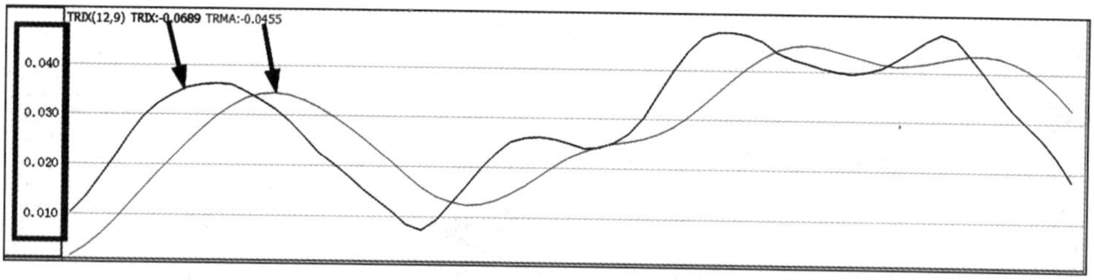

图 8-13

TRIX 指标是根据移动平均线理论，对一条平均线进行三次平滑处理，再根据这条移动平均线的变动情况来预测价格的长期走势。TRIX 指标一方面忽略价格短期波动的干扰，移除移动平均线频繁发出假信号的缺陷，以最大可能地减少主力“骗线行为”的干扰，避免交易过于频繁而造成较大的交易成本和浪费，二则保留移动平均线的效果，凸现股价未来长期的运动趋势，使投资者对未来较长时间内的价格运动趋势有更直观、更准确的了解，从而降低投资者深度套牢和跑丢“黑马”的风险。对于稳健型的长期投资者来说，TRIX 指标可以给实战提供有益的参考。

二、TRIX 指标基本用法

TRIX 指标属于中长线技术指标，其最大的优点是可以过滤掉短期波动的干扰，避免频繁操作带来的失误和损失，因此 TRIX 指标最适合对中长期行情走势进行研判。

在分析软件上，与 MACD 指标类似，TRIX 指标也有两条线，一条线为 TRIX 线，另一条线为 TRMA 线。TRIX 指标的一般研判方法主要集中在 TRIX 线和 TRMA 线交叉情况的考察上，其基本分析内容如下。

（1）当 TRIX 线从下向上突破 TRMA 线形成金叉时，预示着价格开始进入强势拉升阶段，投资者应及时买入多头头寸。

（2）当 TRIX 线向上突破 TRMA 线后，TRIX 线和 TRMA 线同时向上运动时，预示着汇价强势依旧，投资者应坚决持有多单，抛出空单。

（3）当 TRIX 线在高位走平或掉头向下时，可能预示着汇价强势阶段即将结束，投资者应密切注意汇价的走势。一旦 K 线图上价格出现大跌迹象，投资者应及时平掉多单，转而购入空单。

（4）当 TRIX 线在高位向下突破 TRMA 线形成死叉时，预示汇价强势上涨行情已经结束，投资者应平仓多单观望或进场沽空。

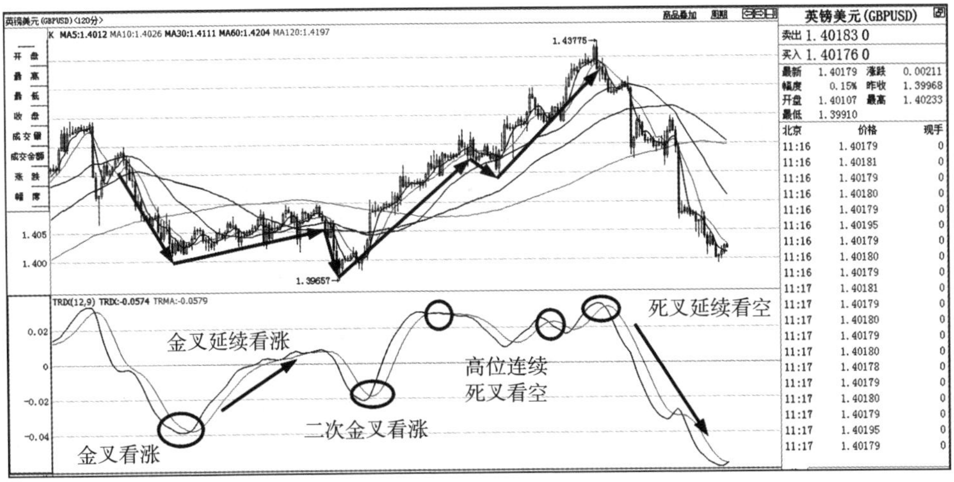

图 8-14

（5）当 TRIX 线向下突破 TRMA 线后，TRIX 线和 TRMA 线同时向下运行时，预示着汇价弱势特征依旧，投资者应继续持有空单。

（6）当 TRIX 线在 TRMA 线下方向下运动很长一段时间，并且汇价已经有较大的跌幅时，如果 TRIX 线在底部有走平或向上勾头迹象，一旦汇价在较强劲的多头动能推动下向上攀升时，投资者可以卖出空单，转而做多。

（7）当 TRIX 线再次向上突破 TRMA 线时，预示着价格将重拾升势，投资者可及时进场做多或继续持有多单。

（8）TRIX 指标不适用于对盘整行情的研判。

三、TRIX 与价格组合

TRIX 指标是辅图指标的一种。之所以称为辅图指标，一是该指标在主图下方单独展示，不能与主图叠加。二是作为辅助应用，不能仅仅依据该指标进行交易，必须要结合价格或其他指标进行交易决策。在指标与价格结合分析的过程中，可以对 TRIX 的基本使用方法认识得更加深刻。

（1）当价格经过很长一段时间的下跌后，TRIX 线开始向上突破 TRMA 线时，表明市场汇价即将转强，汇价跌势已经基本结束，或将止跌向上，可以开始试探性地布局多单，进行中长线建仓。这是 TRIX 指标黄金交叉的一种形式。

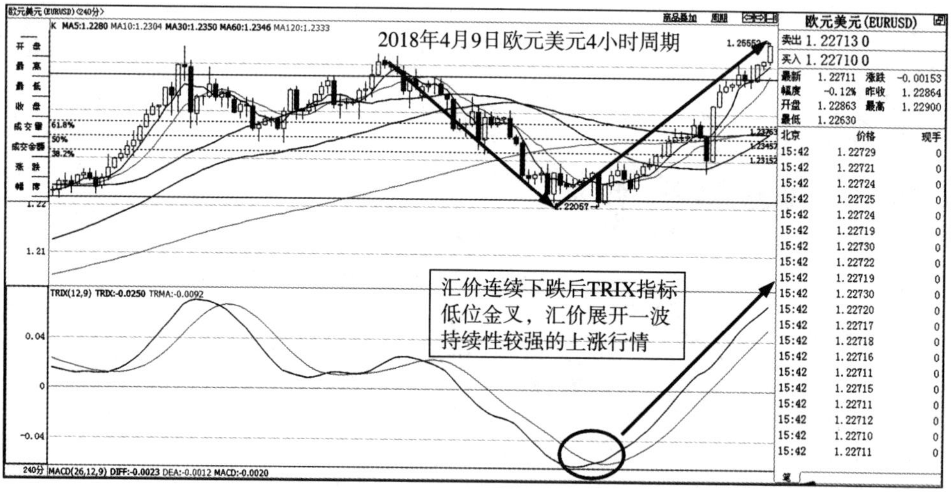

图 8-15

如图 8-15，当价格持续下跌时，TRIX 指标双线也会持续向下运行。当价格企稳，也会带动指标线在底部形成金叉。当 TRIX 指标完全反转时，价格也开始展开一波持续性的上涨。这是 TRIX 指标最基本的用法。但是如果投资者缺乏经验，使用时还是会出现一些错误，在此提醒投资者，要重点注意一些使用上的问题。

操作要点如下。

① TRIX 指标底部形成金叉后，直接导致行情反转的只是少数，通常会在底部形成 2~3 次的反复金叉后，才会展开真正的反转行情。

② TRIX 在底部首次出现金叉后，如果看涨行为并不特别明显，可以继续观望，或轻仓布局多单。价格直接上涨或形成 2~3 次金叉后，再适当进行补仓。

③虽然 TRIX 指标值没有特别的应用，但从经验来看，当指标值在 -0.4 下方形成金叉，做多的成功率会更高一些。

④当 TRIX 指标值在 0 线附近反复金叉或死叉，对后市的信号作用不明显。

（2）当汇价经过一段长时间的上升行情后，在涨幅已经很大的情况下，一旦 TRIX 线向下突破 TRMA 线时，表明市场趋势即将在高位形成反转，汇率价格有可能在高位见顶并且回调甚至反转，这时应将手中多单平仓并考虑

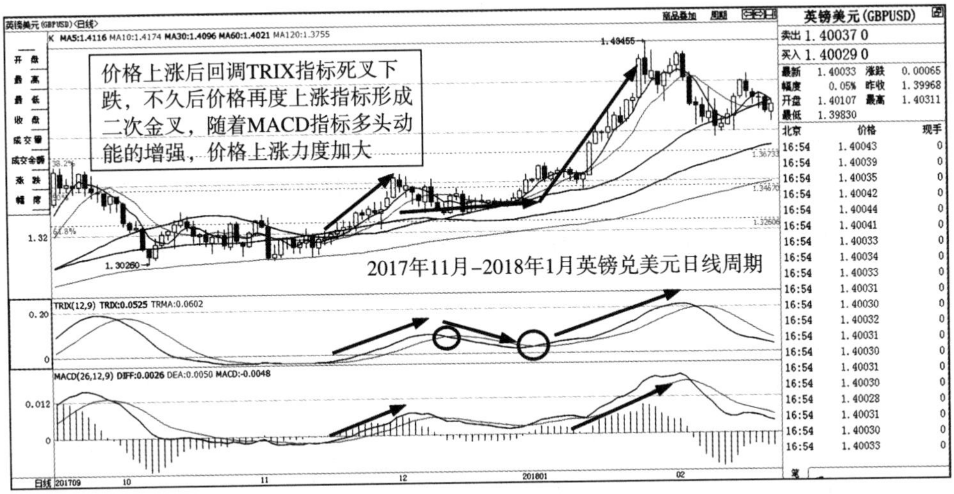

图 8-16

布局空单，这是 TRIX 指标死亡交叉的一种形式。这种指标应用方式与第一条完全相反，所以在此不做详细介绍。

（3）汇率价格在上升过程中经过一段盘整行情后，TRIX 线开始再次向上突破 TRMA 线，多头动能再度放大时，表明市场依旧处于强势之中，汇价将再次上涨，可以继续增持多单或持有多单待涨，这是 TRIX 指标与其他指标结合研判的一种形式。

如图 8-16，2017 年 11 月份开始，英镑兑美元汇率开始小幅上涨，TRIX 指标金叉后震荡上行。虽然上涨行情延续了一段时间，但累计涨幅并不大，属于震荡上涨。随后指标形成死叉，价格开始震荡回调，但是不论价格还是指标下跌的力度都不强，随即展开了半个交易月的盘整格局。

在盘整期间，虽然 TRIX 指标还在小幅度下行，但汇率价格并没有下跌，均为小阴线、小阳线或十字星的盘整走势。当 TRIX 指标再度形成金叉，价格突破前期高点，且 MACD 指标的买盘动能开始放大时，随后展开了一波持续性的大幅上涨行情。

许多指标出现二次金叉或二次死叉的准确率都会更高一些，因为如果能形成二次或三次金叉或死叉，往往说明市场方向更为强烈，给投资者的交易信心更大，所以上涨或下跌的力度更强。

汇价下跌时的基本分析与上涨相反，若下跌时汇价盘整，当 TRIX 指标二次形成死叉且卖盘力度增强，即是沽空信号了。

（4）汇价经过一段时间的下跌后，反弹过程中多头动能明显乏力，各种均线或其他技术指标对汇价形成较强的压力时，一旦 TRIX 线再次向下突破 TRMA 线时，表明市场将再次进入极度弱市中，汇价还将下跌甚至下跌力度更强，投资者可以卖出多单转为空头，或始终持有空头头寸，这是 TRIX 指标死亡交叉的另一种形式。

如图 8-17，2018 年 2 月 2 日，美元兑日元货币汇率在反弹过程中遇到 MA120 均线的压力，随后滞涨，开始小幅回调。2 月 6 日，TRIX 指标也在高位形成死叉。汇价盘整一段时间后形成二次死叉，随后拉开了汇价中短期下跌的序幕。

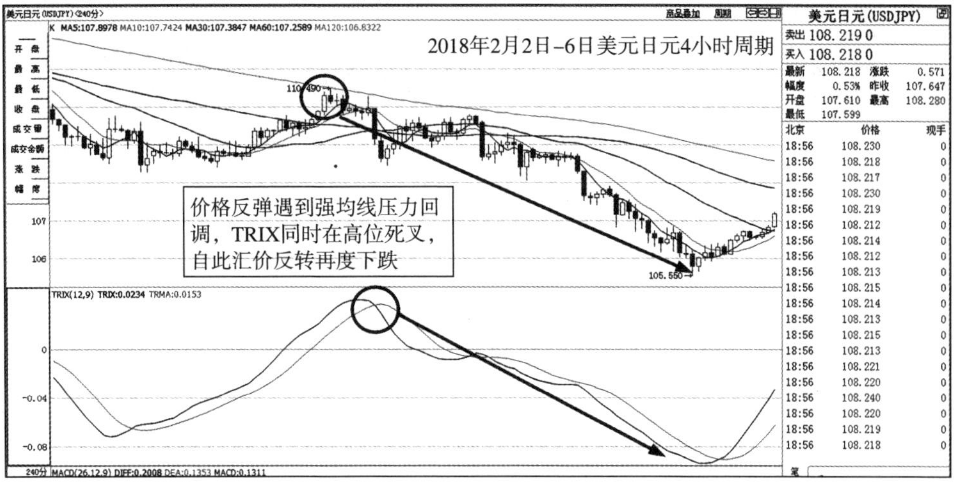

图 8–17

当 TRIX 指标形成死叉时，如果其他指标刚好也发出了沽空的信号，那么准确性更强。此外，如果汇价刚好遇到一些比较强的技术压力，也会起到同样的作用。相反，如果价格在下跌时遇到较强的技术支撑，当 TRIX 出现低位金叉，也是非常明确的看涨信号。

本章学习的所有趋势指标，都是目前市场中使用率较高的。之所以使用率高，说明其准确性较好，得到更多投资者的认可。对于一些比较冷门的指标，投资者可以在自己的交易模型完善后适当接触，但建议不要轻易使用，一定要经过长时间的交易验证，才能用于实战交易。

第九章 技术分析之震荡指标

震荡指标的表现形式就是指标值在设定的水平值之间或围绕一个中心线上下波动。震荡指标是技术分析中不可缺少的一项指标，但是震荡指标数量较多，MT4软件中有近20种，本章主要对4种常用指标进行讲解。

第一节 震动升降指标（ASI）

一、ASI 指标介绍

震动升降指标（ASI）由威尔斯·威尔德所创。ASI 指标以开盘价、最高价、最低价、收盘价与前一交易日的各种价格相比较作为计算因子。ASI 指标是常用的震荡指标之一，只有一条指标线，所以用法也十分简单。ASI 指标也是为数不多的提前型指标，因为许多时候 ASI 指标会提前于价格发出看涨或看空的信号。

图 9–1

二、ASI 指标的基本用法

（1）ASI 指标有时与价格同步，但有时也会提前反应，投资者可以等待

ASI 指标提前于价格发出趋势信号时建仓交易。若 ASI 指标突破前期高点或低点，那么后期价格也很有可能会形成相同方向的突破。

当价格处于高位回调阶段时，交易风险是最大的，因为你很难确认价格回调后继续上涨，还是就此反转展开下跌趋势，这时候 ASI 就可以发挥出最核心的作用了。

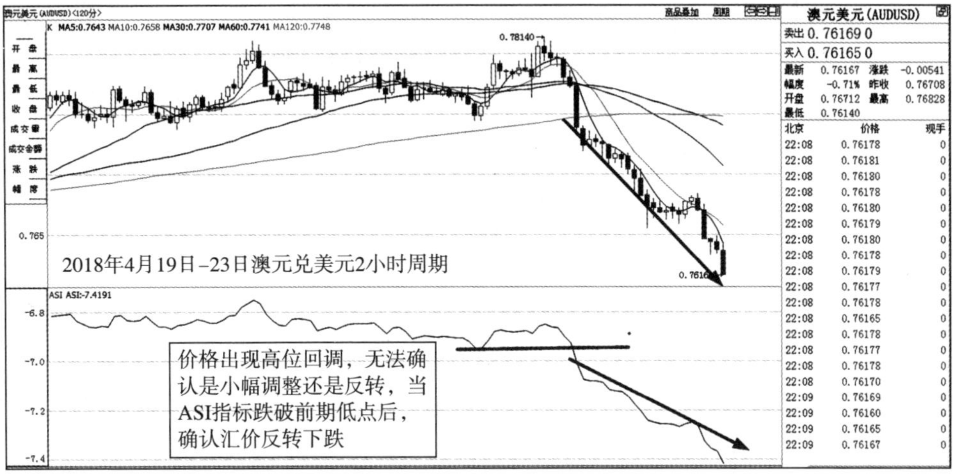

图 9–2

图 9–2 中，澳元兑美元货币在 2018 年 4 月 19 日前都是在上涨或高位横盘，虽然价格略有回调，ASI 指标也拐头向下，却并不能确认后期汇价的走向。当 ASI 指标曲线跌破前期低点后，方向就比较清晰了，此后价格也开始了连续且持续的下跌走势。就在截取这幅走势图时，价格还在不断地刷新低点。需要注意的是，如果价格与 ASI 指标一直朝着一个方向运行，ASI 指标并未拐头，那么就代表趋势尚未结束，投资者不可逆势交易。

（2）当汇价上涨遇到比较强的压力时正在蓄势突破，此时 ASI 指标曲线率先或与价格同步突破前一高点，说明盘整蓄势结束，价格有望展开加速上涨行情，是后市看涨信号，应积极参与多头交易。相反，当汇价受到较强支撑时准备破位，此时 ASI 指标曲线率先或与汇价同步跌破前期低点，说明盘整或已结束，价格有望破位后加速下跌，是后市看空信号，投资者可适当进场参与空头交易。

下面以价格下跌为例进行讲解。

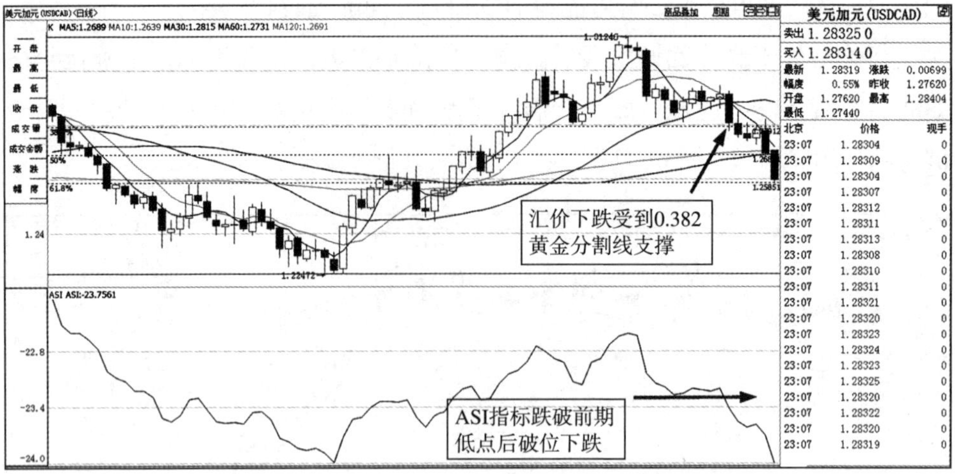

图 9-3

如图 9-3，2018 年 4 月 3 日，美元兑加元汇价在下跌过程中遇到黄金分割线 0.382 的强支撑位久攻不下，但是从 ASI 指标来看，指标曲线已经跌破前期低点。在这种情况下，次日价格确认破位后，即可进场参与沽空，并且只要 ASI 指标一直保持下跌状态，即可始终持有空单以获取更高的收益。相反，当价格上涨时遇到强支撑，如果 ASI 指标突破前期高点，随后价格也突破压力位并确认突破有效，可进场参与多头交易。

三、ASI 指标的其他使用方法

1. 假突破与顶背离

当汇价的上涨走势一波高于一波时，ASI 指标却出现了逐波回调的走势，汇价与 ASI 指标形成顶背离，此时投资者应平仓多单转而沽空。在价格突破上方技术压力位时，ASI 指标却并未突破前期高点，则为虚假突破，同样是沽空信号。此用法是基于汇率价格的走势与 ASI 指标不同步或相反的情况，发出对后市的交易信号。

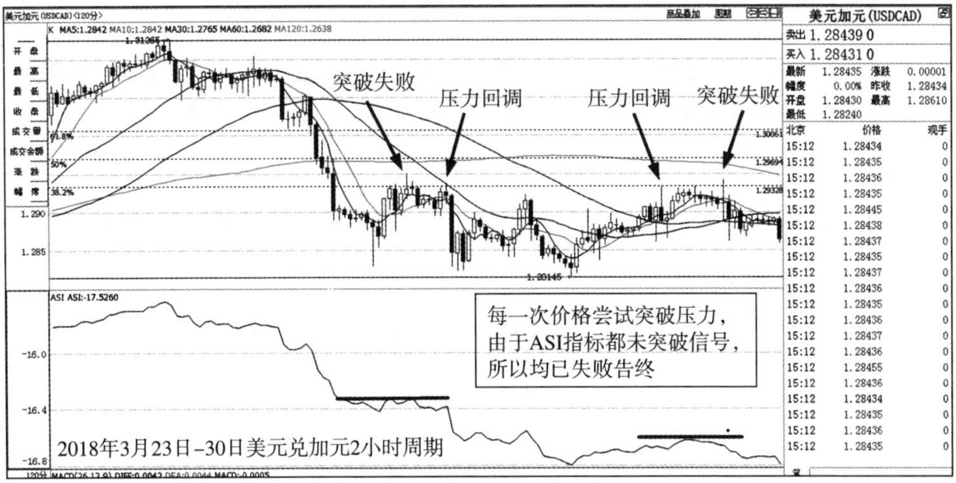

图 9-4

如图 9-4，2018 年 3 月 23 日至 30 日期间，美元兑加元 2 小时周期图中，汇价在底部位置连续向上反弹，共 4 次尝试突破 0.382 的黄金分割线，最终均以失败告终。4 次突破失败的共同原因，全部是因为 ASI 没有突破前期高点，形成汇价与 ASI 指标的背离。其中两次在盘中已经突破压力位，但是同样因为 ASI 指标没有突破，形成虚假突破，最终价格回落到压力位的下方。

在交易过程中，价格会不断地遇到压力位置。并不是每个压力位都会有效阻止价格的上涨，实际上都存在着一定的突破可能。另外，投资者也不要发现价格突破马上进场追空，对于没有确认的突破走势，后期汇价随时都有可能冲高回落至压力位下方，造成突破失败，更严重的可能会展开幅度更强劲的下跌行为，所以通过各种技术手段确认突破是很重要的。

2. 假突破与底背离

当汇率价格展开下跌行情时，低位被不断刷新，但 ASI 指标却出现了止跌回升的走势，此时汇价便与 ASI 形成了底背离，底背离为底部企稳看涨信号。出现底背离，投资者应及时平仓手中的空单，进行观望或抄底做多。

当汇价跌破下方技术支撑时，ASI 指标却并未跌破前期低点，则为假突破。假突破同样预示着价格随时会企稳反弹，是看涨信号。此用法同样是基于汇价走势与 ASI 指标不同步或相反的情况，是对后市发出的交易信号。

假突破与底背离同上一条用法相反，在此不做详细介绍。

需要注意的是，ASI指标为震荡指标，主要作用是判断盘整后的价格趋势，以及单边行情的持续能力与支撑、压力的判断。ASI指标最好能结合趋势指标或其他指标共同分析，比如价格在下跌或破位的时候，ASI指标处于空头信号中，如果CCI指标也在-100下方持续运行，则更说明问题。或者汇价向下破位后，为了判断ASI指标信号的有效性，发现CCI指标已经从正值跌至负值，或已经跌至-100下方，则价格破位成功的概率会加大。指标之间的组合有许多种，每一位投资者都要有自己的分析组合模型。

第二节　麦克支撑压力指标（MIKE）

一、MIKE指标简介

麦克支撑压力指标（MIKE）是一种根据股价波动幅度大小而变动的压力

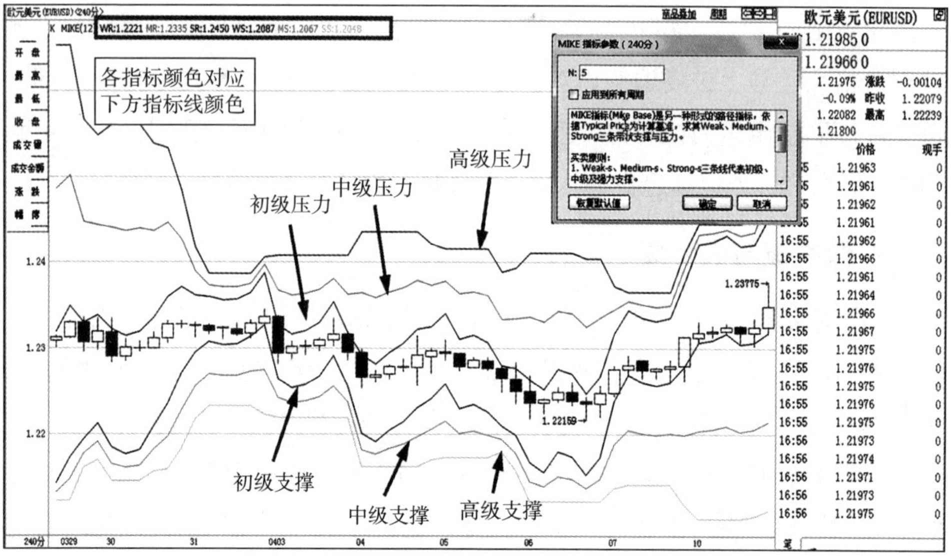

图 9-5

支撑指标，设有初级、中级、强力三种不同级别的支撑和压力，用图标方式直接显示压力、支撑的位置。麦克支撑压力指标与布林指标基本相似，随着价格的变化而变化，能有效地预测价格未来上涨或下跌的可能空间。

在分析软件上，MIKE 指标是由六条线组成，其分析方法主要是围绕着这六条线之间的关系展开。以日 MIKE 指标为例，其方法主要是将每一个交易日的数值以连线的方式在图表上画出来，得出六条线，构成三条通道：WR 与 WS 构成窄通道，MR 与 MS 构成中间通道，SR 与 SS 则构成一个相对宽阔的通道，直观地反映压力、支撑位置。

麦克指标的研判标准如下。

（1）MIKE 指标共有六条曲线，上方三条压力线，下方三条支撑线。

（2）当汇价脱离盘整，朝上涨的趋势前进时，汇价上方三条压力线作为压力参考价，下方支撑线不具有参考价值。

（3）当汇价脱离盘整，朝下跌的趋势前进时，汇价下方三条支撑线作为支撑参考价，上方压力线不具有参考价值。

在具体运用中，投资者应注意，MIKE 指标所示的压力、支撑仅为参考价位，与汇价真正达到的顶部或底部价位误差较大，投资者应结合其他技术分析方式进行综合判断。此外，除了初级数值，MIKE 指标列示的压力、支撑价格，在很多情况下与当前价格存在较大差距，特别是在持续上升或下跌行情中，其通道也会随之以较快的速度向上或向下扩张，削弱了对短线行情的指导作用。

二、MIKE 指标的使用

（1）价格脱离盘整展开上涨的过程中，汇价沿着 WS 线向上运行，上方三条指标线为强压力。

如图 9-6，2018 年 3 月 23 日，欧元兑美元汇率逐渐摆脱震荡趋势，WS 线开始向上运行。此时如果有叠加均线指标的话，可以发现均线系统也在向上伸展。汇率价格沿着 WS 线震荡上行，当 WS 线开始走平拐头且价格遇到上方 WR 线压力后，开始小幅回调滞涨。MIKE 指标所有指标线都会随着价格的变化而变化，很少横向运行，所以会出现忽涨忽跌的现象。

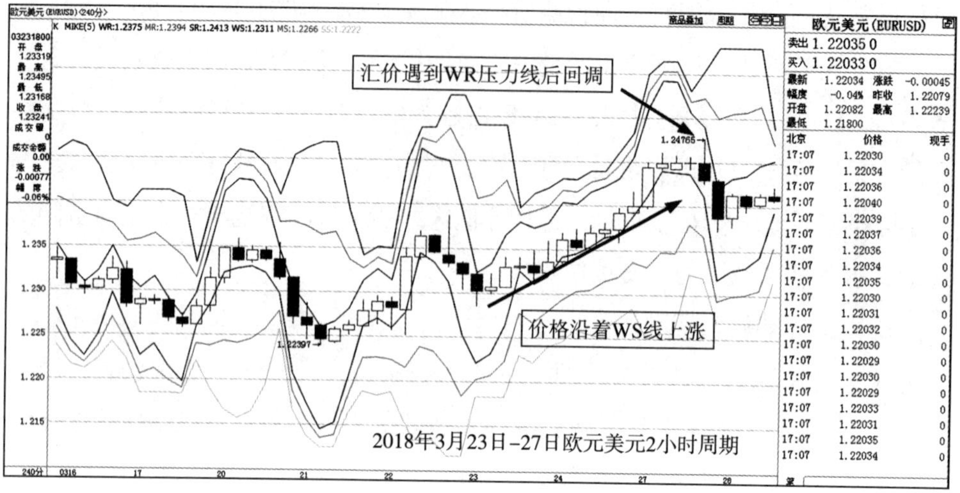

图 9–6

操作要点如下。

①要判断价格是否脱离盘整区域。当 MIKE 指标线开始向某一方向运行时，均线也必须同向运行。

②汇价上涨时，只要 WS 指标线始终向上，多头即可进场或持仓。

③当 WS 线准备拐头向下或价格遇到上方 WR 线的压力，是多头离场或空头进场的信号。

④上涨时，价格很难触碰到 SR 指标线最强压力，所以 WR 可作为第一多单止盈点，MR 作为最终多单止盈点。

⑤若逢高沽空，WR 作为空单初次进场点，MR 作为空单补仓点，MR 上方 200~300 点位置作为空单止损点。

（2）当价格脱离盘整区域，汇价随着向下持续延伸的 WR 指标线运行时，下方的三条指标线为价格的支撑位。

如图 9–7，2018 年 4 月 9 日，美元兑加元汇率价格沿着 WR 指标线持续下跌，均线系统也处于空头排列走势中，此时 MIKE 指标下方三条指标线为价格支撑位。4 月 11 日，价格盘整后再度快速下跌，当汇价跌至 MIKE 指标

WS 线时探底回升，随后价格止跌企稳。

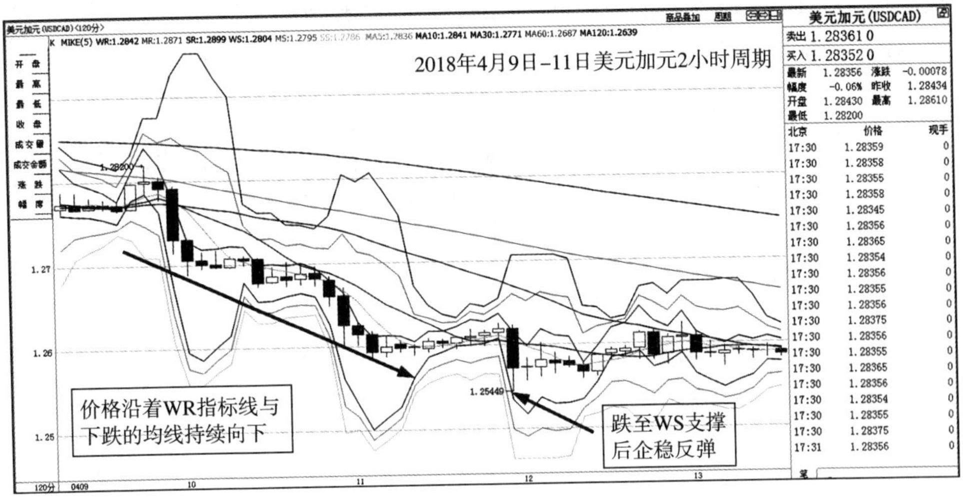

图 9–7

操作要点如下。

①汇价若持续沿着 WR 指标线下跌，是下跌持续信号，空单可继续持有。

② WR 指标线止跌或反转向上，是空单离场信号。若其他指标同时发出看涨信号，可逢低做多。

③汇价持续下跌，WS 指标线为第一止盈点，MS 线为最终止盈点。

④若逢低做多，WS 为第一建仓点，MS 指标线为补仓点，MS 线下方 200~300 点为止损位（是否需要补仓根据 WS 与 MS 之间的空间决定）。

（3）开口背离修复。

正常情况下，汇价会在 MIKE 指标的 WR 线与 WS 线之间的一定范围内运行，而 WR 与 WS 两条指标线之间的距离不会出现太大幅度的偏差。如果两条线之间的空间过大，如 WR 急速上涨或 WS 急速下跌，就会与价格渐行渐远，产生背离。背离严重的后果，就是价格终止当前的方向，见顶或见底，然后反方向运行，直到 WR 或 WS 指标线重新接近价格。

如图 9–8，从美元兑加元 2018 年 4 月 18 日至 24 日的区间走势来看，共出现过 4 轮价格上涨。每一轮上涨都有一个共同点，就是当价格快速拉高后，MIKE 指标的所有压力位全部大幅度上涨，并与下方 K 线出现较大的缺口空间，形成背离。当背离达到一定程度后，上涨力度会逐渐放缓。直到所有压力位置下移，与K线回到良性的空间距离后，才会展开新的行情。

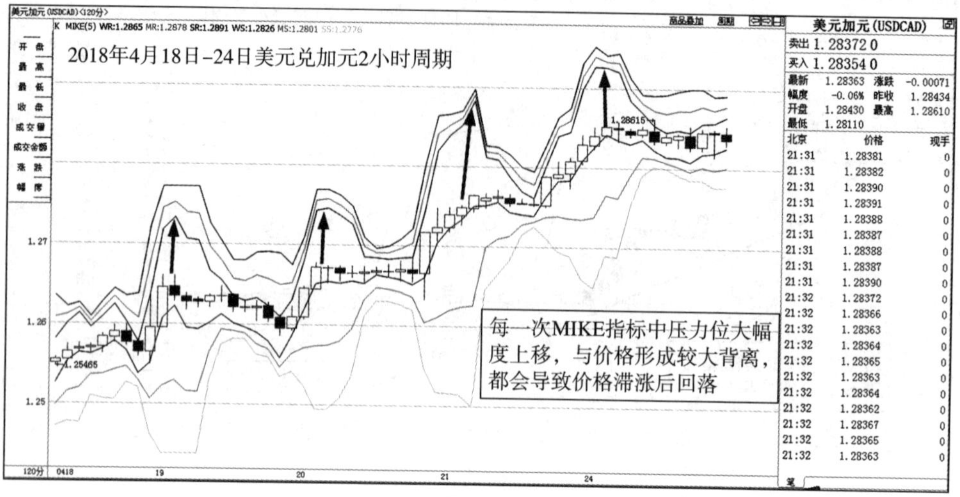

图 9-8

即使是单边行情，MIKE 指标出现背离，也会先修复再走单边行情。

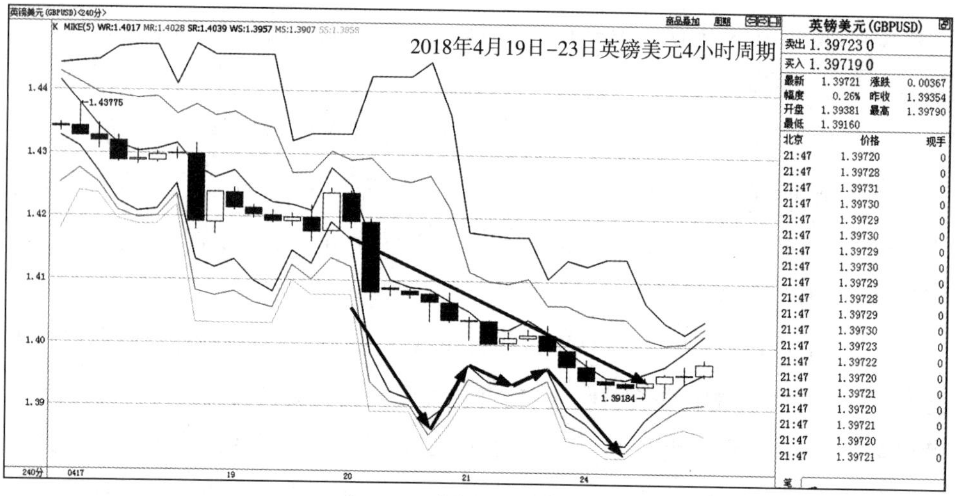

图 9-9

如图 9-9，从 4 月 19 日至 23 日期间英镑兑美元 2 小时的走势图来看，虽然价格确实是单边下跌走势，但下跌期间MIKE指标出现过明显的技术背离。背离后汇价下跌力度有所减缓，所有支撑会适当向上移动以修复背离。当修复到一定程度后，会再度展开下跌，单边行情总是这样周而复始地进行。

操作要点如下。

①单边行情中出现价格背离，即使不会回调，也会暂停原有方向的运行，投资者可暂时减仓或离场，等待重新回到单边行情后再进场交易。

②价格与MIKE形成背离后，并不一定会导致价格反转。若准备反向交易，可以关注其他指标是否发出同样的信号。

③若背离后进行反向交易，如果连续几根K线没有获利，可选择及时离场。如价格上涨，出现大幅背离，进行沽空交易后，若几根K线都没有获利，可在价格还未到达止损目标前离场。

④背离后的反向交易，一般要短线交易，不可长时间持仓。获利后一旦背离已经修复，应及时离场。

第三节　黄金分割线

黄金分割线也叫做斐波那契回调线，是笔者认为最好用的切线指标以及震荡指标，它能够清晰地判断价格上方的压力以及下方支撑，对价格窄幅、宽幅以及回调时的具体价位给出了非常明确的信号，希望每位投资者都能够很好地掌握该指标。黄金分割线的画法以及使用方法十分简单，但作用是很明显的。

一、黄金分割线介绍

黄金分割理论是一种古老的数学理论。黄金分割的创始人是古希腊的毕达哥拉斯，他在当时十分有限的科学条件下大胆断言：一条线段的某一部分与另一部分之比，如果正好等于另一部分同整个线段的比即0.618，那么，这样的比例会给人一种美感。后来，这一神奇的比例关系被古希腊著名哲学家、美学家柏拉图誉为“黄金分割律”。黄金分割线的神奇和魔力，在数学界还没有明确定论，但它屡屡在实际中发挥出意想不到的作用。

这些历史不必过多叙述，下面来说说黄金分割的精髓。黄金分割的最基本公式，是将1分割为0.618和0.382。在1、1、2、3、5、8、13、21、34、55、89、144……这组数列中，数列中任一数字都是由前两个数字之和构成，前一数字与后一数字之比，趋近于一个固定常数，即0.618，后一数字与前一数字之比例，趋近于1.618，而1.618与0.618互为倒数，其乘积约等于1。任一数字如与后两数字相比，其值趋近于2.618。如与前两数字相比，其值则趋近于0.382。理顺下来，上列奇异数字组合除能反映黄金分割的两个基本比值0.618和0.382以外，尚存在下列两组神秘比值，即：

（1）0.191、0.382、0.5、0.618、0.809

（2）1、1.382、1.5、1.618、2、2.382、2.618

黄金分割线是金融投资市场中最常见、最受欢迎的切线分析工具之一，实际操作中，主要运用黄金分割来揭示上涨行情的调整支撑位或下跌行情中的反弹压力位。不过，黄金分割线没有考虑到时间变化对汇价的影响，揭示出来的支撑位与压力位较为固定，投资者不知道什么时候会到达支撑位与压力位。如果指数或汇价在顶部或底部横盘运行的时间过长，则其参考作用要打一定的折扣。

二、黄金分割线的用法

黄金分割线的画法十分简单，主要分为以下三个步骤。

（1）熟悉黄金分割率。在外汇市场中，黄金分割率主要应用的是0.618、0.5、0.382，其余分割率可根据情况自己选择。

（2）选取一个价格走势周期：选择在一个周期画黄金分割线，决定该周期所有黄金分割线对价格的影响力度即持续性。

（3）选取一个波段：黄金分割率可以是在价格出现了一个完整的波段后选取高低点进行画线，也可以在价格出现反转后用公式计算支撑或压力。

图9-10中这种画法是在已知一波行情的最高点与最低点后，经过计算后得出一组黄金分割率，这些系统自动换算出的位置，即是未来价格反弹、回

调过程中的强支撑与压力位。这些黄金分割率出现在时间越久、幅度越大的价格波段之中，支撑与压力的效果会越强。如果已知价格的顶部，却未形成底部，或已知价格底部，却未涨至顶部，也可以通过公式得出黄金分割率对应的汇率价位。

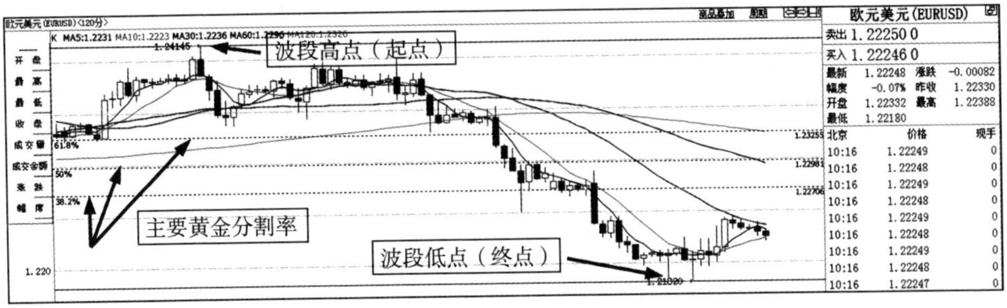

图 9–10

1. 找支撑点

第一黄金点：6124 点 ×0.809=4954 点

第二黄金点：6124 点 ×0.618=3785 点

第三黄金点：6124 点 ×0.5 =3062 点

第四黄金点：6124 点 ×0.382=2339 点

第五黄金点：6124 点 ×0.191=1170 点

2. 找压力点

第一黄金点：1665 点 ×1.191=1983 点

第二黄金点：1665 点 ×1.382=2301 点

第三黄金点：1665 点 ×1.5=2498 点

第四黄金点：1665 点 ×1.618=2694 点

第五黄金点：1665 点 ×1.809=3012 点

这种在未知高点或低点的前提下进行黄金分割率对应价位的计算方式比较简单，能够快速判断出未来价格的支撑压力位，但空间幅度较大，价格需要运行相当长的时间才能够到达，不适合进行短线交易。此外，由于现货、外汇本身具有一定价值，不会出现巨大的上涨或下跌行情，所以一般第四或第五黄金点都不会到达，这种黄金分割线的使用公式更适合股票市场。

3. 帝纳波利折返点

《帝纳波利点位交易法》是笔者看过的为数不多的一本分析技巧类图书，其中最吸引笔者的就是黄金分割率的使用技巧。在所有的黄金分割率中，帝纳波利独爱 0.618、1.618 两个数字，通过计算公式，可以清晰地判断出未来价格的强弱支撑与压力，在此先简单介绍，后面还会有详细的讲解。

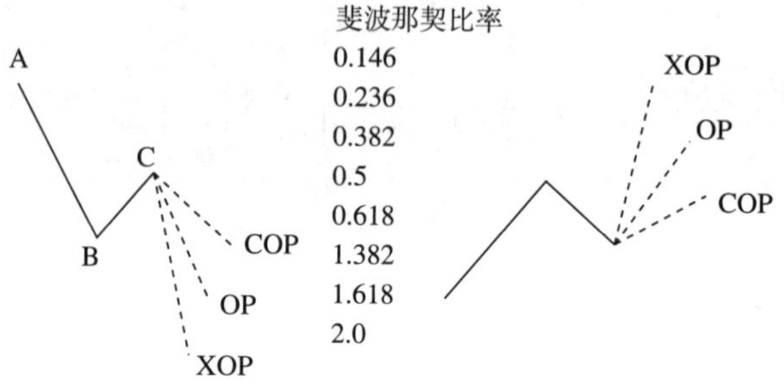

图 9-11

目标点位计算公式：

目标点（OP）=B-A+C

收缩目标点（COP）=0.618×（B-A）+C

展开目标点（XOP）=1.618×（B-A）+C

这些公示用来计算价格运行的目标位，投资者可以将价格图中的 C 点顺着虚线位置延伸，代表未来价格的支撑或压力。这三个目标价位极有可能是汇价的顶部或底部。

OP 代表目标点（Objective Point）。COP 代表收缩目标点（Contracted Objective Point），因为它是三个目标中最小的一个。XOP 代表展开目标点（Expanded Objective Point），它是距离 C 点最远的一个目标位。

三、黄金分割线的实战应用

黄金分割线可以在任何一个 K 线周期图中应用，当然越长的 K 线周期选取的波段幅度越大，黄金分割率对应的汇率价位支撑或压力的效果越强。比如一个波段区间为800点，形成的支撑或压力被突破的概率为30%。如果这个波段区间为1800点，每一个支撑或压力之间的空间变大，支撑或压力效果变强，可能被突破的概率只有20%。虽然黄金分割线可以应用在任何一个时段，不过建议投资者尽量在1小时以上的周期使用，这样准确率相对较高，进行交易时安全性也有保障。

1. 黄金分割寻点位

利用黄金分割线寻找价格的支撑与压力位，是最基本的使用方法。将一个波段的最高点与最低点相连，系统会自动换算出黄金分割率，黄金分割线对应的价位，就是汇价的支撑与压力位。这里要提前说明的是，选择的高点与低点最好要相对明确，比如高位是冲高回落的长上影线，低位为探底回升的长下影线。

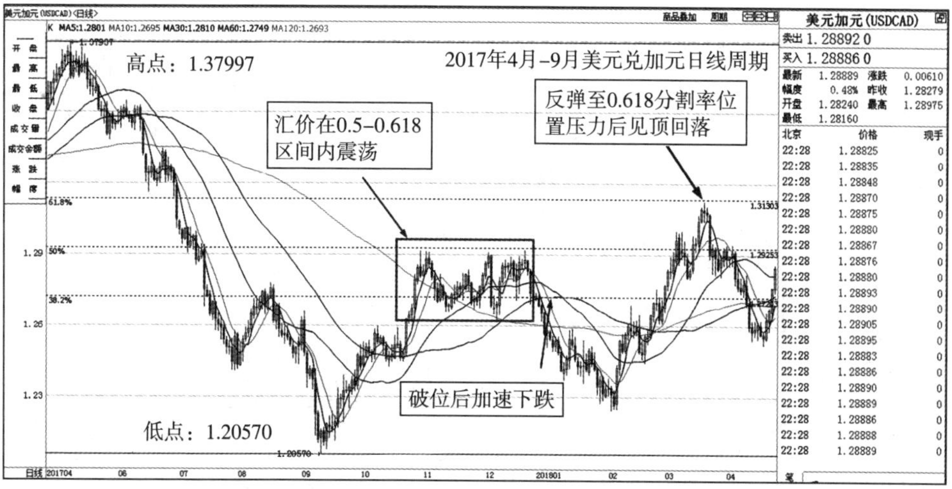

图 9-12

首先以日线长线周期为例，如图9-12，选取了2017年4月至9月期间美元兑加元日线周期的一段中长期下跌趋势。在这一波段中，汇价的最高点为1.37997，最低点为1.20570，其波段空间为17427点。将这一波段的最高点与最低点用黄金分割线相连，求出三个主要黄金分割率0.618、0.5、0.382，这三个位置将会成为未来汇价反弹的主要压力。

下跌行情结束后，价格自 9 月开始反弹，直到 2018 年的 4 月反弹结束。在这段汇价反弹过程中可以看到，汇率价格或反弹至黄金分割率 0.382 位置回调，或反弹至 0.5 或 0.618 位置回调，这些黄金分割率位置都对价格产生了极大的压力影响。当这些压力被突破后，就变成了价格的强支撑。当价格有效突破了上方的压力或下方的支撑后，往往都会出现更大幅度的上涨或下跌。

长线周期画大区间的黄金分割线，每一个黄金分割率数值间的距离较大，所以不要采取在每一个支撑或压力位置补仓的方式，而是要选择一次性交易，即遇到压力后逢高沽空，止损设置在压力位上方 200~300 点。一旦价格突破继续上涨，可以选择止损后顺势追涨，直到下一个目标压力位。也可以继续观望，等待下一个压力位置适当加大仓位，重新开仓沽空。

小周期黄金分割线的操作方法与大波段略有不同，主要是因为每一个黄金分割率之间的空间比较小。

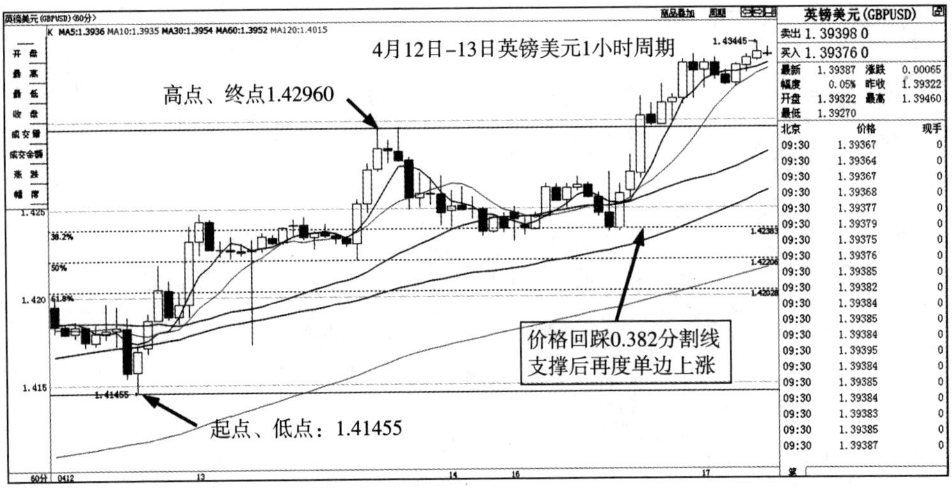

图 9–13

如图 9–13，英镑兑美元货币在 2018 年 4 月 12 日至 13 日这段时间，价格在 1 小时周期图走出了一波短线上涨行情，其中起涨点为 1.41455，最高价为 1.42960，上涨空间为 1505 点。将黄金分割线从起点到终点连接后，得到黄金分割率所对应的汇价支撑位。

由于区间较小，所以 0.382 至 0.618 两个黄金分割率之间仅有 300 点左右的空间。对于这种情况，投资者可以采取“轻仓进重仓补”的交易策略，即当价格回调至 0.382 分割线位置时，轻仓布局多单，因为小区间短周期分割线的破位概率会略高一些。当价格跌至 0.618 分割线时，加大仓位进行补仓，然后两笔多单同时设止损，止损设在 0.618 分割线的下方。

途中英镑兑美元汇率回调幅度并不大，而是反复考验 0.382 分割线支撑后便再度展开上涨，最终突破了前期最高点，展开了更大幅度的单边上涨行情。

最后要说明的是，一旦价格刷新了前期的高点或低点，那么此前的黄金分割线便会失效，投资者需要等待新的低点或高点，重新进行黄金分割。

2. 黄金分割线判断反转

当对一个行情波段进行黄金分割时，主要的黄金分割率都会在高点与低点的区间，一旦价格突破或跌破最后一道分割线防线时，往往价格趋势已经确认反转，此时均线系统也会形成多头或空头排列的单边趋势，这时投资者需要进入顺势交易模式，尽量不要逆向交易。

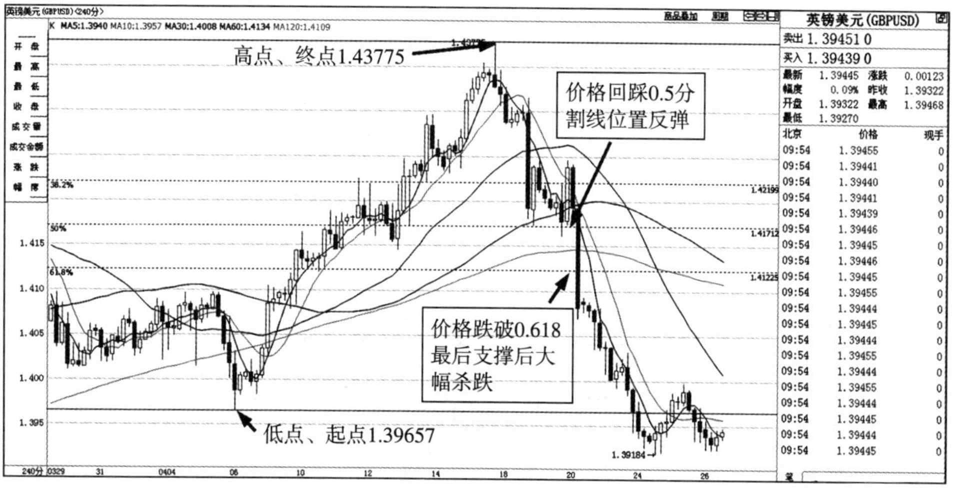

图 9-14

如图 9-14，2018 年 4 月 6 日至 17 日期间，英镑兑美元货币走出一波中短期的单边上涨行情，最终以一根倒锤头线见顶回落。将这一波上涨行情的高点与低点用黄金分割线相连接后，得出黄金分割率对应点位，这些点位形成汇率价格的下方支撑。

在下跌过程中，基本面利多因素导致美元大幅上涨，而非美货币均出现了很大程度的贬值，所以汇率价格下跌的力度很大，跌破 0.382 分割线的支撑后，在 0.5 分割线位置受到有效支撑展开反弹，但反弹力度不大。持续了一段时间的宽幅震荡后，最终将 0.5 以及 0.618 分割线一举跌破，自此英镑兑美元汇率下方无明显支撑，随后价格展开了加速下跌，形成了倒 V 字形的反转行情。

前面提到，任何一个支撑位都有失效的可能，如何判断支撑或压力位的可靠性，可以结合本书中讲解的其他指标进行综合分析，以提高成功概率。其次，投资者要在交易中根据价格走势调整交易策略，比如英镑兑美元的汇价走势，一旦跌破最终支撑，以往的逢支撑做多策略要马上转变为反弹顺势沽空交易。根据行情变化及时调整交易策略，不仅可以降低之前错误交易造成的损失，还可以取得扭亏为盈的胜利局面。

3. 黄金分割线与均线共振

任何两个可以判断价格支撑或压力的指标，如果同时显示价格在某一位置存在支撑或压力，这种情况便称为“指标点位共振”，这是一种更加明确的点位信号。出现点位共振的支撑或压力位，对价格的影响更加明显，在此处进行交易，安全性以及准确性会更高，投资者要多选择这种出现点位共振的品种进行交易。

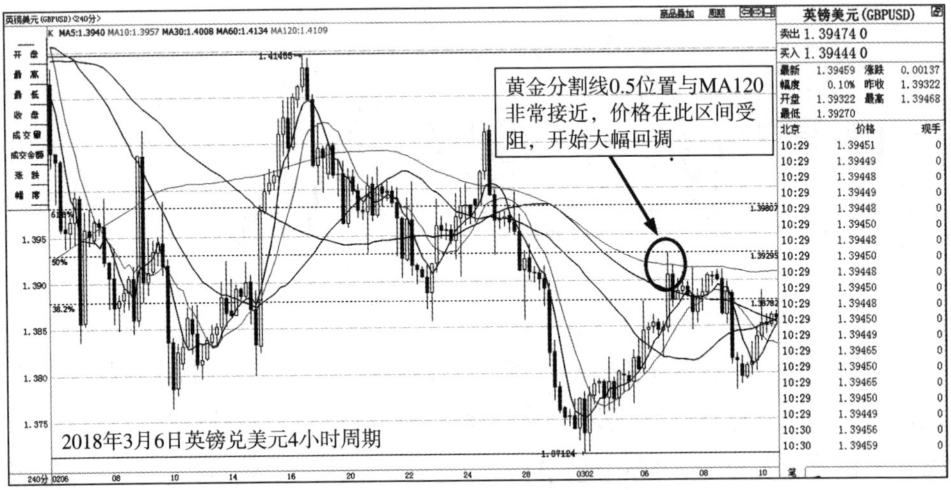

图 9-15

如图 9–15，英镑兑美元汇率 2018 年 3 月 6 日的价格在 4 小时周期图中的反弹行情。在图中，黄金分割率 0.5 位置附近即是 MA120 均线，首先 0.5 是黄金分割率的重要数字，其次 MA120 均线也是均线系统中最为强劲的均线，当两者重叠或接近时，这个位置对价格产生的影响是巨大的。当图中英镑兑美元汇率反弹至 0.5 分割线与 MA120 均线的位置后，稍作盘整即展开了快速调整，1400 点的下跌空间，对于沽空交易来说，利润是非常丰厚的。

这里需要说明的是，根据以往经验，多数情况下，黄金分割线的点位效果要略强于均线，尤其是相比周期较短的均线。当均线点位与黄金分割线点位比较接近时，稳健型投资者可以考虑在黄金分割线的点位上进行交易。另外，黄金分割线与均线形成共振的点位，虽然对价格的支撑与压力效果更强，但是一旦被突破，也可能出现力度更强劲的单边行情。

4. 帝纳波利折返点应用

从上面的内容中了解了帝纳波利对于黄金分割线有关价格折返点的应用，以及相关的计算公式。折返点的应用，是基于价格单边上涨或下跌行情中没有明确的支撑或压力时的应用。但是折返点的应用也必须达到一定的条件，即清晰的 A、B、C 三个点位，才能够应用公式进行计算，下面用一组案例来详细说明。

图 9–16

如图 9-16，在 4 小时周期图中，英镑兑美元汇率价格在 2018 年 3 月 1 日至 9 日期间先后经历了低位上涨与高位回调，最后企稳再反弹，形成了帝纳波利折返点理论的 A、B、C 三个点位。利用这三个点位对应的价格，可以通过公式计算未来价格上涨的压力位置。

COP=0.618×（B−A）+C

0.618×（1.39305−1.37124）+1.37816=1.39163

图中 COP 最高点为 1.39176，与计算公式最终答案相差 13 个点。

OP=B−A+C

1.39305−1.37124+1.37816=1.39997

图中的 OP 点最高价为 1.39955，与计算公式最终答案相差 42 个点。

XOP=1.618×（B−A）+C

1.618×（1.39305−1.37124）+1.37816=1.41344

图中 XOP 最高价为 1.41557，与计算公式所得相差 213 个点。

显然，计算公式的结论与实际最高点还是有很大差距的，但这很正常。任何一种分析方式得出的点位都不会是一定有效的，而且价格也不会刚好到达某个压力或支撑后立即发挥效果，价格与目标位之间相差 100 点以内，都可以算是有效点位。投资者可以根据这个案例举一反三，计算其他货币对的各种走势，熟练掌握后，哪怕其他指标无法分析出未来价格目标点位，通过计算公式也同样可以进行分析。

第四节　布林线指标（BOLL）

一、布林线介绍

布林线指标（BOLL）是美国股市分析家约翰·布林格（John Bollinger）根据统计学中的标准差原理设计出来的一种非常简单实用的技术分析指标。一般而言，价格运动总是围绕某一价值中枢（如均线、成本线等）在一定的范围内变动。布林线指标正是在上述条件的基础上，引进了“价格通道”的概念，认为价格通道的宽窄随着价格波动幅度的大小而变化，而且价格通道又具有变异性，会随着价格的变化而自动调整。正是由于它具有灵活性、直观性和趋势性等特点，布林线指标渐渐成为投资者广为应用的市场上的热门指标。

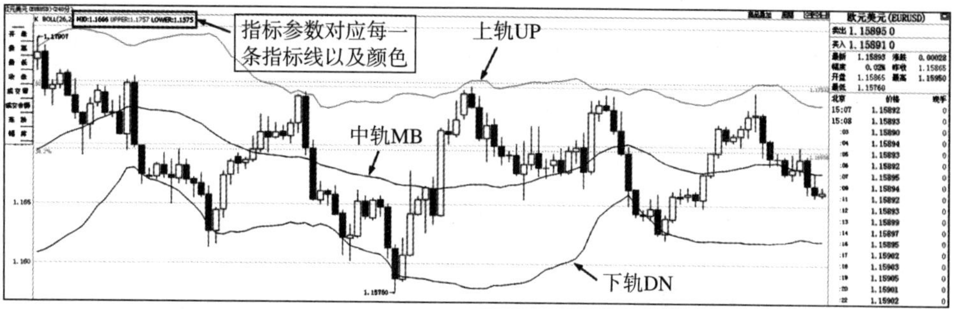

图 9-17

布林线指标是典型的震荡指标，也是主图可叠加指标，使用率非常高，几乎是投资者的必备指标。尤其是在价格进行横向震荡时，往往能快速显示出震荡的区间以及关键点位。当价格走出单边行情后，也能够及时地体现。

在分析软件中，布林线指标一共由三条线组成，即上轨线 UP 、中轨线 MB、下轨线 DN。指标参数的设置通常为 20、2 或 26、2，投资者可根据自身习惯设置，本书中使用的参数为 26、2。和其他技术指标一样，在实战中，投资者不需要对布林线指标进行计算。

投资者常常会遇到两种最常见的交易陷阱，一是买低陷阱，投资者在所谓的低位做多之后，汇价不仅没有止跌反弹，反而不断下跌；二是卖高陷阱，投资者在认为的高点买入空头头寸后，汇价却一路上涨。布林线认为各类市场间都是互动的，市场内和市场间的各种变化都是相对性的，不存在绝对性。汇价的高低也是相对的，汇价在上轨线以上或在下轨线以下，只反映该股股价相对较高或较低。投资者作出投资判断前，还须综合参考其他技术指标，包括价量配合、趋势指标、动能指标、市场间的关联数据等。

1. 布林线指标优势

（1）布林线可以指示支撑和压力位置。

（2）布林线可以显示超买、超卖。

（3）布林线可以指示趋势。

（4）布林线具备通道功能。

（5）布林线具有指示买卖信号的功能。

2. 布林线指标弊端

（1）任何一个通道线都有失效的概率。

（2）当价格走出趋势后，信道效果消失。

（3）单独用于判断趋势时准确率有限。

（4）具有一定滞后性，信道随价格变动。

二、22 条布林线使用法则

（1）布林线定义的是价格的相对高低。根据定义，价格在布林线上轨线处是高，价格在布林线下轨线处是低。

（2）布林线的相对定义可以用来将价格与指标进行比较，以得到严格的买卖决策。

（3）可以使用动量、成交量、市场情绪、持仓量、市场之间数据等得出恰当的判断。

（4）如果使用了不止一个指标，那么这些指标之间不能直接相关。

（5）布林线可以用来进行形态识别，确认纯粹的价格形态，比如 M 头和 W 底，动量的变化等。

（6）布林线上轨边界本身不是一个卖出信号，布林线下轨边界本身不是一个买入信号。

（7）在有趋势的市场中，价格可能会沿着布林线上轨线上行，也可能会沿着布林线下轨线下降。

（8）收盘价在布林线轨道之外最初是持续性信号，而不是反转信号。

（9）布林线缺省参数为 20 个周期单位的移动平均线，2 倍标准差带宽是缺省设置。任何具体的市场或任务所需要的实际参数可能会有不同。计算长度的有用的数值在 10 至 50 之间，如需要更多较小的数值，可考虑改变价格周期的长度。

（10）设置为布林线中间线中轨的均线，对于交叉信号来说并不是最好的均线，它的作用更应该是描述中期趋势。

（11）如果移动平均使用的天数加长，计算带宽标准差倍数也需要增加；如果移动平均使用的天数变短，计算带宽标准差倍数也应该减少。

（12）传统的布林线以简单移动平均线为基础。

（13）指数平滑布林线消除了“窗口”效应。指数平滑移动平均线应该既被用来设置中间线，也被用在标准差的计算中。

（14）构造布林线时，不能对标准离差作统计假设。

（15）布林百分比告诉我们价格处于布林线的什么位置。

（16）布林百分比有许多用途，其中较为有用的是形态确认和使用布林线来编写交易系统。

（17）技术指标可以使用布林百分比被标准化，在此过程中消除固定阈值。要做到这一点，可以画出这个指标的 50 个时间单位或更长的布林线，然后计算布林百分比。

（18）带宽告诉我们布林线轨道有多宽。

（19）带宽经常是被用来确认“挤压”形态，但对于确认趋势变化也是有用的。

（20）布林线可以用于大多数的金融时间序列，包括股票、指数、外汇、商品期货、期权和债券。布林线可以用于各种长度的价格线。

（21）应用布林线唯一的局限就是每根价格线中包含了足够多的活动，所以价格线的构成完好。

（22）布林线不会提供连续的建议，它会帮助确认概率可能会有利于你的形态。

三、震荡行情中布林线的应用

布林线指标是震荡指标，所以在震荡行情中的使用效果是最好的，它可以清晰地体现震荡行情中的价格波动区间及交易点位。需要注意的是，要关注每一条价格信道的空间，从而制订出交易策略。如果价格信道的空间十分狭窄，往往预示着价格窄幅整理，即将走出单边行情，此时应暂时观望，等待最终趋势的出现。

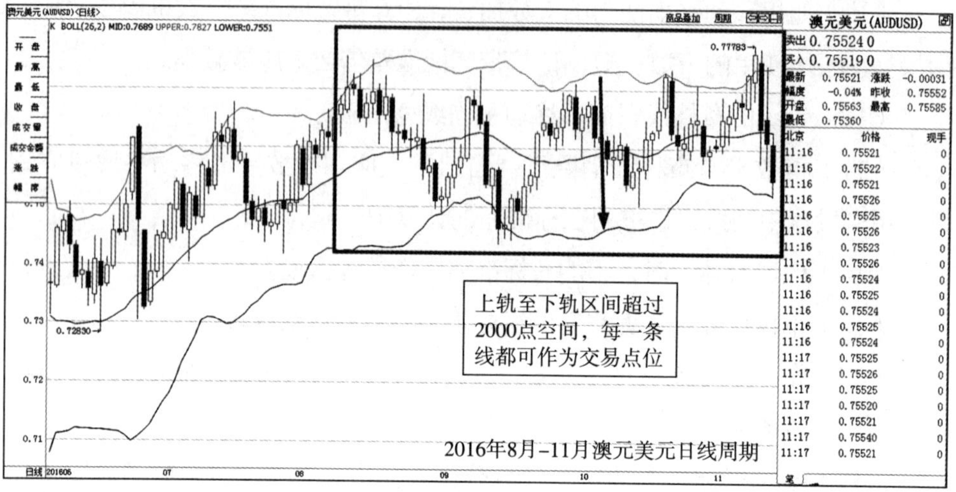

图 9-18

如图 9-18，澳元兑美元价格走势是一个宽幅震荡行情。2016 年 8 月至 11 月期间，澳元兑美元继续保持横向的宽幅震荡行情，其中上轨价位约为 0.77220，中轨价位约为 0.76000，下轨价位约为 0.74000，一般上轨至下轨的区间超过 1000 个点，即可称为宽幅震荡了。澳元兑美元在图中的布林线最大振幅区间已经将近 4000 个点，可以说利润空间是非常丰厚的。

图中可见，这三个月的宽幅震荡周期中，价格或涨至上轨线调整，或回踩中轨线反弹，或回踩下轨线受到支撑上涨，或反弹至中轨线回落，每一条指标线都对价格有着较大的影响，而且一旦交易成功后，利润空间是很充分的。

操作要点如下。

（1）布林线信道不可能完全平行，只会相对平行。

（2）上轨线至下轨线区间超过 1000 点，每一条指标线都可以进行交易。

（3）上轨位置沽空后，止损位设置在上轨价位上方，第一目标位中轨，第二目标位下轨。止损后，价格可能会走出单边上涨行情。若重新回调至上轨下方，表示虚假突破，可考虑继续参与沽空。

（4）下轨处做多后，止损位设置在下轨价位下方，第一目标中轨，第二目标上轨。止损后，价格可能会走出单边下跌行情。若重新回到下轨上方，表示虚假突破，可考虑继续参与做多。

（5）在中轨位置进行多单或空单交易，要轻仓且设置止损。止损后，若空间充分，可顺势交易；若空间较小，可等待到达上轨或下轨时再开仓，加大投资力度。

（6）当布林线信道出现开口行为时，若已到达止损价位，要严格止损。是否采取顺势交易，可结合动能或趋势指标判断。

（7）价格不会刚好到达指标线位置回调，出现一些偏差在所难免，所以应在接近指标线位置建仓，止损设置在指标线以外。

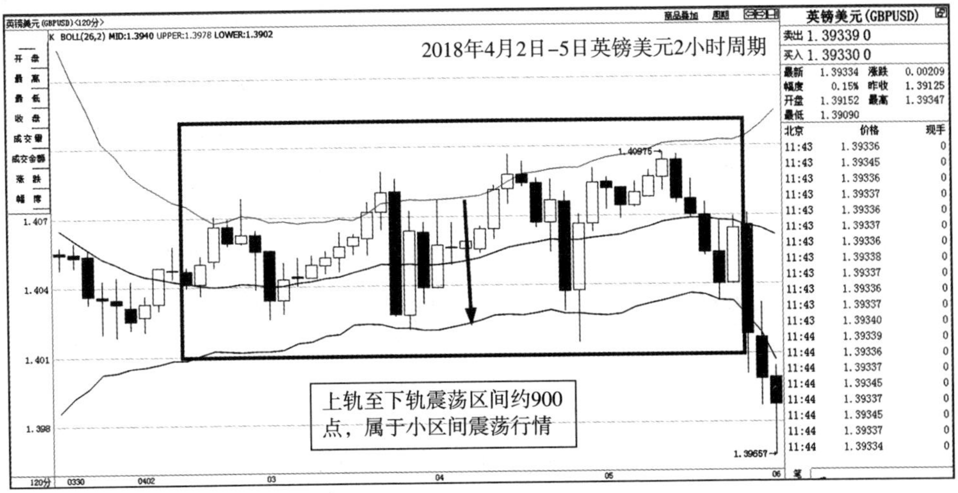

图 9–19

如图 9–19，2018 年 4 月 2 日至 5 日期间，英镑兑美元货币汇率开始震荡，其上轨至下轨的价格区间不足 1000 点，可将其定位为小区间的震荡行情。在小区间震荡行情中，上轨至中轨或中轨至下轨的区间更为狭窄，所以并不适合做小布林线信道的波段，不然止损或止盈空间几乎相等，甚至止损空间比止盈空间更大，是极不划算的。

在这种空间不大的小区间震荡行情中，投资者尽量在上轨至下轨区间进行波段交易，忽略中轨，即上轨逢高沽空，下轨逢低做多，中轨可做第一目标位。如果中轨压力特别强劲，可灵活地放弃部分利润。

很多时候价格展开单边行情前，会经历宽幅震荡—小区间震荡—窄幅盘整。一旦价格开始展开窄幅整理时，随时都有可能迎来单边行情，整理时间越久，单边行情的持续性越强。

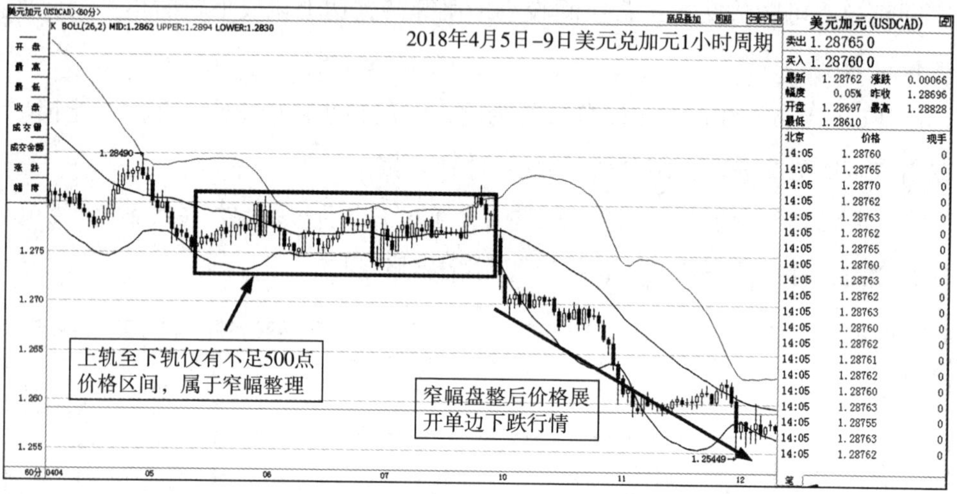

图 9–20

如图 9–20，2018 年 4 月 5 日至 9 日期间，美元兑加元货币汇率经历了连续两个交易日的窄幅整理（期间两日为周末）。在窄幅整理期间，上轨至下轨的信道区间不足 500 点。当获利空间不足 500 点时，通常不建议任何波段交易行为，利润空间太小是一方面原因，最主要的是，窄幅整理过后往往会迎来单边行情。一旦交易后出现单边行情，且为相反方向，可能会造成大幅度的亏损。实战中要注意，一旦价格震荡幅度十分狭窄的时候，要以观望为主。等待趋势明确后进场顺势交易，是最安全的交易策略。

另外，许多时候投资者发现价格在窄幅盘整，便失去关注的耐心，而去关注其他交易品种，这是一种错误的做法。价格越是窄幅盘整，越要重点关注，因为随时可能会出现方向性选择，能在第一时间顺势进场，会获得更高的趋势收益。

很多投资者都经历过这种情况，发现某一交易品种盘整后就不去管他，当再度切换到这个品种时，却发现单边行情早已开始，损失了大量的收益，再去追涨杀跌一定会非常犹豫。

四、利用布林线判断趋势

价格在盘整阶段，若 K 线始终在中轨至上轨之间进行震荡盘整，那么最终方向向上的概率会更大。同理，当价格始终在中轨至下轨区间震荡，则后期下跌概率更大一些。

当价格沿着向上运行的中轨或上轨持续上涨，且期间不跌破中轨，是上涨延续信号。若价格上涨幅度不大或距离上方压力较远，可继续进场参与多单交易。

当价格沿着向下运行的中轨或下轨持续下跌时，是汇率价格持续下跌的信号。若汇价此时跌幅不大或距离下方支撑还有很大距离，可以继续尝试进场沽空。

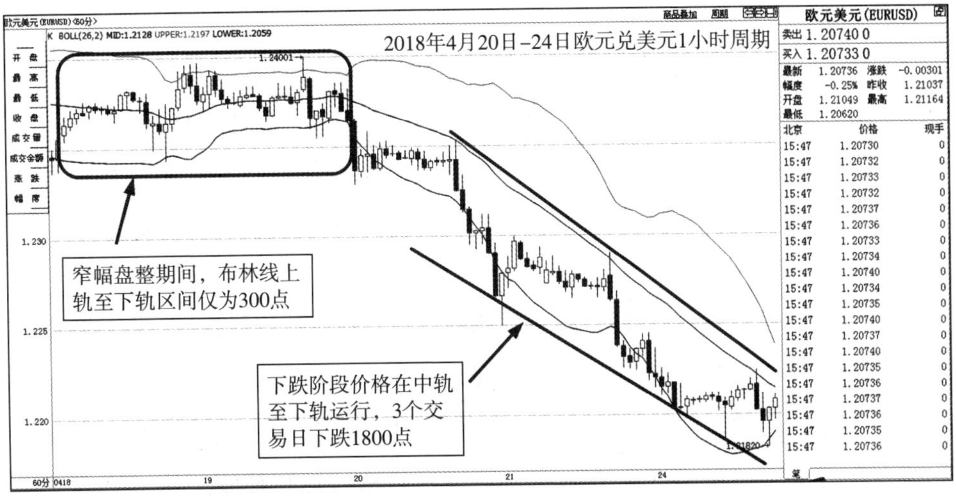

图 9-21

如图 9-21，2018 年 4 月 20 日前，欧元兑美元货币汇率始终保持窄幅整理走势，震荡区间仅为 300 点。20 日晚间美盘阶段，随着一根中阴线跌破下轨，导致布林线开口向下运行，拉开了汇价单边下跌的帷幕。在下跌过程中，K 线始终保持在中轨至下轨的信道区间运行，从未突破中轨，所以价格下跌的持续性很强。不到3个交易日，欧元兑美元汇率便下跌了1800点，即每手空单有1800美元的利润。

操作要点如下。

（1）价格跌破下轨后，若布林线没有开口向下且价格快速回到下轨至中轨之间，则没有明确趋势，不可继续进场参与交易。

（2）下跌过程中突破中轨，虽然不能确认行情会产生反转，但也是风险信号，空单应暂时离场。

（3）下跌趋势中的反弹行情，中轨与上轨可作为空单进场位置，但若价格反弹至上轨，则后期下跌空间可能有限。

（4）下跌过程中，若布林线开始收口，是止跌的信号，空单应暂时离场，等待重新开口下跌时再进场。

（5）上涨趋势同理，分析方法相反即可。

五、布林线收口与趋势终结

许多投资者对布林线指标的用法有一定的误解，认为在单边行情中，布林线的作用就不存在了，这一点是错误的。笔者在《孝寒点位交易法》一书中，对布林线在各种价格趋势下的用法做出了详细的讲解。其实在单边趋势中，尤其是在没有明确支撑压力的情况下，布林线对于判断价格的顶部或底部，还是有着非常有效的作用的。

单边行情中有两种情况预示着价格将展开回调甚至反转，一是布林线的收口行为。有时布林线收口不久后还会再度开口，继续单边运行，这种行为是极为常见的。第二种情况则是在价格出现大幅度单边上涨或下跌时，K线会在布林线的上轨或下轨以外运行，当价格重新回到布林线的信道之内，说明单边行情暂时终结。利用布林线判断价格的顶部和底部是指标使用的难点，建议投资者多练习总结，再应用到实战当中。

利用布林线指标判断价格顶底部，在两种情况下使用效果是最好的，第一种情况是价格宽幅震荡上涨或下跌的行情，第二种为短线的急跌急涨行情。

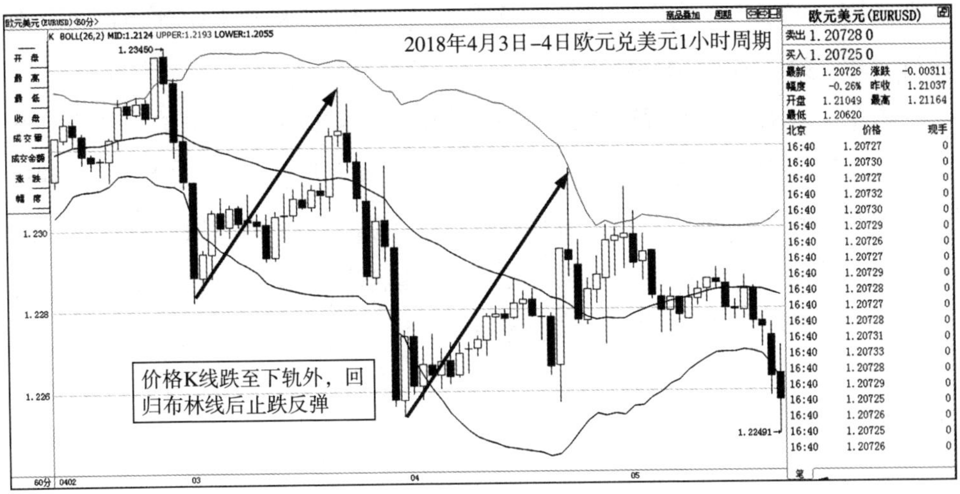

图 9-22

如图 9-22，2018 年 4 月 3 日至 4 日，欧元兑美元 1 小时周期图中出现了宽幅震荡下跌走势。在汇率震荡下跌过程中，K 线两次跌至下轨外侧，并且在极短的时间内反弹回到了布林线信道之内，甚至出现了较大幅度的反弹行情。

出现这种情况，一般是因为汇价的上涨或下跌虽然具有爆发性，但不具备持续性，也就是市场持续看涨或看空的动能比较疲软，所以就给了投资者在短期内进行高抛低吸的机会。

操作要点如下。

（1）当价格涨跌至上轨或下轨外侧，虽然偶尔也会导致价格直接反转，但多数情况下仅为小幅回调。对于这种情况，投资者首先应以短线的思路进行交易，并且以较轻的仓位试探。

（2）在汇价回到布林线通道内部的同时，K 线组合或其他指标同样发出反弹或回调信号，则准确率更高。

（3）当汇价回到布林线信道内部，投资者进场交易后，若连续数根 K 线盘整或迟迟不能获利，失败的概率提高，汇价很有可能会朝着原来的方向运行，此时应暂时离场，继续观望。

（4）价格回到布林线信道内部后，若依旧朝着原有方向运行，一旦突破前期的高点或低点，逆向交易单应及时止损，因为价格很有可能由原来的急速行情转变为小幅度的持续行情。

本章主要对常用的震荡指标进行了讲解。之所以将这些指标归纳为震荡指标，是因为它们在价格处于震荡阶段时往往能发挥更大的作用，而在其他方面如判断趋势或动能方面，虽然部分指标也有作用，但效果差强人意。组合一套完善的交易分析系统，核心在于指标能够互补，能够发挥某一指标的最大优势，再寻找另一指标对其短板进行弥补。

第十章
技术分析之强弱指标

本章主要针对强弱指标进行讲解，其中包括MACD指标、KD指标、RSI指标、ROC指标。强弱指标，顾名思义，就是判断价格在运行中力度强弱的指标，这在技术分析中是非常重要的。一套完整的技术分析模型中，趋势指标、震荡指标、强弱指标缺一不可。

第一节　变动率指标（ROC）

变动率指标 ROC（Price Rate of Change）是以当日的收盘价和 N 天前的收盘价作比较，通过计算股价某一段时间内收盘价变动的比例，应用价格的移动比较来测量价位动量，达到事先探测股价买卖供需力量的强弱，进而分析股价趋势及其是否有转势的意愿。

图 10-1

ROC 指标是由当天的股价与一定天数之前的某一天股价比较，观察其变动速度的大小，用来反映价格变动的快慢程度。

ROC 指标只包含一个参数，那就是究竟是与多少天之前的价格进行比较，这个天数 N 就是参数。参数的含义其实反映了相比较的价格在时间上的远近。N 越大，距离越远。N 选得太大，离得太远，对于价格的预测可能没有什么指导意义。N 选得太小，离得太近，对预测也可能没有什么指导意义。

参数 N 应该选多少，这与个人的习惯有关，不能一概而论，在此推荐 N=5 和 N=10。

ROC 指标的使用方法非常简单，主要从一快一慢两条指标线的方向以及金叉与死叉判断，结合指标的数值进行分析，具体方法主要有以下几种。

（1）ROC 指标由下向上穿越 0 轴，表明多方力量逐渐增强并已经进入到强势区域，此为多头信号。在上方无强劲压力的情况下，可考虑介入多单。反之，ROC 指标由上向下穿越 0 轴，则表明上涨动能开始减弱，价格已步入到了空头强势区域，此为空头信号。在下方没有强劲支撑的情况下，可以考虑介入空单。

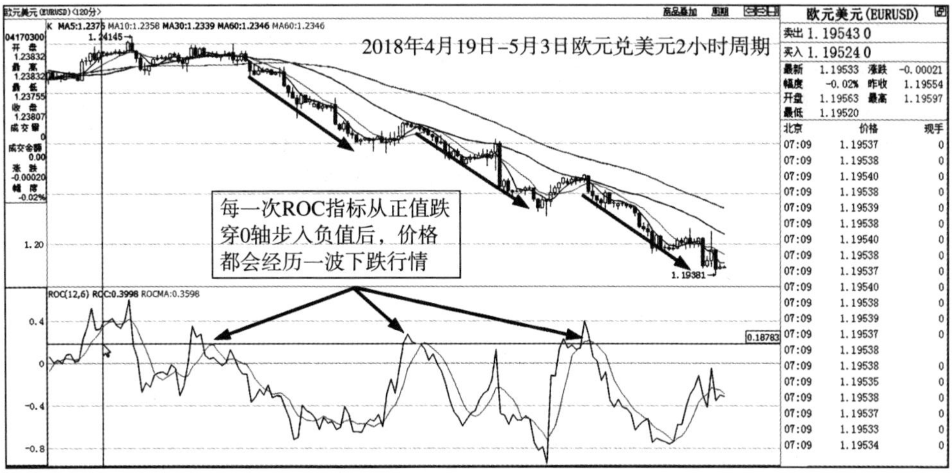

图 10-2

如图 10-2，在 2018 年 4 月 19 日至 5 月 3 日这段 2 小时周期的行情走势图中，欧元兑美元货币共出现三段下跌行情。值得注意的是，每一段下跌行情启动之前，ROC 指标都在 0 轴上方形成死叉，在价格下跌的同时，ROC 指标也开始逐渐回落。当 ROC 指标跌穿 0 轴时，确认空头信号，此时沽空，往往后期还会有一段不错的下跌空间。

ROC 指标对于外汇市场有比股票市场更好的使用效果，它能够清楚地判断市场汇价短期上涨的强弱，更适合于日内交易，对长期趋势也有着不错的作用。投资者可以多在 60 分钟、2 小时以及日线级别使用，其余周期 ROC

指标变动较快，指标作用会减弱，这一点投资者在应用时会有所发现。

（2）ROC 指标在 0 轴上方或持续上升，表明市场处于多头强势阶段，此时多方占据优势，汇价也可能会继续上涨，此为多头看涨信号，投资者应该买入或持有多单。相反，ROC 指标在 0 轴下方或持续向下，则表明市场处于弱势阶段，空头占据主导地位，汇价可能会持续走低，此为空头信号，投资者应该进行空单交易或持有空单并卖出多单。

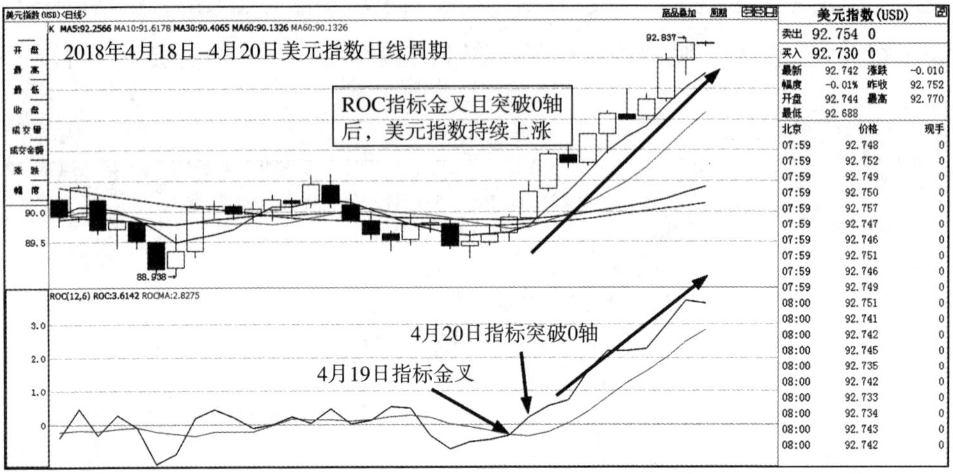

图 10–3

如图 10–3，2018 年 4 月 19 日，美元指数日线周期图中，ROC 指标在 0 轴下方形成金叉，而此时美元指数还没有真正展开上涨行情。4 月 19 日，ROC 指标突破 0 轴，开始步入多头强势区域，美元指数上涨收阳，确认了上涨行情。在后面的交易日，ROC 指标始终保持着上涨趋势，而美元指数也同样如此。

在交易中，投资者发现汇率价格始终保持上涨，而 ROC 指标也同样保持上涨的话，若汇率价格还没有到达压力位，此时沽空是非常愚蠢的行为，正确的方式是寻找合适的点位逢低做多，或者继续持有多单。在下跌趋势中的操作则相反，每一种指标的分析方式一定要灵活运用。

（3）ROC 指标在离 0 轴上方较远时掉头向下，表明汇价多头动能开始减弱，是短线见顶逢高沽空的信号。相反，当 ROC 指标在 0 轴下方距离较远开始向上运行时，说明汇价下跌动能减弱，是汇价探底回升的多头信号。

ROC 指标有一定的指示超买超卖的作用，数值到达什么样的标准算是超买或超卖，没有具体定义。从经验来看，不同周期，超买、超卖的界限不同。通常在小时周期级别，ROC 指标数值上涨阶段很少超过 1，下跌时很少超过 -1。所以在小时级别走势中，当数值达到 +0.6 以上即是超买，存在回调风险；跌破 -0.6 则是超卖，价格或将探底反弹。在日线、周线周期中，ROC 指标的变动率会比较高，通常数值达到 +1 以上为超买，+2 以上为主要超买，+3 以上为严重超买。超买的程度不同，价格冲高回落的概率也不同。相反，数值在 -1 以下为超卖，-2 以下为主要超卖，-3 以下为严重超卖，超卖的情况不同，价格探底回升的概率也不同。

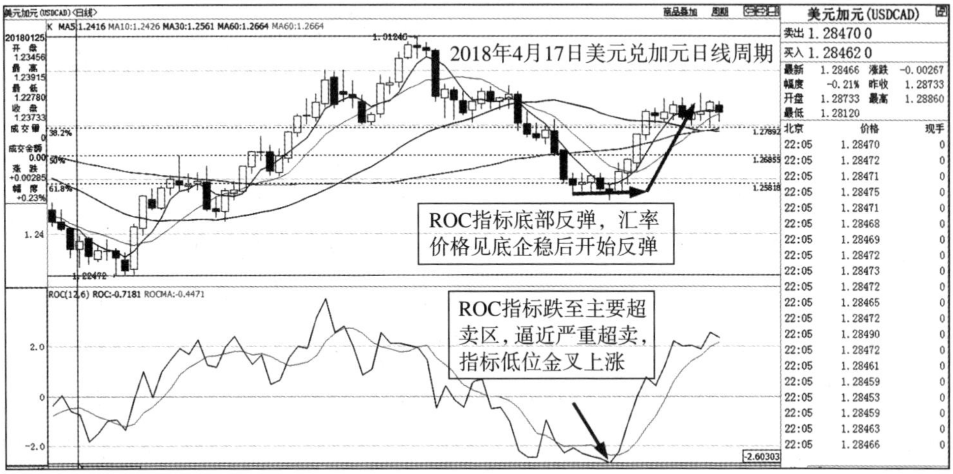

图 10-4

如图 10-4，美元兑加元在日线周期图中形成了一个标准的头肩顶顶部形态后，价格持续下跌，ROC 指标也是一路下跌。ROC 指标数值最低跌至 -2.6，跌破了主要超卖区域，且逼近严重的超卖区域。按照 ROC 指标使用经验，ROC 指标数值月底反弹的概率很大。2018 年 4 月 17 日，ROC 指标在底部形成金叉后，美元兑加元开始连续反弹，仅 4 个交易日便上涨近 3000 点。随后 ROC 指标数值升至 +2.5，到达主要超买区后滞涨盘整。

（4）当汇价创新高，而 ROC 指标未能同步上涨创新高，即为指标背离，表示多头力度不足，汇价冲高回落概率增加，是见顶空头信号。相反，当汇价下跌刷新低点时，ROC 指标未能下跌创新低，形成指标背离，说明空头力度不足，虚假下跌的可能性较大，汇价存在见底反弹的可能，为多头信号。

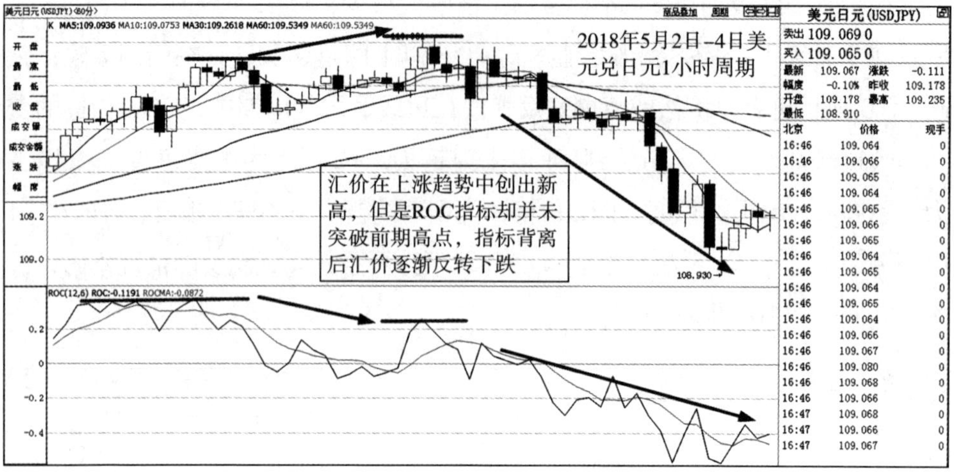

图 10-5

如图 10-5，2018 年 5 月 2 日，美元兑日元汇率在短线行情中保持上涨趋势，日内汇价有小幅回落，出现了一个高点。5 月 3 日汇价继续震荡上涨，并突破了前一交易日的最高点，此时 ROC 指标虽然也有所走高，但并未突破前一日高点，这样一来，价格与 ROC 指标便出现了背离走势。此后美元兑日元汇率开始反转走跌，最终改变了整体的运行趋势。每一种指标都可能与价格形成技术背离，而背离的准确率较高，投资者要注意观察并把握其中的机会。

（5）价格与 ROC 涨跌幅度不同步，也是一种波动力度疲软的信号。如汇价与 ROC 指标同时上涨时，ROC 指标上涨力度较强，而汇率价格的上涨只是震荡上涨甚至横盘，那么当 ROC 指标涨至高位开始下跌时，汇价可能会走出更大幅度的下跌。相反，若汇价与 ROC 指标同步下跌，但是 ROC 指标的下跌力度远比价格下跌力度强，说明汇率空头疲软，随时都有可能止跌回升，且上涨幅度较大。

如图 10-6，在 2018 年 4 月 20 日至 6 月 1 日的这段欧元兑美元 4 小时周期走势图中，价格呈现了一轮中长期震荡下跌趋势。在这段行情中可以发现，欧元兑美元汇率下跌时，ROC 指标下跌幅度很大而且持续性强，随后欧美汇率也往往会刷新价格低点，走出幅度较大的下跌走势。

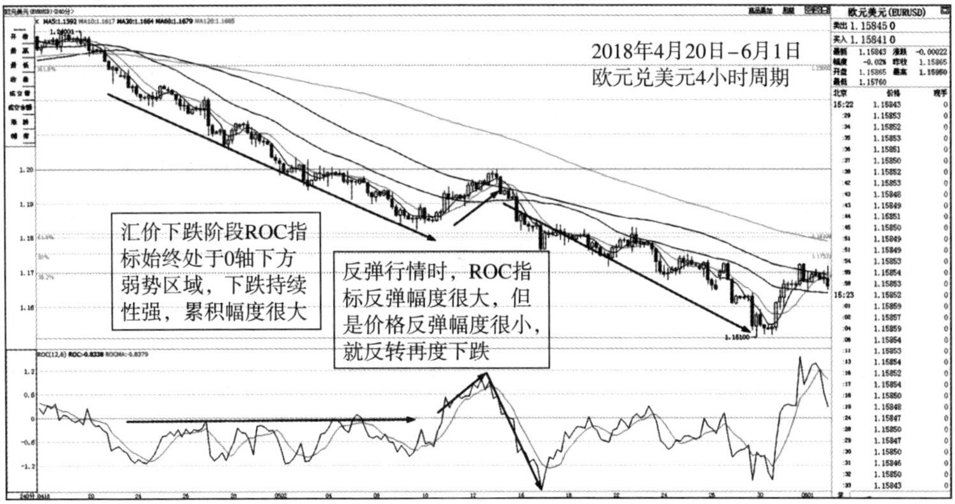

图 10–6

在反弹过程中，即使 ROC 指标出现了较大幅度的反弹甚至到达超买区，汇价却并没有出现较大幅度且持续的反弹，这也是价格与指标背离的一种表现形式。出现这样的情况，投资者可以理解为市场多头动能不足或指标修复，尤其是出现在单边行情中，通常说明大趋势没有改变，价格只是短期的小幅度反弹。

这也是笔者为什么多次强调尽量不要进行逆向交易的原因，逆向交易止损的概率很大，而且即便获利，利润也不高，属于用较大的风险博弈微不足道的收益。虽然偶尔遇到价格反转，盈利空间被放大，但是这种概率太低了。即使真的遇到反转行情，投资者可能也不敢持仓，通常会在略微受到一些支撑或压力时便早早平仓了结。

从以上分析可以得出以下结论：当行情走势中出现 ROC 指标大涨而价格不涨的情况时，一旦指标反转，逆向运行，应该马上了结，很有可能在指标反转后，会迎来更大的行情波动。

第二节 相对强弱指标（RSI）

相对强弱指标（Relative Strength Index，缩写为：RSI）是根据一定时期内上涨点数和涨跌点数之和的比率制作出的一种技术曲线，能够反映市场在一定时期内的景气程度。该指标由威尔斯·威尔德最早应用于期货市场，后来人们发现强弱指标极其适合于外汇以及股票等市场的短线投资中，于是被广泛用于各类市场的升跌测量和分析。该指标以三条曲线来反映价格走势的强弱，为投资者提供操作依据，非常适合做短线差价操作。

RSI 指标的设计原理，简单来说就是以数字计算的方法求出买卖双方的力量对比。譬如 100 个人面对一件商品，如果 50 个人以上要买，竞相抬价，商品价格必涨。相反，如果 50 个人以上争着卖出，价格自然下跌。强弱指标理论认为，任何市价的大涨或大跌，均在 0~100 之间变动。根据常态分布，认为 RSI 值多在 30~70 之间变动，通常达到 80 甚至 90 时被认为市场已进入超买状态，至此市场价格就会回落调整。当价格低跌至 30 以下，即被认为进入超卖状态，市价将出现反弹回升。

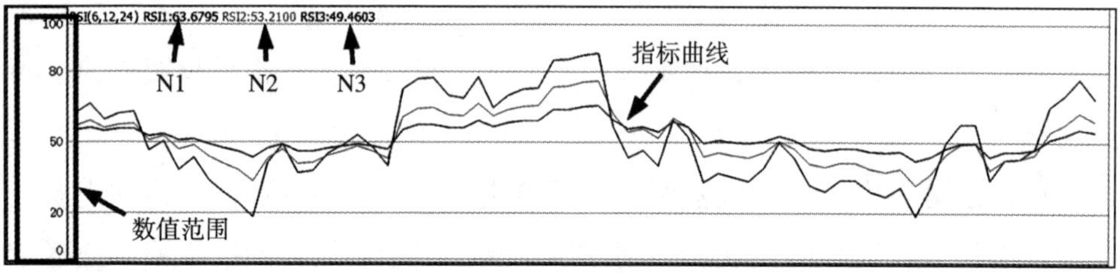

图 10-7

RSI 指标共有三组参数，常用参数设置为 N1=6、N2=12、N3=24。

强弱区域一般分布如下。

80~100 极强：严重超买，是顶部信号，价格随时见顶回落。

50~80 强买入：多头强势期，顺势做多信号。

20~50 弱观望：多头动能疲软，价格下跌概率较高。

0~20 极弱：严重超卖，空头强势期，以沽空交易为主。

这里的“极强”“强”“弱”和“极弱”只是一个相对的分析概念，是一个相对的区域。有的投资者把它们取值定为 30、70 或 15、85。为了追求交易的准确性，可以对超卖、超买区域的定义更为严格，因为 RSI 指标到达 90 以上或 10 以下也是较常出现的，但也会错过一些交易机会。

由于 RSI 指标实用性强，因而被很多投资者所喜爱。RSI 指标有领先其他技术指标提前发出买入或卖出信号等诸多优势，但投资者应当注意，RSI 指标同样也会发出误导信息。由于多方面的原因，该指标在实际应用中也存在盲区。

在目前的市场中还没有出现一种十全十美的技术分析工具，RSI 也是如此。指标不能决定未来涨跌，汇价的变化是决定指标运行的根本因素。

RSI 指标最重要的作用是能够显示当前市场的基本态势，指明市场是处于强势还是弱势，或者牛皮盘整之中，同时还能大致预测顶和底是否来临。

RSI 指标只能从某一个角度观察市场并给出一个信号，给投资者提供的只是一个辅助性的参考，并不意味着市场趋势就一定向 RSI 指标预示的方向发展。尤其在市场剧烈震荡时，还应参考其他指标进行综合分析，不能简单地依赖 RSI 指标信号作出买卖决定。

（1）当 RSI 指标上涨达到 80 时，说明市场已经存在超买行为，投资者高位追涨应格外谨慎，价格已经存在回调的风险。当 RSI 指标涨至 90 以上时，则已经到达严重的超买区域，任何多头行为都应该暂时停止，顶部回调风险进一步增加，随时可能展开回调，若此时仍持有多单，要做好随时离场的准备。

RSI 指标的作用，只是告诉投资者价格涨到这个位置已经很高了，存在回调的风险，或者跌至比较低的位置，存在筑底的可能。RSI 指标只是提前发出警告，但并不会提示投资者具体的反转时间以及点位。

如图 10-8，2018 年 7 月 12 日至 19 日期间，美元兑日元处于中短线的上涨行情中。在这段上涨行情中，每当 RSI 指标上涨至 80 以上超买区域时，汇价与指标的上涨都处于滞涨状态，随后开始下跌。但是仔细观察会发现，每一次 RSI 指标到达超买区后，汇价并没有马上下跌，相反还会有一定程度的顺势上涨。从这里可以看出，RSI 指标只能提示汇价已经到达较高或者较低的位置，可能是顶部或者底部，但并不是绝对的。如果要精确地判断具体的进场点位，还需要配合其他点位指标。

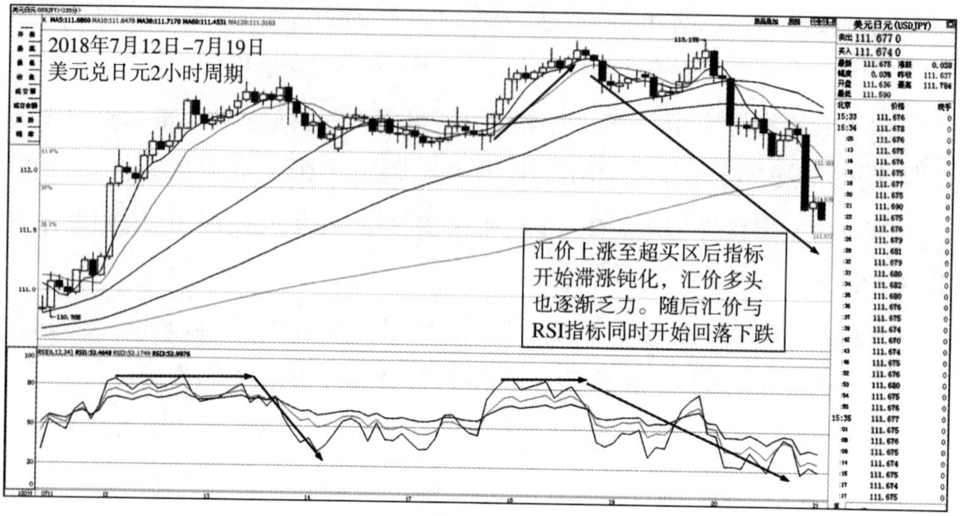

图 10–8

（2）当 RSI 指标数值跌至 20 以下时，已经显示价格超卖，此时价格探底回升的概率增加。但是 RSI 指标数值跌至 10 以下时，价格见底的可能性将提升至最高，投资者应该随时准备平仓空单且做好抄底准备。通常在震荡或者小幅下跌行情中，RSI 指标跌至 20 以下就会展开反弹。如果是大幅的单边下跌行情，或者因为基本面引发的急速下跌行情，RSI 指标数值也会跌到 10 以下。

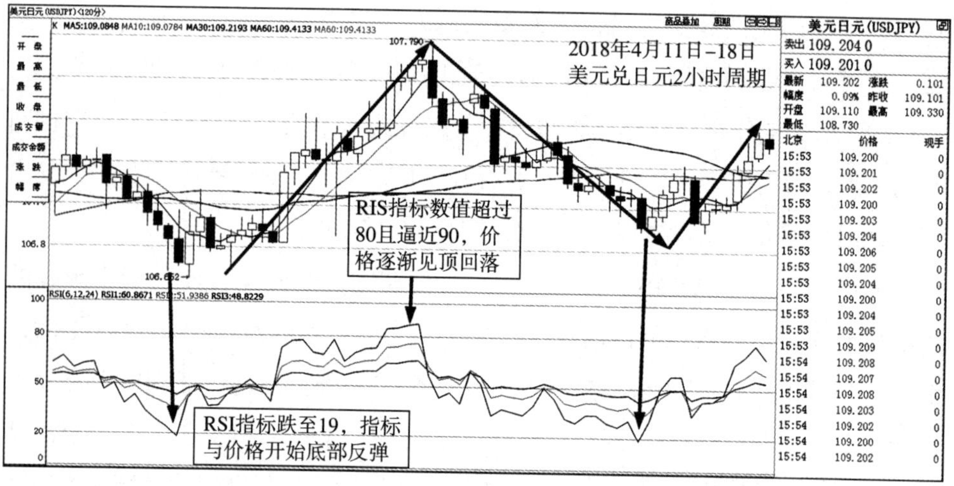

图 10–9

如图 10-9，2018 年 4 月 11 日至 18 日期间，美元兑日元 2 小时周期图中，汇率价格走出了几个波段行情。其中两次下跌过程中 RSI 指标数值均跌至 20 以下，到达超卖区域后开始反弹，同时汇率价格也是如此。

通过之前学习的趋势指标以及点位指标，结合分析可以达到更精确的判断。当价格与 RSI 指标开始下跌，投资者可以通过趋势指标判断此时价格处于单边行情还是震荡行情，以及价格是否存在支撑。如果价格下方有支撑，而且并非单边下跌，那么 RSI 指标数值跌至 20 以下即可做好抢反弹的准备了。如果 RSI 指标跌至 20 以下，投资者已经进场抢反弹，但是 RSI 指标与价格继续下跌，一旦到达止损位，应坚决止损离场，继续观望。若 RSI 指标数值跌至 10 以下，重新寻找底部进场的时机。

（3）RSI 指标数值中的 50，是多空的分界线。当指标曲线由上向下跌破 50，为多翻空信号，预示市场交易情绪由看涨转为沽空。相反，当 RIS 指标曲线由下向上突破 50，是空翻多信号，此时卖盘动能减弱，买盘力度增强。

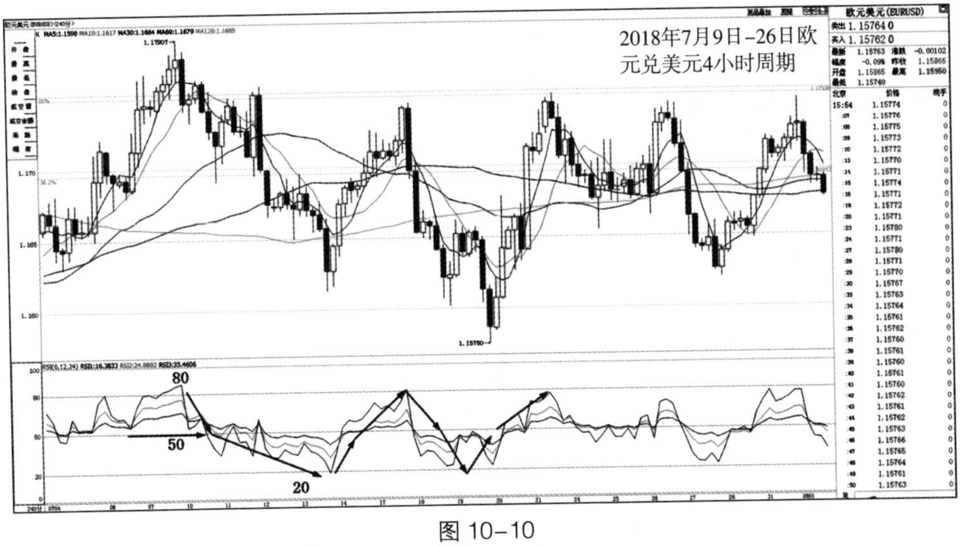

图 10–10

如图 10–10，2018 年 7 月 9 日至 26 日期间，欧元兑美元 4 小时周期图中，欧元兑美元处于持续宽幅震荡行情中，RIS 指标也在超买与超卖之间反复波动。从几个波段走势来看，RSI 指标跌破 0 轴或突破 0 轴之后，价格的上涨或下跌都有一定的持续性。价格到达超买或者超卖区后，会逐渐滞涨或止跌，随即发生反转。

通常当价格走势开启上涨或下跌行情时，许多指标都会发出相应的信号。图 10-10 中，RSI 指标数值突破 50，观察仔细的朋友还可以判断出底部的三根 K 线在宝塔线中为三平底组合，此外 MACD 指标能量柱由绿翻红。由此可以看出，通过组合多个指标形成交易模型，可以利用交易模型中的多个指标信号来共同验证未来的价格走势。

（4）当 RSI 指标数值长时间徘徊在 30~70 之间时，指标参数始终无法到达超买或超卖区域，说明此时价格趋势为震荡格局，虽然有时价格突破支撑或压力，但突破后难以有效地企稳。这种情况下，在 RSI 指标发出震荡信号时，投资者应马上判断出震荡通道，并在此区间内制定高抛低吸的交易策略。如果 RSI 指标在 30~60 的数值区间运行的话，那么当前价格走势为窄幅整理，投资者应该保持观望，等待市场选择最终的运行方向。

利用前面讲解的关于震荡行情的定义与交易策略，来分析下面的案例。

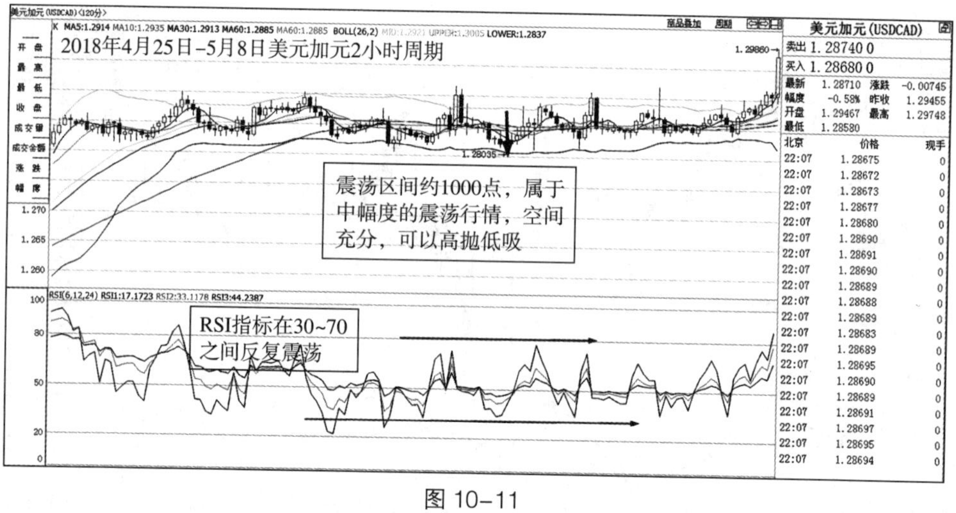

图 10-11

如图 10-11，2018 年 4 月 25 日至 5 月 8 日期间，美元兑加元在这一轮中短期行情中呈震荡走势。从图中可以发现，价格震荡的区间还是比较宽的，约为 1000 个点，属于中幅度的震荡行情。按照前面学习的布林线指标用法，投资者可以在上轨至下轨区间进行高抛低吸交易。在价格震荡阶段，RSI 指标在 30~70 之间反复震荡，始终没有到达超买或超卖区域。

震荡行情中，及时判断出震荡区间，对确定交易策略极为重要。此时趋势指标、动能指标的作用相对较小，其主要用途是判断价格突破的方向与真伪。震荡阶段，当然主要是以参照震荡指标为主。

（5）当汇率价格持续上涨、刷新高点并开始回调时，RSI 指标曲线也始终上涨并随之出现拐点。但是当汇率价格再度上涨创下新高时，RSI 指标却没有出现新高，这种情况为价格与 RSI 指标的顶背离，是顶部反转信号。相反，当汇率价格持续走低、刷新低点并开始反弹时，RSI 指标也应该持续走低、刷新低点并随之出现拐点。但是当汇率价格再度杀跌刷新低点时，RSI 指标却没有创下新低，这种情况为 RSI 指标与价格的底背离，是底部反转信号。

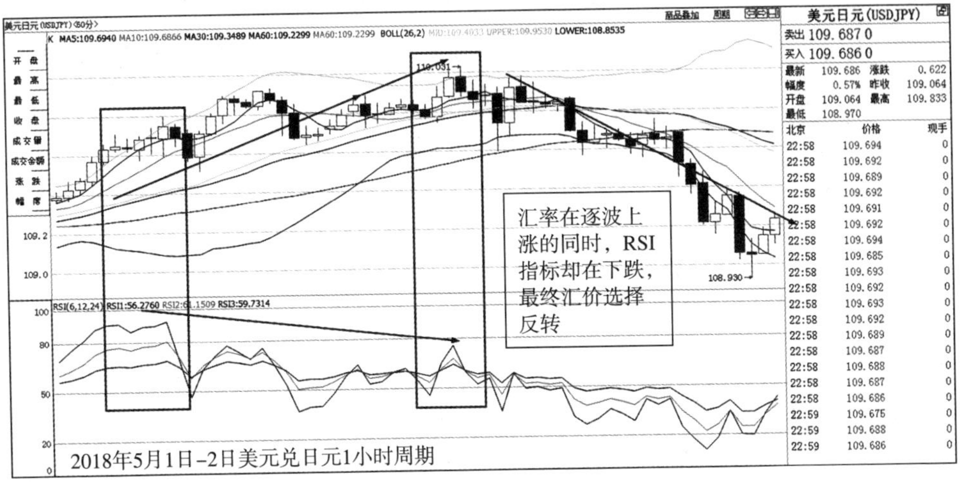

图 10-12

如图 10-12，2018 年 5 月 1 日至 2 日美盘初期阶段，美元兑日元汇率价格处于震荡上涨的趋势，但是汇价走势却与 RSI 指标分道扬镳，此时 RSI 指标走势是震荡向下的。5 月 2 日美盘中期，汇价最后一次刷新高点时，RSI 指标依旧没有创出新高，出现了背离走势。随后价格也停止了上涨，次日美元兑日元展开了下跌行情。

出现背离后，价格往往不会马上反转，这只是给投资者一个“警告”。发出这种“警告”后，投资者就不要再顺势加码了，而应该卖出持有的顺势单，并做好随时进场反手单的准备。一旦其他指标也发出了反转信号，即可进场参与交易。

第三节 指数平滑移动平均线（MACD）

指数平滑移动平均线（Moving Average Convergence and Divergence，缩写为：MACD），是查拉尔德·阿佩尔（Geral Appel）于1970年提出的，该指标利用收盘价的短期（常用为12日）指数移动平均线与长期（常用为26日）指数移动平均线之间的聚合与分离状况，对买进、卖出时机作出研判。

应用MACD指标时，应先计算出快速移动平均值与慢速移动平均值，以这两个数值作为测量两者（快速线与慢速线）间"差离值"的依据。所谓差离值（DIF），即12日EMA数值减去26日EMA数值。在持续的涨势中，12日EMA在26日EMA之上，其间的正差离值（+DIF）会越来越大。反之，在跌势中，差离值可能变负（-DIF），差值也越来越大。行情如果开始回转，正或负差离值要缩小到一定的程度，才真正是行情反转信号。

MACD指标在技术分析中的应用非常广泛，几乎是必备指标，尤其是在国际现货、外汇市场中，因为这两个市场中难以统计具体的成交量，所以没有成交量指标可供参考。在这两个市场中，如何判断多空双方的力度及转换呢？这就需要MACD指标的能量柱了，这是技术指标中为数不多的判断多空动能的指标。建议各位投资者在组合交易模型时，最好保留MACD指标。MACD指标也可以称为是"百搭指标"，因为它几乎可以跟任何指标组合应用。

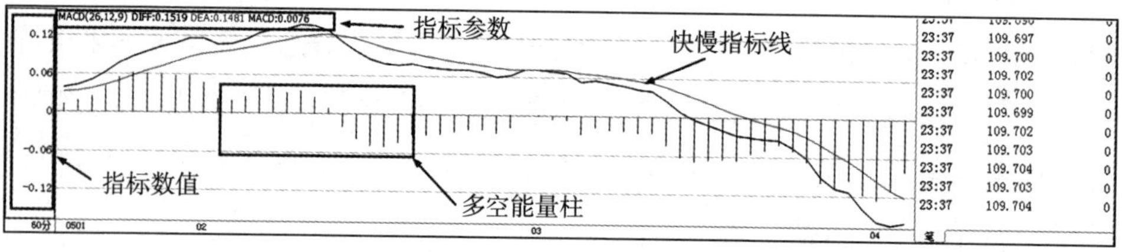

图 10-13

MACD指标主要由三部分组成。

（1）标数值：MACD指标数值分为正负两极，周期越长，波动越大，数值也就越大。通常来讲，数值由负转正是看涨信号，由正转负是看跌信号。

（2）快慢指标线：MACD 指标有两条指标线，分为快线和慢线。通常来讲，快慢线低位金叉向上是看涨信号，高位死叉向下是看空信号，快慢线向何处运行，价格即为何种趋势。

（3）能量柱：这是 MACD 指标最核心的一个部分，通过能量柱的颜色可以判断多空的力度与增减。通常多头动能为红色能量柱，空头动能为绿色能量柱。

MACD 指标的数值与快慢线是对应的，要结合起来分析，但是因为其滞后性特别强，所以作用比较有限。日常应用 MACD 指标，最核心的就是对其能量柱的研判。在笔者所著的《量价精研》一书中，主要对价格与量能各种组合进行了分析讲解，从而判断主力行为，其中许多方法可以应用在外汇市场中。

因为外汇市场没有涨跌停的限制，没有主力操纵行为，所以分析起来更简单，不需要太多的技巧。在此笔者将葛兰碧的量价法则稍作改良，将其应用在外汇市场，其效果要比应用在股市中好得多。

（1）在良性的上涨状态下，价格不断上涨的同时，MACD 指标的多头动能也应该持续增长。MACD 指标的红色能量柱增长创出新高，价格也应该创下新高。在这样的配合下，价格才有可能持续走高，中途反转或大幅调整的可能性比较小，是继续看涨做多的交易信号。

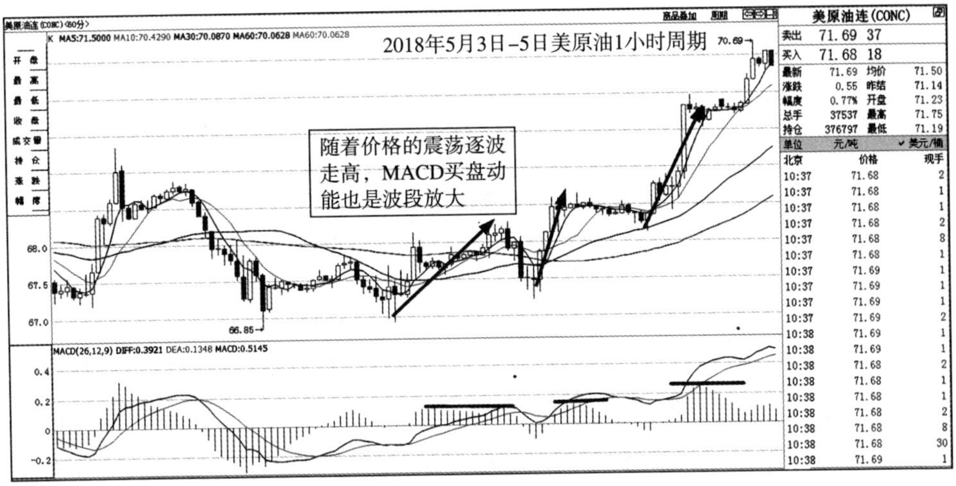

图 10-14

如图 10-14，2018 年 5 月 3 日至 5 日期间，美原油价格共出现了 4 个波段的上涨行情，其中 3 个波段的上涨都出现了上述情况。从价格来看，每一轮价格调整后的上涨，都刷新了前期高点。同时对应的 MACD 指标能量柱，显示多头动能的放量情况也是一浪高于一浪。

操作要点如下。

①若 MACD 指标多头开始新一轮放量，在初始阶段进场风险大，但收益较高。价格突破前期新高做多，收益空间小，但是准确率相对更高。

②如果进场前价格已经涨至上方压力位或者出现背离，应等待调整后寻找低位进场。

③一个峰值结束，价格开始进入回调阶段，在下方第一或第二个支撑位进场为最佳买入点，但也要严格设置止损。

（2）虽然汇率走向依旧处于多头上涨状态，并且再度刷新高点。但同时 MACD 指标显示买盘动能却在减弱，红色能量柱并未出现新高，此为量价背离，预示价格随时可能会见顶，是高位沽空信号。

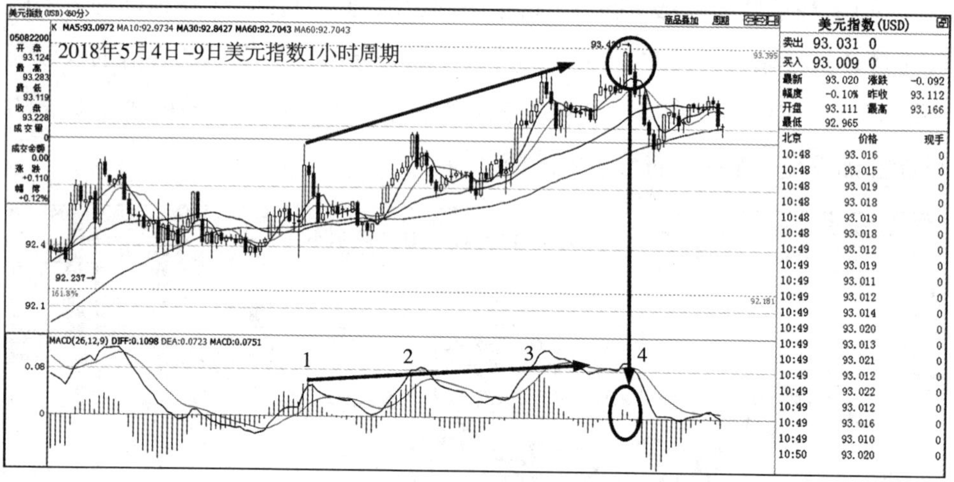

图 10-15

如图 10-15，2018 年 5 月 4 日至 9 日期间，美元指数共出现了四轮震荡上涨行情。其中前三轮上涨，MACD 指标红色能量柱均突破前期新高，属于良性的价涨量增。重点是第四轮上涨中，虽然价格再度创出新高，但此时买盘动能确实急剧减弱，MACD 指标红色能量柱变得很短，形成了量价背离。随后很快价格便高位见顶，展开了一波短线的快速调整。

操作要点如下。

①若持有多单，当发现价格刷新高点而买盘缩量的情况，可以立即止盈离场，并做好沽空准备。

②量价背离后，价格一定会高位反转开始下跌，此时要配合其他指标信号进场沽空，最好是有指标共振现象。

③若量价背离的同时价格刚好遇到上方强压力，此时价格立即展开调整的概率更大，投资者可以立即进场。

（3）当 MACD 指标的红色能量柱开始缩短，买盘动能刚刚开始减弱时，价格可能不会马上展开下跌。若红色能量柱开始翻绿，下跌的概率将进一步增加。

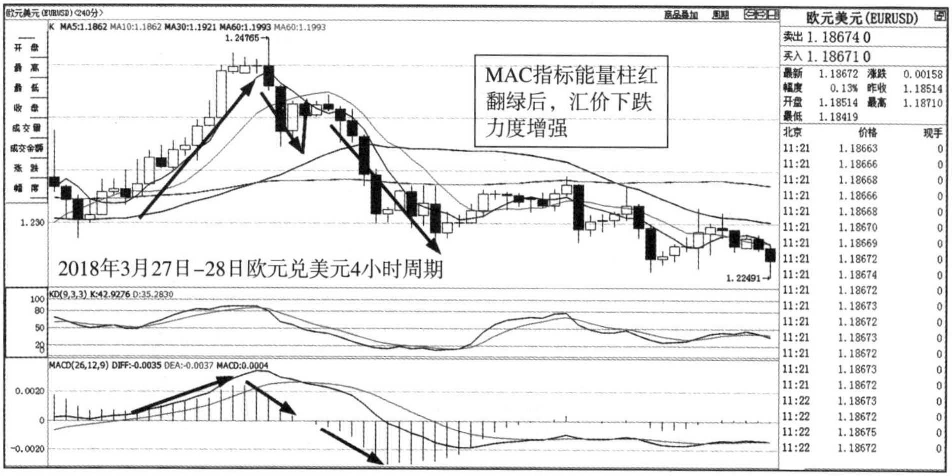

图 10–16

为什么一定要等到 MACD 指标能量柱红翻绿后才确定下跌？从图 10–16 中可以看到，3 月 27 日欧元兑美元货币汇率美盘阶段，价格上涨已经逐渐乏力，虽然此时依旧在刷新高点，但是 MACD 指标的买盘动能已经开始减弱，红色能量柱开始缩短，此时虽然价格也有所回调，但随时可能会再度反弹。当 MACD 指标红色能量柱开始翻绿时，价格的多头动能被充分消化，价格下跌的持续性更强，幅度更大。

操作要点如下。

① MACD 指标红色能量柱开始缩短时，如果价格已经到达强压力位，或其他指标发出空头信号，可以初步进场沽空。当红色能量柱翻绿后，可以适当补仓。

②即使 MACD 指标红色能量柱翻绿，交易时也要严格止损，防止后期再度翻红，买盘继续放量，价格重新上涨。

③下跌趋势中，这种量价关系获利空间较大，其次为盘整阶段。上涨阶段出现时，要先看技术回调，再看行情反转。

（4）价格处于单边或震荡下跌阶段时，MACD 指标的绿色能量柱随之增长，与价格一同刷新低点。这种量价关系是良性的下跌，说明价格的下跌行情将得到延续，操作上应该继续顺势沽空，没有底部信号不得抄底。

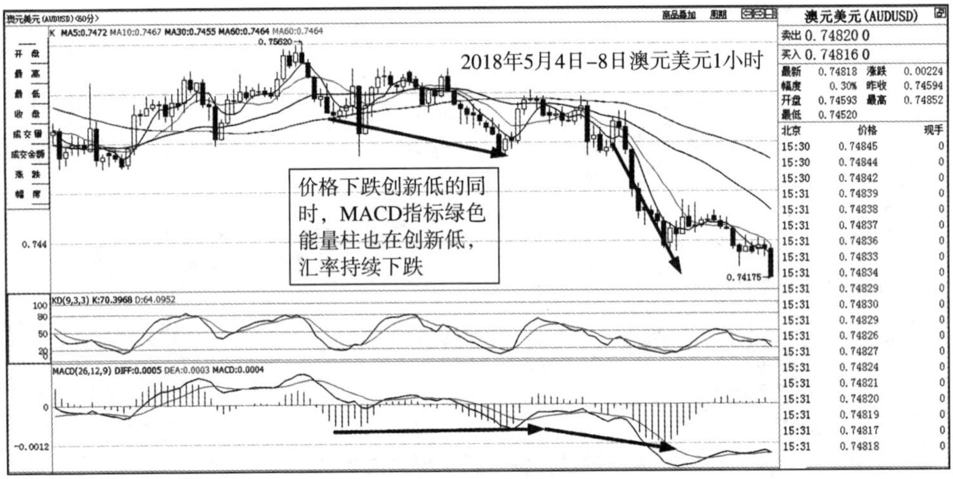

图 10–17

这一条说的就是“价跌量增，后市看空”的道理。图 10–17 中澳元兑美元汇率从横盘到下跌的走势来看，可以发现，随着 MACD 指标绿色能量柱的逐渐放大，价格的下跌力度也逐渐增强。在价格即将走单边下跌行情前就是这样，下跌时总能放出很大的空头动能，而反弹时总是力度不够且时间短暂。只要保持这种空头强劲、买盘乏力的状态，汇率价格就会始终沿着下跌趋势运行下去。

操作要点如下。

①若 MACD 指标空头开始新一轮放量，在初始阶段进场风险较大，但收益较高。价格跌破前期新低后沽空，虽然收益空间小，但是准确率相对更高。

②如果进场前价格已经跌至下方支撑位或者出现背离，应等待反弹后寻找相对高位进场。

③一波创新低的下跌结束之后，价格或小幅反弹或低位盘整一段时间，投资者在这个期间寻找高位或盘整充分后进场沽空是最佳策略。

（5）良性的下跌是价格与 MACD 指标的绿色能量柱同步放量下跌，这样下跌行情才有持续性。如果价格创出新低，MACD 指标绿色能量柱却缩短了，说明市场看空人气趋于谨慎，发生量价背离后，价格随时可能会见底回升。

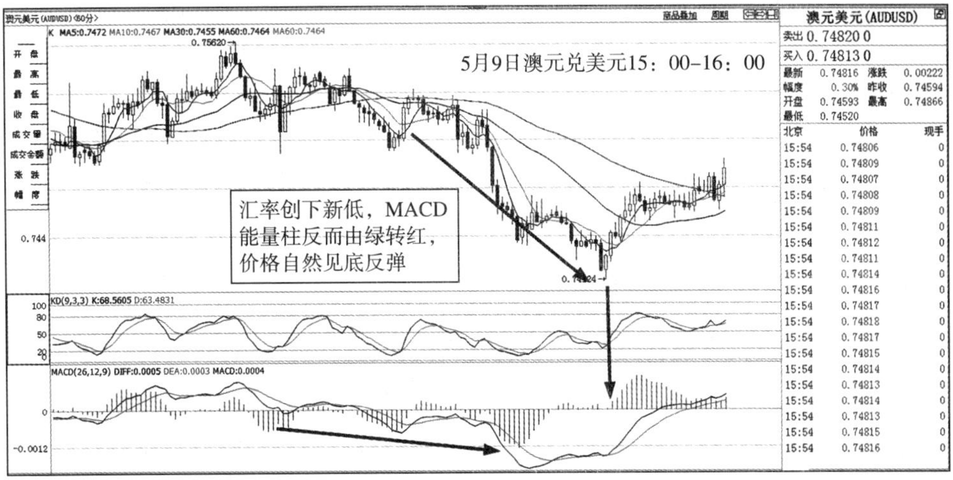

图 10-18

如图 10-18，承接上一组澳元兑美元图形，在价格经历了连续的卖盘放量下跌后，5 月 9 日，澳元兑美元汇率价格再度刷新低点。但是此时 MACD 指标不仅卖盘没有进一步放量，反而由绿变红，这是非常典型的量价背离。随后买盘逐渐递增，价格也持续震荡反弹。

操作要点如下。

①量价背离后，如果刚好价格回踩下方支撑位，可以立即进场抢反弹。

②量价背离后，如果 MACD 指标能量柱已经翻红，也可以立即进场参与

交易。

③量价背离后，如果没有其他指标支持反弹，可以暂时等待更明确的信号出现。

（6）价格下跌后，MACD 指标绿色能量柱开始缩短，只能说明卖盘动能开始减弱，并不说明此时多头动能开始增强，所以价格不一定会马上展开反弹行情。当绿色能量柱开始翻红，才能说明多头开始反攻，逐渐占据优势，价格反弹的概率才增加。

图 10-19

如图 10-19，2018 年 3 月 9 日，美元兑加元处于放量下跌的状态，4 小时周期图中连续收出 5 根阴线，期间遇到分割线支撑后逐渐止跌企稳，卖盘动能减弱，MACD 指标绿色能量柱开始缩短。虽然在卖盘缩量阶段汇率价格有一定的反弹，但是反弹力度十分疲软，如果此时做多，一旦卖盘再度放量，很可能会出现一根超级大阴线，之后重新展开下跌行情。3 月 13 日开始，MACD 指标绿色能量柱逐渐翻红，显示买盘开始增长，价格也出现了两拨加速上涨的行情，形成单边上涨的均线趋势。

操作要点如下。

①如果 MACD 能量柱已经翻红许久，价格上涨幅度过大，此时要关注是否出现背离以及价格是否接近上方压力位。

②激进多单进场后要严格止损，防止买盘后劲不足引发的冲高回落，以及买盘被市场消化后快速翻空，导致价格转为下跌。

③上涨趋势中出现这种行为，准确率较高且收益较高，震荡阶段次之。下跌趋势中先看反弹，再看反转。

（7）单边下跌行情中，虽然期间MACD指标也会出现买盘放量、能量柱由绿转红的情况，但是价格反弹幅度始终非常有限，而且持续时间较短。之后，能量柱会逐渐地再度翻绿，卖盘放出更大的量能，价格也继续单边下跌并不断刷新低点。

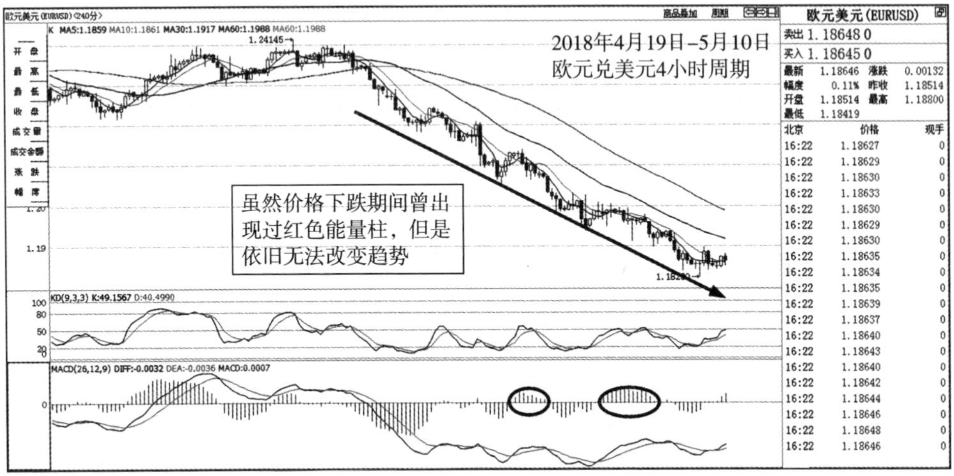

图 10–20

图10–20为2018年4月19日至5月10日欧元兑美元的一波中期下跌趋势。在这段下跌趋势中，可以看到，虽然下跌期间MACD指标能量柱也曾翻红过，但是持续时间很短，而且没有持续放量，所以价格并没有反弹多少就结束了，能量柱也再度翻绿，价格继续下跌，不断刷新低点。当价格准备反转趋势或突破某一个重要压力位时，是需要强劲放量且买盘持续放大的，如果动能不足，反转趋势必然会失败。

另外，投资者可以发现，在单边下跌阶段，绿色能量柱并没有不断刷新低点，在下跌中后期，绿色能量柱都比较短，这是为什么呢？其实这跟股市交易的道理有相似之处。当价格已经形成下跌趋势后，市场买盘已经消耗殆尽，此时只要略有一些卖盘，就可以起到“砸盘”的效果。汇率的涨跌也取决于供求关系，如果买的人少或者几乎没有，但卖的人还有很多，价格自然会下跌。一般价跌量增是在下跌形成初期，要用巨大的动能刺激价格跌破下方支撑，才能形成空头趋势。

操作要点如下。

①在单边下跌趋势中，如果 MACD 指标能量柱翻红，且投资者已经进场，但价格迟迟未反弹或涨幅很小，一旦红色能量柱开始变短或翻绿，多单应立即离场，以规避即将到来的新一轮下跌。

②如果单边下跌行情已经非常明显，在没有特别明确的信号或者多指标共振看涨的情况下，尽量不要逆势做多。

③当价格下跌到某支撑位或者出现红色能量柱后，可以轻仓尝试短线抢反弹。如果持仓过程中买盘能够继续放量，即使价格没有上涨，多头也是暂时安全的，可以暂时持有，等待价格上涨。

④为了避免多头动能持续放大，最好等待 MACD 指标红色能量柱开始缩短或翻绿后进场沽空。

（8）在价格处于单边上涨的阶段，虽然有时 MACD 指标能量柱也会翻绿，但是持续时间很短，且卖盘不能持续放量，回调幅度十分有限。之后，

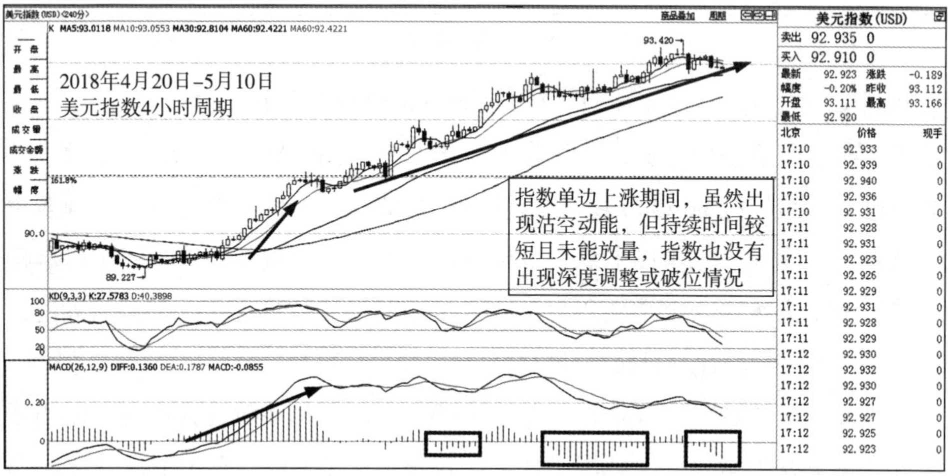

图 10-21

当 MACD 指标能量柱再度翻红时，价格会继续上涨甚至加速上涨，再度突破前期新高。

如图 10-21，美元指数的一波中期上涨行情中，在买盘的密集放量下，美元指数开始了多头排列的上涨趋势。在中后期上涨阶段，虽然也时常出现 MACD 指标能量柱翻绿的情况，但指数均没有出现太大幅度的回调。相反，当 MACD 指标能量柱再度翻红后，价格继续上涨，并不断刷新前期高点。

操作要点如下。

①单边上涨行情中，MACD 指标能量柱翻绿不要急于进场沽空，一是要看其他指标是否也发出了空头信号，二是看有没有跌破重要支撑位，打开下跌空间，最重要的是卖盘是否持续放量。

②单边上涨行情中，如果是买盘刚刚开始放量，可以顺势跟进。如果买盘开始减弱，应暂时观望。

③逢低做多时，要等待 MACD 指标绿色能量柱开始变短或翻红，或价格回调至比较强的支撑位且支撑有效。

④在上涨趋势中，MACD 指标能量柱翻绿后，投资者已经进场沽空，如果卖盘没有进一步放量，能量柱翻红，或者价格保持盘整或微幅下跌，都应该及时离场。这种情况说明卖盘逐渐被市场消化，后期下跌概率降低，相反还要规避可能出现的大幅上涨行情。

（9）当基本面因素对汇率造成强烈刺激时，汇率走势会突然大幅涨跌且密集放量，并且持续较短的一段时间。出现这种汇率大幅的放量上涨后，通常会跟随两种走势，一是快速大幅回落，二是稍作技术修复后，按照此前方向继续单边运行。

如图 10-22，2018 年 3 月 13 日至 22 日，美元兑加元货币走出一轮大幅度的多空轮转行情。首先，在行情上涨初期，买盘动能没有经历缓慢增长，红色能量柱也没有小幅度的逐渐提高，而是直接大幅放量，刺激价格快速拉高。在价格上涨阶段，成交量始终保持整体较密集且放大的状态，直到买盘开始连续缩量且 MACD 指标能量柱翻绿后，才展开下跌调整。

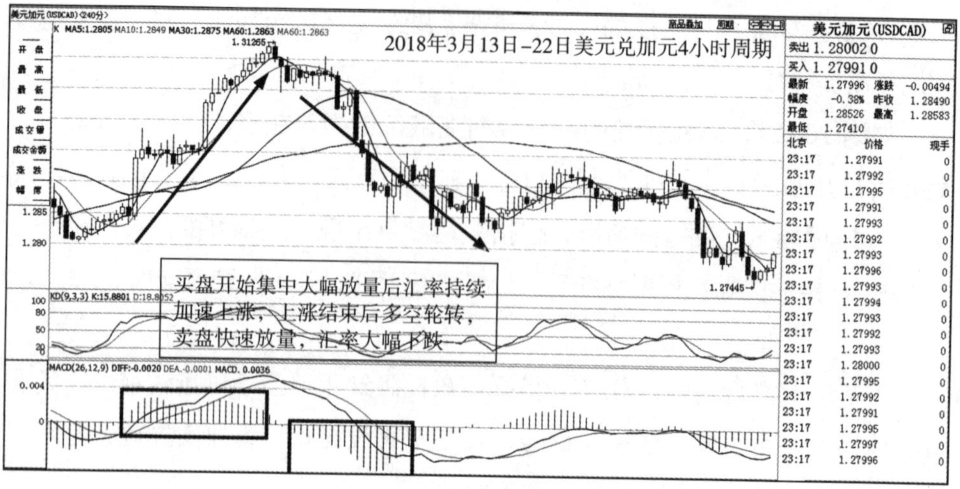

图 10-22

在下跌阶段，卖盘放量的力度也很强，所以汇率持续下跌，一直跌至前一轮上涨的起涨点附近。从这组走势来看，汇率密集放量涨跌过后，很可能会迎来力度相等或幅度更大的反向走势。

操作要点如下。

①当汇率出现密集持续放大量的行情后，只要 MACD 指标能量柱还没有开始缩短，而且价格没有到达阻力位，投资者都可以轻仓顺势交易。

②如果密集放量过后开始缩量，但是汇价却没有回调或只是小幅度回调，待再度放量或到达比较强的支撑或压力位时，可以参与交易。如汇价密集放量上涨，开始缩量时汇率价格横盘，或小幅度回落但没有跌破关键支撑位，那么当买盘再度放量时可买入多单。

③当汇率价格出现密集大幅度的放量涨跌后开始缩量，如果 MACD 指标能量柱颜色发生变化，而且价格回调幅度较大的话，反转概率较高。比如汇率价格密集放量上涨后开始缩量，这时不确定趋势反转还是技术回调，因为价格也没有到达强支撑位，所以暂时也不能继续做多。如果汇价依旧持续下跌并且跌破重要支撑位，那么反转概率较大，同时说明空头强势。若要逢低做多，要等待汇价回调至更强劲的支撑位而且 MACD 指标显示卖盘动能开始缩量。

（10）当汇率价格横向盘整且波动幅度较小时，MACD 指标的能量柱会红绿交替，表明多空动能势均力敌，谁都无法占据上风，指标曲线也会在 0 轴上下反复波动。在这种不确定因素较强的情况下，投资者应该保持高抛低吸的交易策略。如果震荡幅度比较小，就要采取观望态度，等待趋势明确。当盘整结束，汇价开始向某一方向突破时，必须要配合较强的动能，价格才有可能突破前期的震荡区间，走出单边行情。

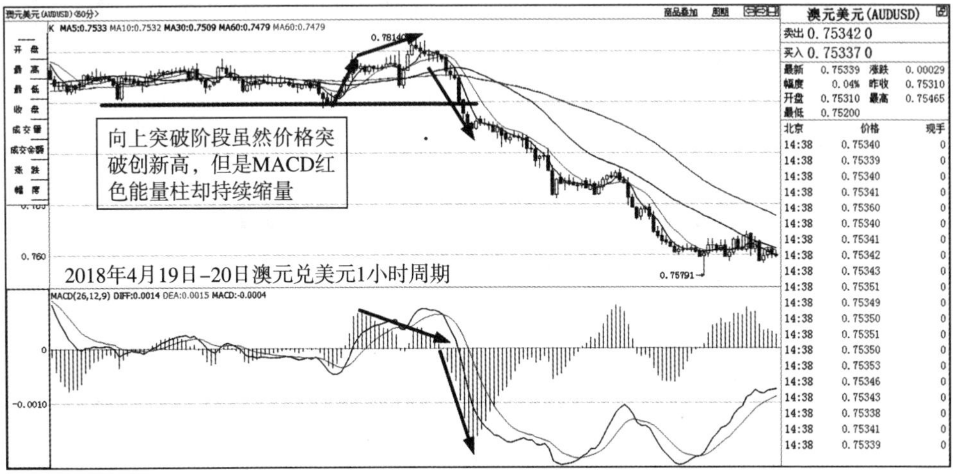

图 10–23

如图 10–23，澳元兑美元在 2018 年 4 月 19 日前持续盘整十余个交易日，所有均线系统黏合后横向运行，波动区间十分狭窄，属于典型的窄幅整理行情。4 月 19 日，全天汇率价格都在震荡上涨，并且连续刷新上涨高点。同一时间 MACD 指标的红色能量柱却是越来越短，预示做多人气正在逐渐下降。从前面内容得知，当价格盘整后起涨或者准备突破某一个强压力位时，必须要持续放出大的买盘量能，才有可能有效突破。目前这种上涨缩量的行为必然难以持续，最终导致突破失败，价格回到震荡区间内。

4 月 20 日起汇率开始走跌，MACD 指标的绿色能量柱开始不断变长，即使已经跌破了前期的盘整平台支撑，卖盘依旧在放量，所以这种下跌就有很强的持续性。最终震荡平台被有效跌破，汇率也展开了一波幅度大、持续时间长的单边下跌行情。

操作要点如下。

①当汇率价格突破震荡平台时，如果 MACD 指标红绿色能量柱没有创新高或新低，甚至缩量的话，则突破失败概率较高，不可进场。

②汇率价格放量突破震荡平台后，可以进场参与顺势交易。若持续放量可持仓，如果开始缩量而且价格大幅回调，且回到前期的震荡区间内，则说明突破失败，应及时离场，继续观望，等待下一次突破。

③突破平台后，若欲追涨或追空，要关注距离上方压力或下方支撑的空间是否充分，以及是否存在严重的超买或超卖行为。

第四节　随机指标（KD）

讲到 KD 指标，可能许多投资者比较陌生，或者会联想到 KDJ 指标。没错，两者其实是一种指标，只不过 KD 指标缺少了一个 J 值。外汇市场交易以短线为主，而 KDJ 指标的 J 值运行速度较慢，所以将其忽略，直接使用 KD 指标。

KD 指标中文名为随机指标，最早起源于期货市场。自 20 世纪 50 年代美国乔治·雷恩（George C. Lane）博士创立以来，历经岁月检验，已被证明是有效的经典技术分析指标。

随机指标（KD）适用于超短线、短线、中短线以及中线趋势的技术分析。KD 线的随机观念与移动平均线相比各有所长。移动平均线习惯上只以收盘价来计算，因而无法表现出一段行情的真正波幅。换句话说，当日或最近数日的最高价、最低价无法在移动平均线上体现，于是有些专家慢慢开创出一些更进步的技术理论，将移动平均线的理论运用发挥到淋漓尽致，KD 线就是其中一个颇具代表性的杰作。

KD 指标也是《孝寒点位交易法》交易模型中的指标之一，其指标参数为 N1=9，N2=3，N3=3。KD 指标的取值在 0~100 之间，当指标到达 20 以下为超卖区域，80 以上为超买区域。KD 指标就是将曲线形态与数值相结合，进行综合分析。

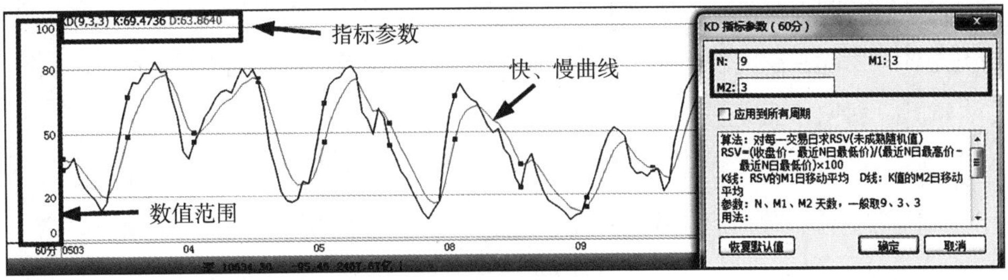

图 10-24

（1）当汇率价格下跌时，KD 指标持续向下。当数值跌至 20 以下到达超卖区后，反弹概率增加。一旦指标曲线形成金叉，将暂时筑底，随后反弹甚至反转。

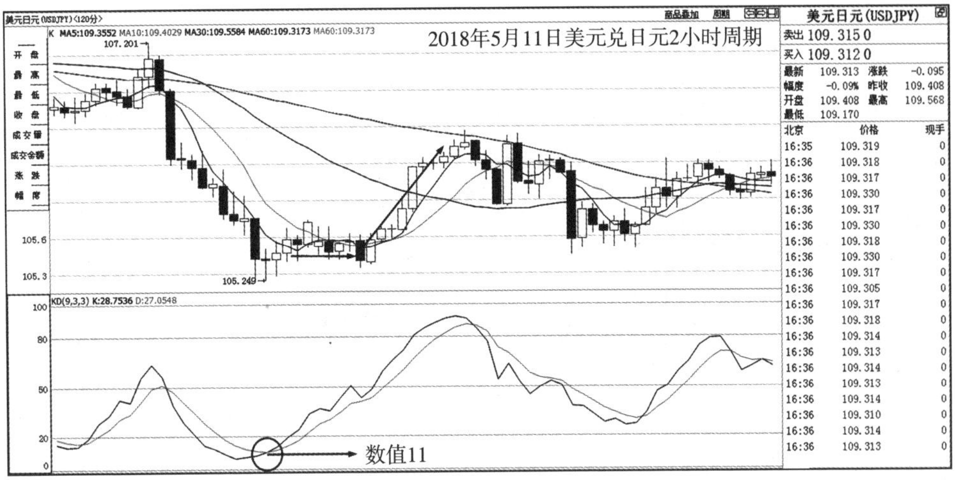

图 10-25

如图 10-25，2018 年 5 月 11 日美元兑日元亚欧盘阶段，汇率价格继续下跌，短线均线系统呈空头排列格局。KD 指标数值随着价格下跌到达超卖区，最低跌至 11，随后 KD 指标低位企稳拐头向上并形成金叉。汇率价格先是低位盘整筑底，随着 KD 指标曲线持续上涨且突破 50，汇率价格的上涨力度开始增加，随后三个交易日均为反弹行情，直到受到上方均线的阻力为止。

操作要点如下。

①如果反弹力度不强的话，KD 指标到达超卖区不一定会马上拐头大幅反

弹，而是先反转再金叉才会上涨，所以投资者可以等待KD指标在超卖区形成金叉后再进场做多。如果KD指标跌幅较大，已经低至10以下，且其他指标也发出底部信号，投资者可先行轻仓做多。如果KD指标顺利金叉，汇率价格确认反弹，可以进行补仓。

②即使KD指标数值到达了非常低的水平，也要严格止损，因为它可能还会向更低的位置运行或指标钝化，甚至略作反弹后再度死叉，加速下跌。

③KD指标金叉后，两条指标线上行的角度越大，价格反弹的速度以及幅度就越强劲。指标线上行的角度越小，说明反弹越无力，上涨速度越缓慢，重新死叉下跌的概率也会比较大。

（2）汇率价格上涨时，KD指标线到达80以上超买区域，此时汇价随时可能会见顶回落。如果KD指标曲线在高位形成死叉下行，上涨行情将暂时缓解或回调，甚至会反转下跌。

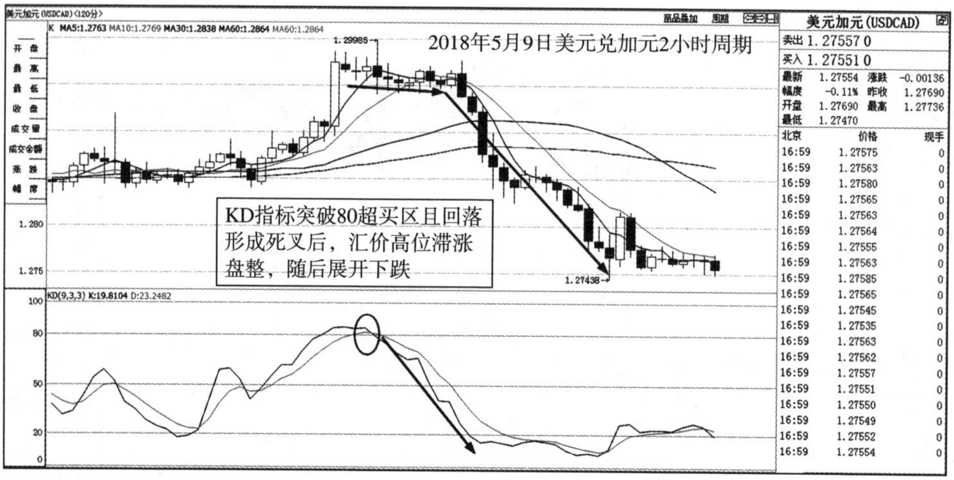

图 10-26

如图10-26，2018年5月8日美盘中后期美元兑加元汇率价格上涨至高位后滞涨，KD指标数值在80以上滞涨，逐渐拐头向下。5月9日凌晨，KD指标曲线在超买区形成死叉，随后的几个交易日虽然KD指标震荡向下，但是汇率价格却没有出现大幅度下跌。当日美盘阶段KD指标数值跌破50后，美元兑加元汇率价格开始大幅下跌，期间跌破多条均线支撑，两个交易日内下跌 1500 余点。

操作要点如下。

①随机指标达到 80 以上的超买区后，汇率可能不会马上展开下跌，有时会在高位稍作停留后展开调整，所以稳健的投资者可以等待 KD 指标线死叉后进场沽空。

②沽空后如果 KD 指标继续上涨，到达止损位后应严格止损。如出现指标下跌汇率补跌的情况，空单需要考虑是否要提前离场。

③ KD 指标线下行的角度越大，价格下跌的幅度与速度越强；指标线下行的角度小，则说明卖盘不足，KD 指标线重新金叉上涨的概率会增加。

（3）许多时候 KD 指标的下跌走势不是由一次死叉来完成的，一轮下跌行情中可能会出现两次甚至更多死叉。如果首次死叉下跌后，KD 指标金叉反弹，指标与汇价反弹的高度都没有突破前期高点，之后再度死叉下跌，往往第二次死叉引发的下跌力度更为强劲。

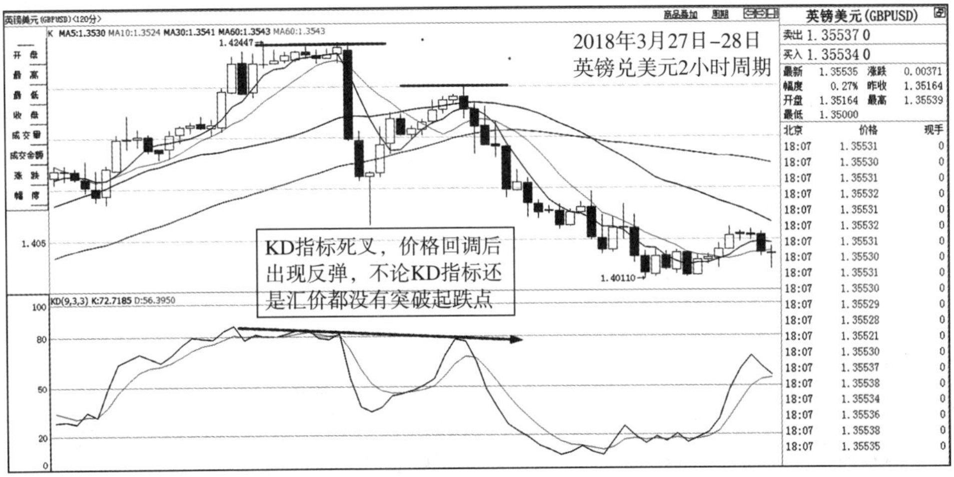

图 10–27

如图 10–27，2018 年 3 月 27 日英镑兑美元汇率高位见顶，KD 指标开始滞涨黏合，随后指标死叉向下，汇价走跌。KD 指标在数值 50 左右出现金叉，与价格一道反弹，但最终 KD 指标与价格均未突破前期高点。3 月 28 日，KD 指标再度形成死叉，此后的几个交易日英镑兑美元汇率持续下跌，KD 指标也跌至超卖区域。正常来讲，KD 指标从超买区下跌到超卖区域，算是一轮完整的下跌过程。如果期间再次出现反弹，那么只有两种可能，一是多头强劲，无法展开更大幅度的下跌。另一种则是市场继续消化多头，空头继续蓄势，准备展开更大幅度的杀跌行情。

操作要点如下。

① KD 指标下跌还没有到达超卖区域即形成金叉，若此时投资者持有多头头寸，可以暂时离场或将止损设置在 KD 指标金叉前最低价的下方，当 KD 指标再度死叉符合空头标准后，再行进场。

②在反弹过程中，如果 KD 指标以及汇价均突破了前期高点，那么空头信号将完全失效。

③ KD 指标下跌过程中出现第二次死叉，可能会引发汇价更大幅度的下跌，是很好的空单建仓以及补仓点。

（4）汇价上涨力度不是特别强劲时，KD 指标底部金叉反弹阶段，在未到达超买区之前可能出现调整。在调整过程中，KD 指标与汇价均不会跌破前一轮下跌低点，空头动能被充分消化吸收后，KD 指标再度形成金叉，价格也可能出现更大幅度的上涨。在一段完整的上涨行情中，KD 指标可能会出现 1~3 次金叉，但每一次金叉的低点都会有所抬高。如果 KD 指标跌破前面的金叉低点，汇价的上涨力度或将有所减弱。

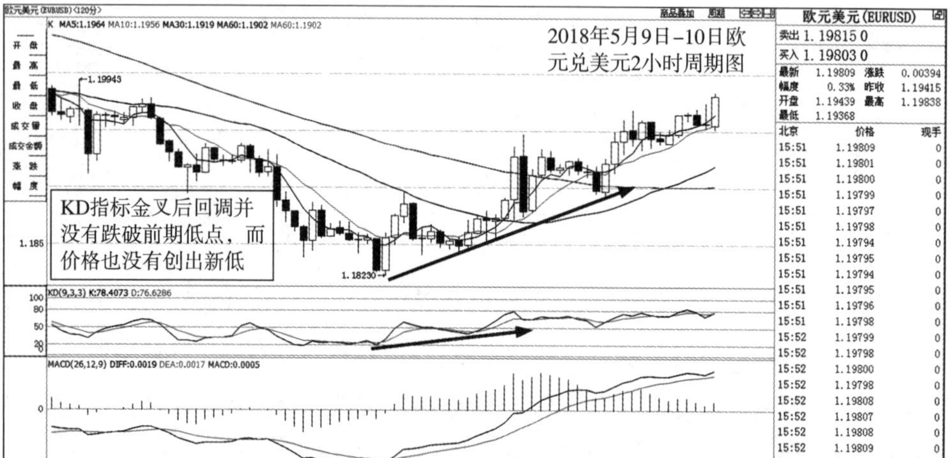

图 10–28

如图10-28，2018年5月9日，欧元兑美元汇率价格首次在底部形成金叉。但是由于当时MACD指标的多头动能尚不充分，而且价格遇到上方技术压力，所以再度回调下跌，此时KD指标形成死叉。汇价回调时卖盘动能并没有明显增长，回调力度也比较弱，所以当卖盘进一步消化后，5月10日KD指标重新金叉，汇价上涨且幅度更大，突破上方多道压力位置。

尤其是价格在底部反弹阶段，如果没有刺激特别强烈的基本面因素，不会马上大幅度反转，空头马上转为做多不太可能，所以需要在反弹阶段不断地消化市场的卖盘。如果多头能顶住压力，那么市场做空能量必然会逐渐减弱，天平就会向多头一方倾斜，价格自然就会由之前的震荡慢涨转变为加速冲高。

操作要点如下。

① KD指标在金叉上涨过程中出现死叉，如果此时投资者正持有多单，在不确定回调幅度的情况下，最好暂时离场。因为即使KD指标不刷新低点，价格也可能会跌破前期低点。如果KD指标回调没有跌破前期低点，二次金叉时可继续进场参与多头交易。

② KD指标金叉反弹后，如果形成死叉，KD指标与汇价均跌破前期低点，那么这个看涨信号将完全失效。

③ KD指标首次在低位形成金叉时，如果上方不远处有较强压力，且不确定是否能突破，可以选择观望或轻仓布局。如果后期价格突破压力，KD指标上行角度增加，可以继续持仓或加大仓位。另外，如果上涨过程中出现第二次金叉，也是多单进场以及补仓的好机会。

（5）当KD指标运行至超买或超卖区后，并没有金叉或死叉进行反转，而是选择在超买区或超卖区横向运行，这种情况叫做指标钝化，是一种非常危险的信号。出现这种情况，通常价格在进行持续的单边行情，逆向单一旦到达止损位，一定要严格止损。许多投资者在技术分析过程中出现大幅度的亏损，都是因为指标钝化时没有及时纠正错误导致的。

如图10-29，2018年4月20日，全天美元指数的KD指标都在超买区域运行。在这个阶段，价格几乎没有幅度过大的回调，反而一旦重新开始上涨，涨幅会更大，这就是单边行情的“威力”。如果投资者在汇价处于超买区时便开始沽空，而KD指标处于钝化状态，一旦汇价继续上涨且到达止损位，投资者一定要严格止损。如图中的汇价走势，如果空单在KD指标钝化状态下没有止损，那么最终将导致严重的亏损，甚至可能会爆仓。

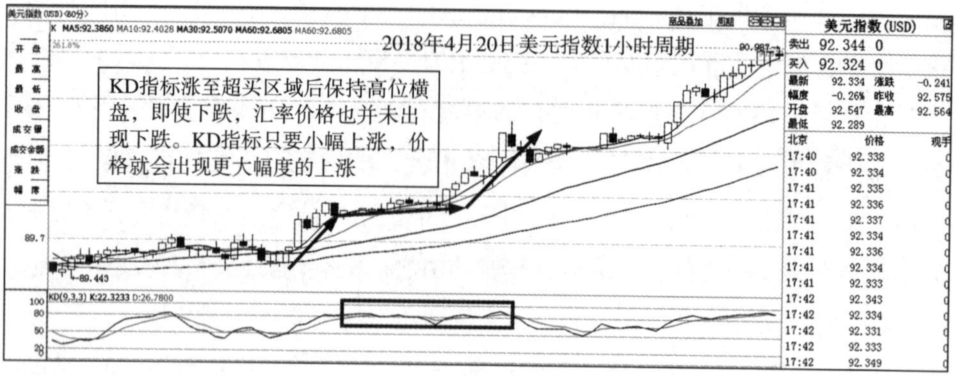

图 10-29

操作要点如下。

①按照前面KD指标的操作要点，在单边上涨行情中，若做回调反向操作，等待KD指标确认死叉下行后进行交易会更加稳健。

②沽空后，一旦指标在超卖或超买区域钝化运行，价格继续单边运行到达止损位，一定要严格执行止损。

③ KD指标钝化，即使价格始终盘整，反转信号基本上已经大半失效。

与其他技术指标一样，KD指标同样不能作为独立的交易依据，必须结合其他指标共同使用。在交易过程中，尤其需要注意在价格单边运行时，如果KD指标回调，价格却不回调，出现这种情况通常是回调力度不够引起的，价格继续单边运行的概率很大。另一个需要注意的是，在震荡区间，中长线K线周期中，KD指标很难到达超买或超卖区域，此时难以辨别方向，投资者可以利用KD指标进行波段交易。虽然中长线周期中KD指标数值波动不大，但可以切换至更短的K线周期中使用，利用短期KD指标的超买或超卖信号进行震荡区间的波段交易。

第十一章
外汇交易补充知识

一、拐点理论操盘口诀

外汇市场有一套“拐点理论”，这套理论的创始人不得而知，但是却简单实用，应用起来十分有效，只要按照口诀中的方法操作即可。唯一的难点就是需要投资者把每一条法则都牢牢记住并灵活应用，分析过程中能在第一时间分辨且归类。

拐点理论是专门应用在国际投资市场中的，如国际现货（伦敦金、伦敦银以及原油等）、外汇，在中国股票市场以及期货市场无效，因为这套理论主要是围绕行情各时段价格运行展开的。在介绍这套拐点理论时，笔者与自身的应用经验相结合，对该理论做了一些细微的调整。

1. 亚盘上涨，欧盘延续，美盘前后回撤是诱空

汇价上涨行情中高位横盘，早盘开盘后汇价一路上涨，午后欧盘阶段延续早盘的上涨格局，并且突破了亚盘的最高价位。到了美盘阶段（美盘前后 1 小时左右），价格出现快速回调，支撑位以欧盘的起涨点或者 1 小时周期 K 线图中的 MA10 均线为支撑，汇价回调后，美盘通常还会再度创出新高。

如果亚盘阶段汇价上涨，欧盘有延续，那么美盘前后一小时左右的回踩不可追空，逢低做多更为安全，一般美盘几乎很少马上反转下跌。

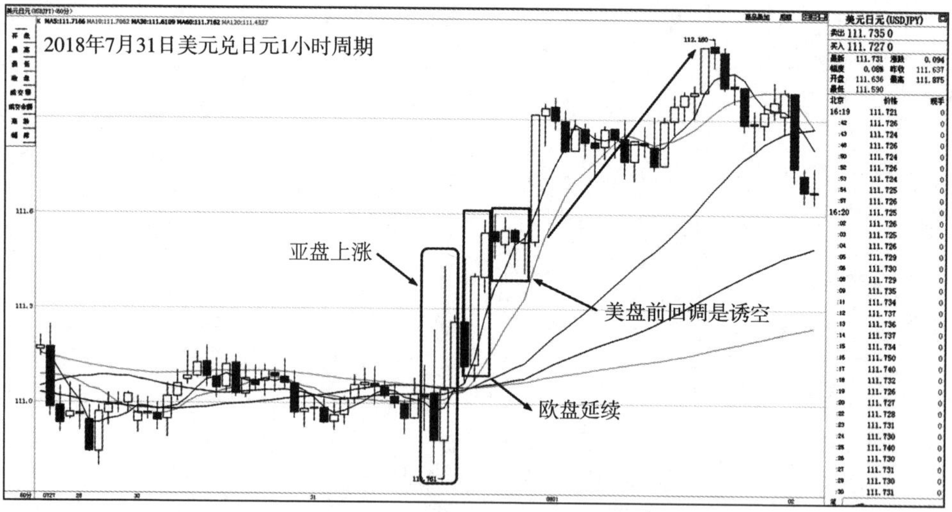

图 11-1

如图 11-1，2018 年 7 月 31 日，美元兑日元在亚盘阶段北京时间 12：00 开始加速冲高，突破了前期平台高点。欧盘阶段北京时间 15：00 开始连续两个小时加速冲高，并带动整个均线系统向上开口发散，形成单边上涨的多头排列形态。美盘开盘前价格滞涨并有小幅度回调，但是在北京时间 21：00 之后，也就是美盘开盘半小时后，价格再次冲高，一个小时上涨了 400 余点。

这幅图充分展示了拐点理论第一条法则的内容。一般来说，如果亚欧盘上涨，代表市场交易人气旺盛，美盘阶段顺势运行的概率是很大的。但是如果亚欧盘阶段价格涨幅过大的话，在美盘开盘前后进行小幅修复是很正常的。对这一条法则需要注意的是，在美盘前后价格回调阶段，如果下跌力度过强，跌破某重要支撑位，则是风险信号。

2. 亚盘急涨难延续，欧盘回落破底，美盘反弹是诱多

亚盘开盘后价格便出现一波快速上涨，但看似强劲的多头在午后风光不再，价格逐渐回调，并跌破了早盘的起涨点。那么美盘前价格很有可能会出现一波反弹，所以欧盘阶段不能低位去追空，要等待美盘反弹之后进行空头交易。

这条法则尤其是在上涨行情价格见顶的时候最容易出现。一波上涨过后，次日开盘延续上涨，快速冲高后，午盘开始下跌，破日内低点，美盘前后反弹回落。投资者在学习这些法则的同时，可以“脑补”价格走势。

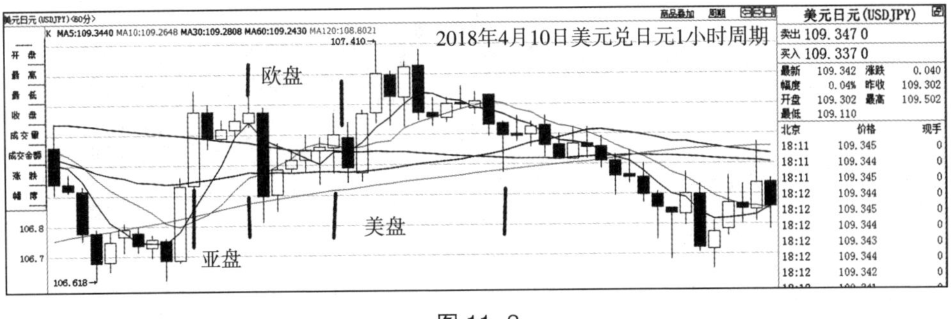

图 11-2

如图 11-2，美元兑日元在 2018 年 4 月 10 日的汇率表现中，亚盘开市阶段价格快速冲高盘整，欧盘初期便展开回调，随后价格再度小幅反弹。

20：00-21：00，美盘刚刚开始交易，汇价就出现了两个小时的快速上涨，随后展开持续的下跌调整。如果投资者在欧盘阶段调整时沽空，那么美盘阶段的反弹可能会导致交易止损。如果在欧盘下跌前进场沽空，可获取短线收益。但若没有及时离场，同样在美盘反弹时，若反弹幅度过大，也可能会导致止损。

若亚盘持续上涨，欧盘下跌破底，出现这种走势的话，在美盘阶段逢高沽空，安全性要相对高一些。

3. 亚盘急跌无“好事”

亚盘急跌主要表现在前期价格走势处于缓慢的下跌行情中，次日亚盘突然出现急跌（最好是 9：30 前）并且快速下探，跌破了前一个低点，但是又反弹到了起跌点的位置。随后再度下跌，但并未创新低，这个时候美盘阶段价格延续上涨的概率较高。这一点主要体现在美盘前 1~2 个小时。

亚盘急跌不要急于反弹沽空，而是要看反弹的力度。如果是一根大实体阳线到了起跌点，那么基本可以确立欧美盘很难创新低，交易策略就是回撤做多。

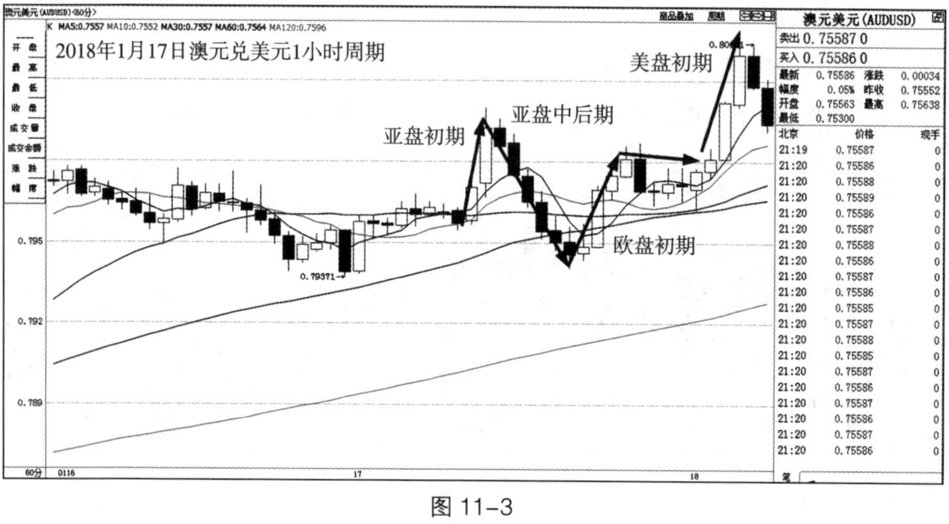

图 11-3

如图 11-3，2018 年 1 月 17 日，澳元兑美元货币 1 小时周期图中，亚洲盘刚开盘不久，7：00 开始，汇价便连续两个小时上涨超过 300 点。随后亚盘连续六个小时收出小阴线，直接跌至前期低点附近。欧盘开始震荡，最高反弹至日内高位起跌点附近。美盘阶段开始加速冲高，但冲高后滞涨，完成了一个交易日的全部走势。

寻找这一则拐点理论案例，笔者着实花费了一番功夫。拐点理论的所有法则不是每一天都会出现，一个专注拐点理论的投资者，一定是等待行情符合拐点理论法则时才进场参与交易。

4. 亚盘下跌，欧盘延续，美盘前后反弹是诱多

亚盘阶段汇率便展开下跌，但要注意的是这种下跌并不是急速下跌，可以是震荡下跌也可以是持续阴跌。欧盘阶段汇价也几乎没有太大幅度的反弹，反而延续亚盘的下跌走势，一般以 1 小时周期中的 MA5、MA10 均线为技术压力，尤其是 MA10 均线，始终难以突破企稳。如果下跌力度较大，则美盘前后可能会偏离 MA5、MA10 均线形成背离，汇价可能会选择反弹确认。但一定不能把它当成是底部企稳的信号，而是继续沽空。

当亚盘慢跌，欧盘延续，美盘前后 1~2 小时反弹，则继续逢高沽空。许多投资者发现价格在低位反弹，会认为是底部确认汇价将会反弹。亚盘、欧盘都以下跌为主，说明多头十分疲软，所以美盘反转上涨的概率会非常低。这一条法则与第一条完全相反，在此不做详细的图文介绍。

5.4 小时均线拐头向下，反弹是诱多，逢高沽空

当 4 小时周期图中价格出现在了 MA5、MA10 均线下方，切记一定要跌破 MA10 均线。一般在强势行情当中，看似价格拐头向下，但价格却守着 MA10 均线，这种情况横盘并不是为了下跌，而是消耗空头的动能延续上涨。

当价格处于 MA5、MA10 均线下方，即将死叉又并非始终维持，反弹一般会向 MA10 均线的位置确认，这种确认要等到快收线的时候。如果没有出现大阳线反弹，那么在这根回踩的 K 线收线前 10 分钟入场比较合适。这条法则在价格高位见顶或者阶段性见顶的时候出现比较有效，由于不需要根据一个交易日的各交易时段进行比较，所以在日线图中同样适用。

这一条看似比较复杂，其实非常简单。前面学习了均线的使用方法，这一条法则恰恰是关于均线的使用技巧。简单地讲就是当 4 小时周期图中均线系统形成空头排列时，价格反弹至 MA10 均线应逢高沽空。

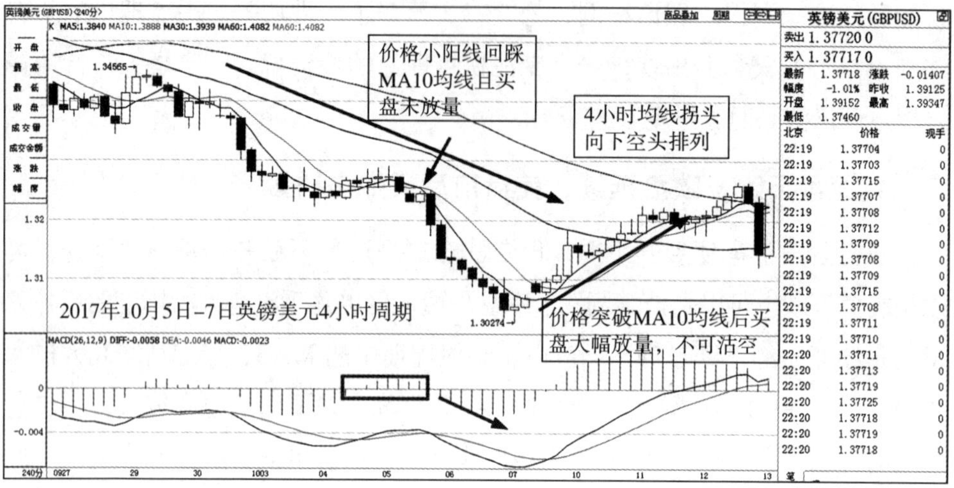

图 11-4

如图 11-4，2017 年 10 月 5 日，英镑兑美元汇率在 4 小时周期图中均线处于空头排列格局。亚洲盘后期价格盘整后震荡下跌至 MA5、MA10 均线下方，随后一根小阳线反弹回试 MA10 均线。此时 MACD 指标显示买盘动能并没有大幅放量，所以没有有效突破。随后汇价在 4 小时周期图中连续收出 8 根下跌 K 线。

拐点理论是一套实战性比较强的分析方法，简单实用，如果能有效地结合其他技术指标共同印证，效果还会进一步增强。比如图中英镑兑美元货币汇率下跌后又再度反弹，汇价反弹至 MA10 均线的时候，多头动能却出现了大幅度的放量，而且站稳了 MA10 均线，所以最终有效突破且反转。

6. 慢涨行情需加速，切勿盲目猜顶

如图 11-5，2018 年 4 月 18 日开始，美元兑日元货币汇率突破 1 小时周期图中所有均线压力后，开始震荡上涨，所有均线逐渐形成多头排列。在上涨初期，价格上涨力度不强，期间多有回调，均未跌破 MA30 均线，然后继续上涨，刷新前期高点。

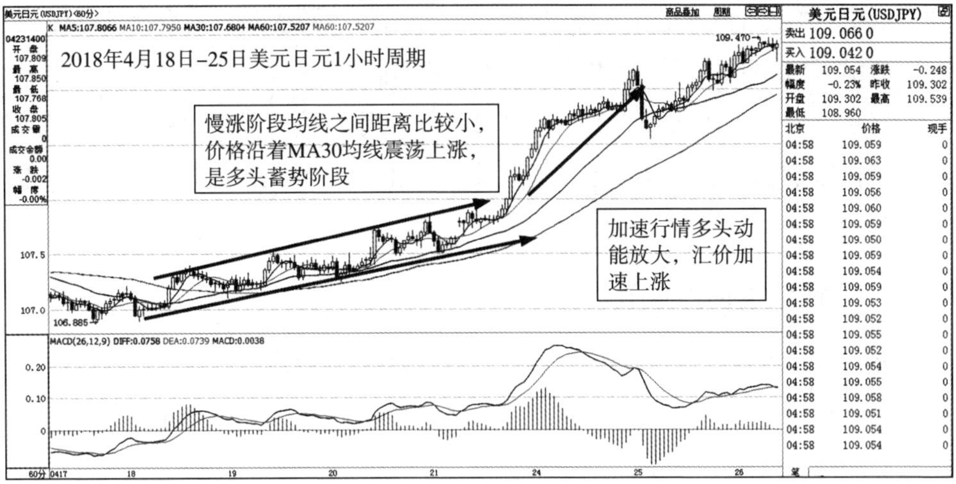

图 11-5

在震荡上涨阶段，多头放量明显，而回调期间空头几乎没有量能，所以是多头蓄势阶段。当多头蓄势充分后，汇价开始加速冲高，直到高位价格连续三个小时上涨出现背离后，才出现了幅度稍微大一些的短期回调。但是最后价格还是创出了新的高点，整个过程美元兑日元汇率上涨超过 2000 点。

该法则在小时线级别中都可以使用。当价格涨多跌少，多头放量，空头无量，汇价始终踩着某支撑保持向上的状态，这种走势也称为“逼空行情”，意思是逼着投资者在高位做空。因为并非是短期暴涨，所以总给投资者一种上涨力度不强和随时见顶的感觉。

对此要注意的是，当价格已经形成趋势，而且 K 线没有明确的顶部信号，或买盘始终保持放量或维持大幅放量，都是价格续涨的信号。单边行情最好待反转信号基本明确后再进场参与交易。

7. 慢跌行情需加速，切勿急于抄底

这种情况一般出现在不是很强势的单边下跌行情中。如何判断下跌力度强弱，主要通过下跌过程中汇价的反弹力度，以及动能指标的多空强弱来分析。价格在 MA5、MA10 或 MA30 均线的压力下下跌，并且其间没有出现均线突破。看似反弹但均未形成小阳线或十字星，整体反弹以盘整窄幅震荡为主。出现这样的情况，投资者不能急于进场抄底，而是依托上方均线或其他压力继续

顺势沽空。慢跌行情就是温水煮青蛙，通常慢跌行情蓄势充分后都会进行释放，汇价会出现加速下跌，之后才有可能出现底部信号。

拐点理论几乎不会添加其他技术指标，为了提高分析的准确性，笔者将其他指标添加了进去。这一条法则是上一条的相反情况，这里不做详细的图文讲解。

8. 下跌结束拐点理论

在下跌行情中出现快速的上涨，突破了小时及以上级别的起跌位置，并且在这个位置上面一直进行整理，二次回踩时并没有创新低，那么意味着阶段性底部或者反弹即将展开。

简单总结就是下跌当中快速拉升，并且站上起跌点，收盘于此位置上方，次日行情依托前高点支撑延续反弹。只有突破了起跌点，后面的回踩确认才是底部。这里所说的底部不是大家看到的 K 线最低点，因为没有绝对的底部位置，只有形成的相对价格支撑。

看到这一条法则，投资者可能会联想到一种 K 线形态，就是 W 底，其实这条法则就是基于 W 底形态而来的。

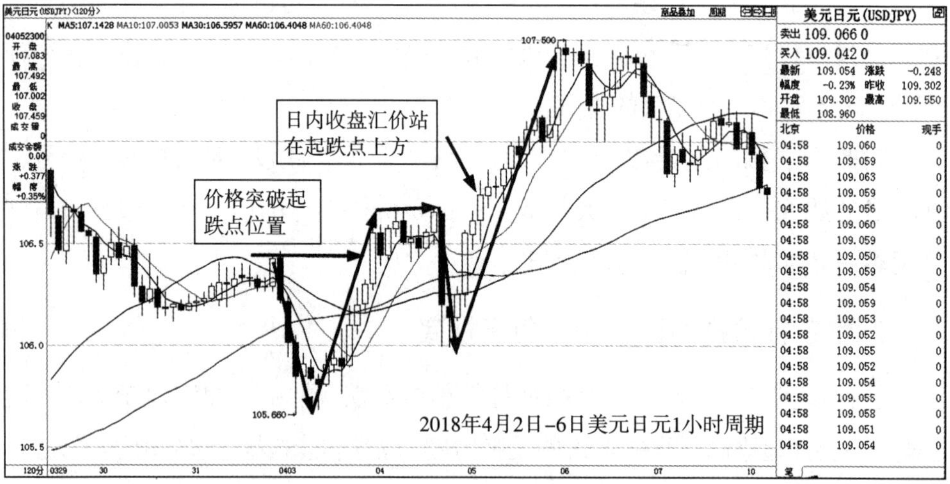

图 11-6

如图 11-6，2018 年 4 月 2 日至 6 日期间，美元兑日元汇价走出一波类似 W 底的走势。其中在 4 月 2 日美盘后期阶段，价格连续杀跌。3 日亚欧盘低位盘整后小幅反弹，美盘加速反弹，突破前一交易日的价格起跌点。

4 月 4 日亚欧盘阶段，汇价再度探底，最终探底回升，且二次探底并未跌破前期低点。美盘阶段持续反弹，最终收盘在前期起跌点与高点的上方。接下来的两个交易日，价格继续震荡上涨并且有所加速。

9. 上涨结束拐点理论

上涨行情中，价格快速拉高，之后形成慢跌回撤的走势，并且下破了拉升之前的起涨点位，即使后期汇价再度形成反弹，也未能突破创新高，并且多头动能明显减弱，当价格再度下跌且跌破前期起涨点，就意味着价格失守支撑位，阶段性见顶。这一条法则与第八条相反，这里不再详细讲解。

10. 阻力支撑判断

在台阶式上涨或下跌中，一般常用的阻力和支撑位主要以顶底转换为主。一个级别上涨之后回撤的支撑，往往是前面一个上涨当中的高点位置；一个级别下跌之后的反弹压力，也是前面一个下跌当中的低点位置。同时在极弱或极强的单边行情当中，最后一次刷新高点前的起涨或起跌点，尤其是凌晨收盘前的高低点，往往会成为第二天早盘行情的压力或支撑位置。

以国际黄金价格为例，如果金价从 1200 美元开始波动，当日几个波段下跌至 1100 美元，直至收盘没有出现大幅反弹，比如下探至 1100 美元后反弹，最高到 1115 美元，最终收盘在 1115 美元下方，那么第二天行情的压力位则是 1115 美元，以这个位置向上 2~3 美元设为止损位即可，然后继续顺势沽空。

在上涨行情当中也是同样的道理，1100 美元涨至 1200 美元，收盘前回调的最低点是 1190 美元，最终收盘在 1190 美元上方，那么第二天亚盘阶段继续顺势上涨的概率较高。止损位设置在 1190 美元下方 2~3 美元，如果跌破止损，就不可以再做多了。强者恒强，真正强劲的单边行情是不会出现大幅度回调的。

如图 11-7，2018 年 4 月 20 日，欧元兑美元货币在欧盘与美盘阶段均出现了大幅下跌走势，日内最低汇价为 1.22503。凌晨汇价反弹，最高至 1.23000，随后小幅回落。按照拐点理论法则，1.23000 即是次日的压力位置。

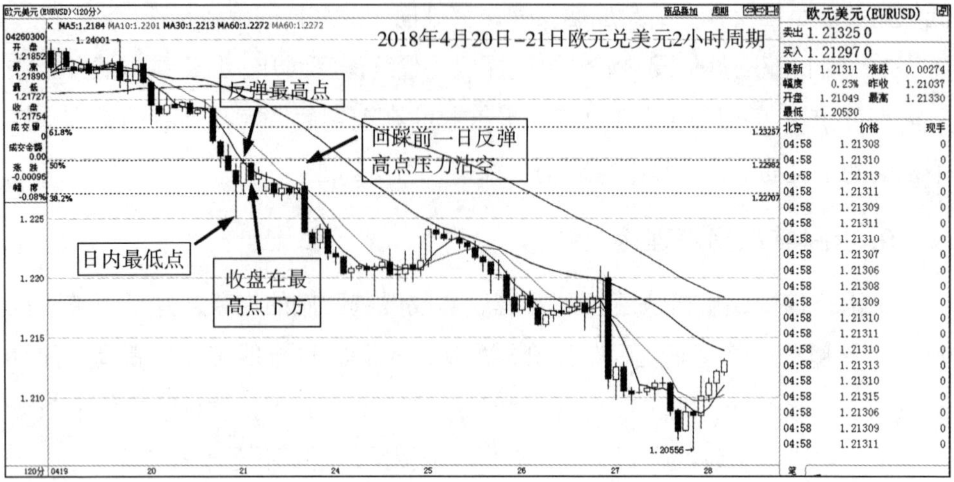

图 11-7

4 月 21 日，亚盘阶段价格窄幅盘整，欧盘阶段汇率反弹至 1.23000 附近后马上快速下跌，直接跌破前期低点，此后这种跌势一直延续。

图中可见，如果 4 月 21 日汇率突破了 1.23000，不仅冲破了前期的反弹高点，而且也突破了黄金分割线 0.5 的压力位，那么继续上涨的概率就会增加。如果出现这样的走势，投资者已经进场沽空，需要立即止损离场。

11. 亚盘反弹不过高，欧盘破底美盘空

在一般的上涨行情中，第二天开盘后亚盘若有一波延续性的上涨，这个上涨没有突破前一个交易日的高点，而是冲高回落，并且在欧盘阶段跌破了前一个交易日上冲高点前的起涨位置，那么欧盘下跌后，若美盘交易时段汇价出现反弹，就可以逢高沽空了。冲高—回调—逢高沽空，全部在一个交易日内完成，所以这是一条日内交易法则。

如图 11-8，2018 年 1 月 24 日，美盘阶段美元兑加元冲高回落，形成反弹高点。次日汇率在亚洲盘阶段震荡反弹，但未突破前一日高点，随后欧盘开始震荡回落。

按照这一法则的观点，美盘阶段若有反弹，则逢高沽空。美盘阶段汇价反弹至 1.23360，刚好触及上方均线压力位，可逢高沽空。日内美元兑加元汇率最低跌至 1.22824，2 个小时每手空单即有超过 500 美元的收益。

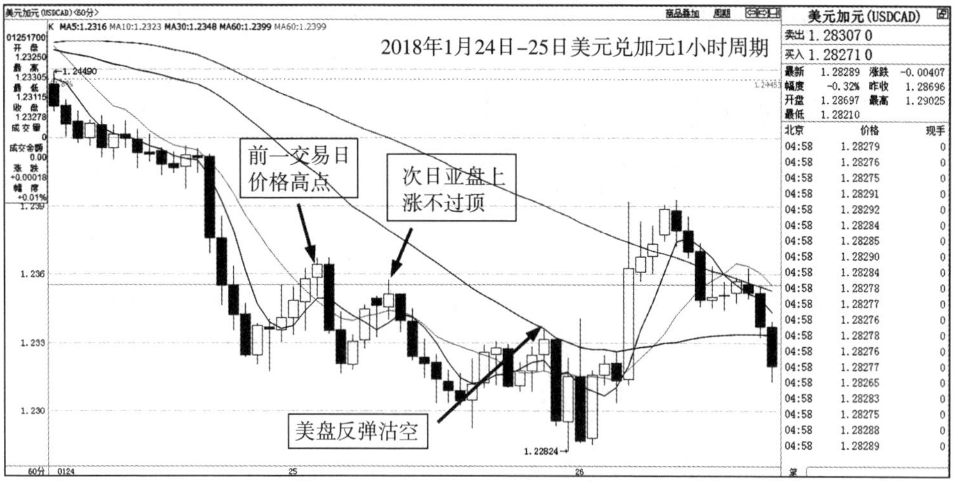

图 11-8

12. 亚盘急跌不破底，欧盘反弹破起跌点，美盘前反弹做多

在一般的上涨行情中，第二天开盘后，亚盘若有一波延续性的上涨，这个上涨没有突破前一个交易日的高点，而是冲高回落，并且在欧盘阶段跌破了前一个交易日上冲高点前的起涨位置，那么欧盘下跌后，若美盘的交易时段汇价出现反弹，就可以逢高沽空了。

这一条与第一条的走势刚好相反，也符合早盘即跌无好事的理论。第一条法则是破了底但反弹了，这一条则是下跌但不破底。例如，黄金前一晚最低价格是 1190 美元，反弹最高价为 1205 美元，随后保持在 1200 美元附近盘整。早上 9：30 前一个快速下探，直接跌到 1192 美元附近，但没有创新低。中午或者欧盘反弹上来，突破了 1200 美元即早盘的起跌位置。此时不能再逢高沽空，而是回撤之后以 1190 美元的低点为止损点做多。急跌不破底，反弹突破了起跌点，美盘大概率会延续上涨。

拐点理论的创始者并没有把这些交易法则细节化，讲述得相对笼统一些，但不缺乏准确度。与波浪理论等其他理论一样，每一位投资者都有不同的理解。想要利用拐点理论进行实盘交易，需要将每一条法则都牢牢记住，才能在看盘的时候第一时间发现当前的价格走势符合哪一条法则。从经验来看，拐点理论对于交易是可行的，但是如果能组建起一套自己的分析模型且行之有效，两者结合研判市场的话，准确率会有所提高。

二、如何组建自己的交易模型

本书讲解了许多技术分析指标以及分析方法，如果在实战中将这些分析指标轮番上阵对价格进行分析，不仅会错过许多交易机会，而且有时指标之间还会发出相反的信号，让人不知所措。实战中，需要对这些分析方法进行筛选和提炼，组建一套既有较高的准确率，又能灵活应用的交易模型。关于如何组建交易模型，有以下几点建议。

1. 了解指标是为了奠定基石

想要利用好这些分析指标，就要了解它们，知道每一种技术指标的优点与不足，这样才能掌握它的核心用法，做到取长补短。本书讲解的经典指标，有人觉得非常好用，也有许多投资者认为准确率低而放弃使用。其实有些人认为不好用，并不是指标本身的问题，而是自己对于指标的理解还远远不够。这些指标经过几十年的实践应用，延续至今成为经典，并不是没有道理的。

许多投资者接触了一个新的技术指标或分析方法后，只是学会了大概的用法，并未掌握指标的核心，使用了很短一段时间就认为这个指标不准确或不好用。笔者认为，一个分析方法或技术指标，尤其是这些经典指标，不是不好用，只是不会用。实战中我们要多去总结经验，深入研究指标的核心价值，才能提高指标的准确率。

2. 一种类型的指标最多选择 1~2 个

在分析软件中，界面大小是有限的，如果组合的视图过多，主图部分就会很小，分析的时候可能就会变得不精确，各种指标看起来也很“别扭”。笔者在《孝寒点位交易法》一书中，将分析模型分为三组视图，其中辅图指标仅有两个，分别是 MACD 指标和 KD 指标。

一套分析模型中，如果同一类型的指标选择的太多，由于其功能基本相近，只会画蛇添足，还会增加技术分析的工作量。在外汇市场中，笔者仅用不到 1

分钟的时间即可判断未来价格的基本走势，同时制定出应对各种可能走势的交易应对策略。在股票市场分析一只股票，也只需要 2 分钟左右的时间。如果是长线价值投资，需要分析财报，也不会超过 5 分钟。

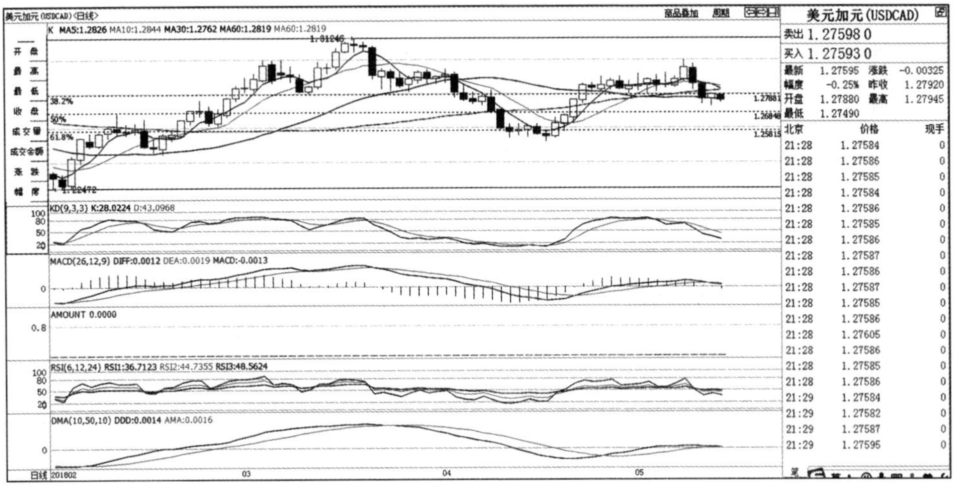

图 11-9

在此需要说明的是，技术分析不是使用的指标和分析方法越多越好，而是要用最快的时间做出最精准的判断。这就是为什么要筛选指标的原因，因为可以节省分析行情的时间，保证在第一时间做出正确的判断且进场参与交易。

3. 需要很长时间验证你的交易模型

如何确定自己的交易模型？并不是说达到一个很高的准确率才是一个好的交易模型。任何一个交易模型刚刚成形时，准确率都不会很高。在一套技术分析模型中，有各种类型的指标，相互之间可以取长补短，相互验证，其准确率只要达到 60% 左右就基本合格。此后就要不断地去应用它，看看是否还有不足之处。最重要的是熟悉自己的交易模型，多从自身去寻找问题，不要轻易否定交易模型。

拥有了自己的交易模型，后面要做的就是不断总结经验与完善模型，提高它的准确率。射箭是笔者非常喜欢的一项竞技运动，也非常擅长美式竞技反曲弓，当站姿与开弓方式等基础都定型了以后，就需要不断提高自己的准确率了。竞技反曲弓是有瞄准镜的，当射出的箭在中心点偏上时，瞄准镜需要向上调节；距离中心点偏左时，瞄准镜需要向左调节。不论是弓箭手还是神枪手，都是通过不断训练培养出来的。提高自己交易模型的准确率，就要在不断的应用中进行微调，让它去经历各种各样的行情，从中找出缺陷并加以弥补。

应用自己的交易模型进行交易时，如果分析是正确的，那么当下一次历史重演时，自然就清楚应当如何应对。如果分析错误，就总结经验，在下一次历史重演时做出改变，避免继续出错。久而久之，准确率必然会明显提升。

市场中没有 100% 准确的交易模型，只是比谁的交易模型稳定性更好，谁的成功率相对更高一些。当你的交易模型准确率达到了一个瓶颈，尽量不要试图去改变它，交易到了更高的境界，比拼的是经验与心态。

4. 学了新的分析指标不要急于加入交易模型

有的投资者在网上看到一些人分享的分析方法，或者是身边朋友介绍的技术指标，就迫不及待地学习，然后加入自己的交易模型中，这是非常错误的做法。

同样一套分析方法，每个人使用都会有不同的效果。例如艾略特波浪理论，许多投资者都在学习使用，但是每一个人数出的“浪”都是不一样的，这就是为什么波浪理论有“千人千浪”的说法。别人认为好用的分析方法，更多是因为他对这套分析方法已经非常熟悉并且深入理解了，作为初学者，可能你并不理解这种分析方法的真正含义，也根本用不出好的效果。换而言之，自己的交易模型，只要你足够熟悉和理解，成功率一样很高。

当然这里并不排斥学习一些好的技术指标或理念，但是核心还是要以自己的交易模型为主。学习其他的指标或分析方法，首先要考虑它是否能弥补当前交易模型的不足，或者自己的交易模型是否缺少这样一种分析方法或指标。

笔者把自己的交易模型制成了“孝寒点位交易法”，但并不赞成新入市的投资者去学习。首先大家要了解正在投资的市场，将这些技术指标应用娴熟，清楚什么叫做交易模型后，才可以学习借鉴。笔者还是建议投资者组建属于自己的交易模型。如果在起步阶段没有方向，可以借鉴这本书的交易模式，从中寻找一些灵感，或暂时用以指导交易。

5.《孝寒点位交易法》交易模块

柱状线指标：K 线、宝塔线。

趋势指标：均线。

震荡指标：布林线、宝塔线。

动能指标：KD、MACD。

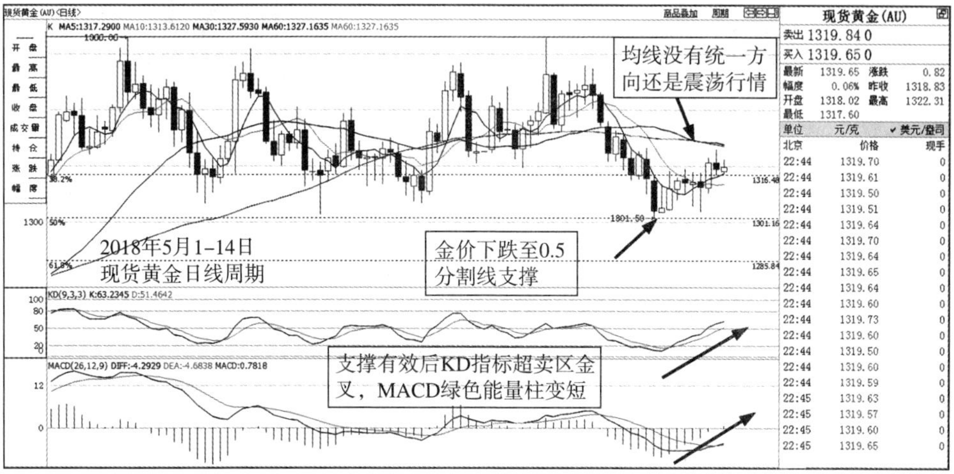

图 11–10

如图 11–10，2018 年 5 月 1 日，国际黄金价格继续下跌，刚好跌至黄金分割线 0.5 的支撑位置，日内支撑有效，并未破位，发出第一个买点信号。但是从当日 MACD 指标来看，卖盘还在放量。次日价格低位企稳，仍然没有破位，而且市场卖盘动能在明显减弱，这是第二个多头信号。第三个交易日 KD 指标超卖区金叉，MACD 指标显示空头动能进一步减弱，发出第三个多头信号。多个指标提示多头信号后进场做多，自然可以获得后期金价上涨带来的利润。

如图 11–11，2018 年 4 月 10 日至 20 日期间，欧元兑美元汇率价格始终在分割线 0.382 至 0.618 区间波动，期间虽有突破，但是幅度不大，最终回到震荡区间内。投资者在区间内按照震荡行情交易法进行交易，可以获取不菲的波段收益。

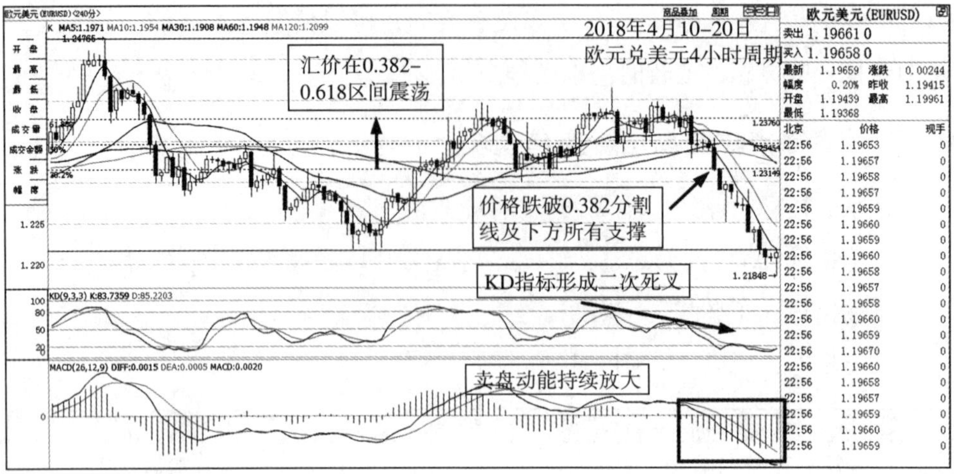

图 11-11

4 月 20 日美盘阶段，欧元兑美元汇率跌破黄金分割线最后一个强支撑，发出第一个沽空信号。此时 KD 指标距离上一次到达超买区已经形成了第二个死叉，发出第二个沽空信号。从 MACD 指标来看，卖盘动能正在放量，发出第三个卖出信号。由这些信号可以判断价格有效破位的概率极大。另外，当前价格下方几乎没有任何技术支撑，所以沽空获利空间很充分，跌至前期低点的概率很高，此时进场沽空的成功率是非常高的。

三、外汇交易“注意”事项

中国人民解放军之所以能够战无不胜、攻无不克，原因之一就是有着铁一般的纪律。投资者要想在市场中获得成功，也要有铁的纪律。许多投资者在专业理论或技巧上都非常成熟，也有丰富的实战经验，但是在交易上还是屡屡受挫，其根本原因就是交易太随意，没有养成良好的交易习惯，也没有严格执行交易纪律。很多交易上的小问题如果不给予足够的重视，实战中就会造成严重的后果。这里重点讲解一下外汇交易中的纪律以及注意事项。

1. 外汇交易的三大纪律

（1）一切交易服从交易策略。

当你有能力独立分析判断行情走势的时候，就会制定出一系列交易策略。

当前价格是什么趋势？压力在哪里？支撑在哪里？到什么位置应该做什么方向的交易，获利空间是多少？制定出了这样的交易策略，就应该坚决地贯彻执行，除非价格发生很大的变化，盘中出现了突发情况，或者等待的周期过长，导致各项指标发生了改变，否则就不要轻易改变。

由于价格跌宕起伏，很多投资者在盯盘时会失去耐心，这时候一旦价格稍微偏离了交易策略，就会怀疑自己的策略是否正确，结果轻易地就否决了花费大量时间制定出的交易策略，毫不犹豫地进行了与策略方向相反的交易，结果大多数交易都是错误的。

失败的投资者总是受市场波动的影响，虽然制定了交易策略，却不能坚决地贯彻实施，这样即使掌握了专业的交易方法和理论，也难以在交易中获利。执行自己的交易策略非常重要，这也是为什么把它放在第一位的原因。

（2）乘胜追击，溃败则逃。

经常玩牌的人都会遇到这种情况，牌顺的时候特别顺，点儿背的时候也是背到家，每局都是差牌。遇到这种情况，笔者就喜欢在牌顺的时候逐渐增加筹码，扩大战果；运气变差的时候，就小钱试水，这样才能使盈利放大，亏损减少。其实投资的道理是一样的，赚钱的时候要乘胜追击，亏钱的时候要及时止损。作为一个专业的投资人，一定要特别清楚自己当前的交易状态：什么时候应该加大仓位，什么时候应该轻仓试水。

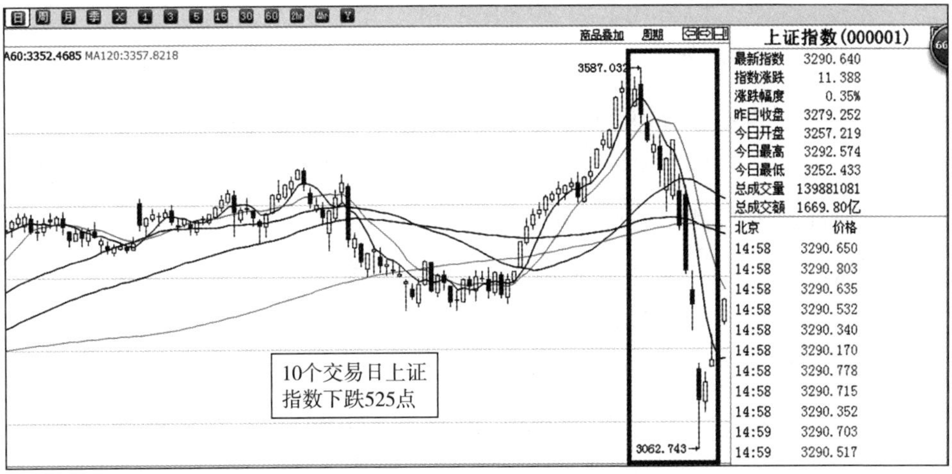

图 11-12

如图 11-12，2018 年 1 月 18 日，上证指数收盘为 3474.75 点，正是上涨势头正盛的阶段。各种媒体都在鼓吹新的牛市行情，但是笔者却发现了大盘见顶的信号，于是在各个平台发表看空言论。结果未来几个交易日市场依旧在上涨，同行们的嘲讽以及投资者的质疑接踵而至，但是笔者依旧坚持自己的观点。结果是从 1 月 29 日开始，上证指数仅用了 10 个交易日的时间，就从 3587.03 点跌到了 3062.74 点，创下了 8 个月以来的新低。

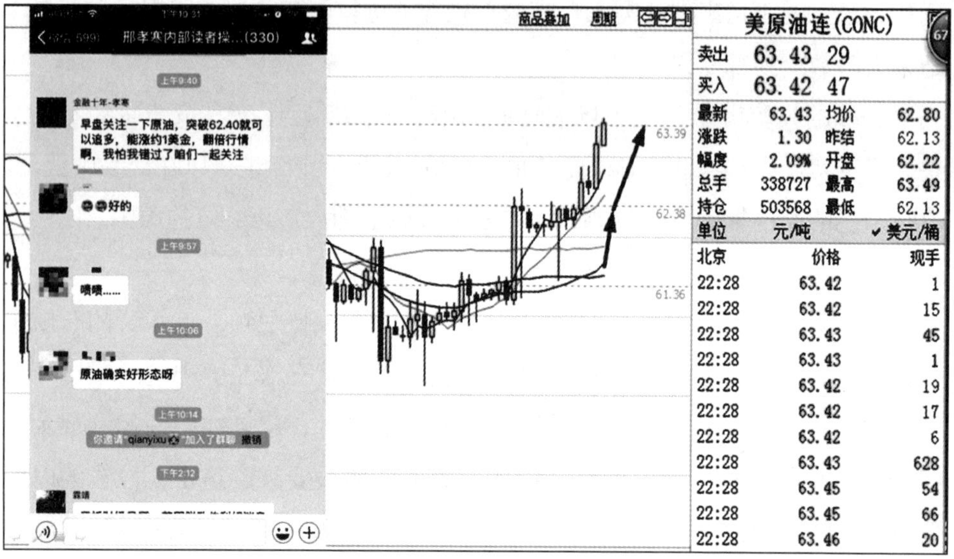

图 11-13

如图 11-13，2018 年 3 月 20 日 9：40，国际原油价格还在 42.40 美元下方震荡，始终无法突破上方的分割线压力，但是也没有出现较大幅度的调整。盘整蓄势的时间越长，突破后的力度也越强，当然这只是其中的一个原因而已。当时笔者便提示，要重点关注美原油这个品种，一旦突破 62.40 美元这个位置应马上追涨，预期目标是 63.40 美元。当日下午 1：40 开始，油价突破压力加速上涨，晚间 10：10 左右到达 63.39 美元，价格走势完全与预期和交易策略一致。

许多读者经常问，为什么笔者对有些行情特别肯定，主要原因有两个：一是多年的交易经验积累了足够的信心，二是在以往的交易过程中，因为朝令夕改，也接受过血淋淋的教训。另外还有一点就是“感觉”。做交易感觉很重要，当你的技术以及经验足够成熟的时候，经常会对某些行情产生特别自信的感觉，认为价格一定会这样或者那样运行，最终到达某一个位置。交易越成熟，经验越丰富，这种感觉出现的频率就越高，而且一旦出现，准确率也是相当高的。当然不管感觉如何强烈，信心多么足，下单后还是必须设置止损。当我们出现这种感觉的时候，一定不要犹豫，不要胆怯，勇敢地进行交易。

如果在一段时间感觉自己的交易特别顺利，赚多亏少，交易准确率极高，那么应该适当增加交易频率，乘胜追击，积极扩大战果。不论投资者多么专业，交易多么老道，还是会遇到一些自己不熟悉的行情，或者自己不擅长的技术形态或趋势，在这样的市场环境下，交易效果肯定不佳，出错率提高，甚至出现连续性的止损交易。

当一段时间内交易不顺利的时候，要以规避风险为主，切不可勉强交易。市场永远是对的，千万不要跟它作对，否则最终受伤的必然是自己。如果你跟市场赌气，跟自己赌气，明知道拼不过还上去厮杀，可能只需要一次，就足以让你万劫不复。

交易时，越是顺利的时候越要乘胜追击。屡遭失败时，要变成一个隐士，韬光养晦，耐心等待有把握的机会出现。

（3）下单之后必须设立止损。

关于止损，这是一个老生常谈的问题了。这个问题也是导致大多数投资者严重亏损甚至爆仓的原因，所以必须要反复强调。许多投资者从来不把设置止损当回事儿，认为自己很专业，当价格到达心理的止损价位，手动平仓就可以了。但是当价格真的到达应该止损的位置时，心态往往会发生变化，最后的结果可能是继续持有方向错误的单子，更有可能继续追加仓位，做最后一搏。运气好的话，确实有翻本的可能，但是只要一次失败，就足以让你的账户归零，再无翻身的机会。

下单交易后，第一件事就是设置止损，养成这样一个良好的习惯，要从模拟交易的时候做起。至于下单后是否设置止盈价位，这一点可以因人而异。如果实时盯盘，完全可以手动止盈。哪怕止盈不及时，盈利减少，或是盈利归零，至少不会亏大钱。如果下单后无法盯盘，就一定要设置止盈，甚至不论盈亏，立即平仓。如果不能掌控价格的一举一动，离开盘面的这一段时间，可能会出现无数种可能性，价格是涨是跌，是盈是亏，完全交给了命运。为了杜绝这种不确定的风险，马上平仓离场是最佳选择。

设置止损时，可能会遇到这样的问题，比如做了一个多单并且设置了止损，价格反方向运行，最终跌到了止损位，单子被系统自动平仓，然后价格就开始拐头上涨。这种情况是经常出现的，也是导致许多投资者下单后不喜欢设置止损的原因，认为止损经常是错误的，不止损可能还有盈利的机会。

即便遇到这样的情况，建议投资者还是坚持下单后设置止损。如果经常进行错误的止损，说明进场的点位非常不好，或者止损位设置有误，应该从自己身上找原因，提高分析能力。

此外，虽然偶尔出现了几次错误的止损，损失了一些资金，但是只要有一次止损是正确的，就可以帮助我们减少巨大的损失，甚至规避爆仓的风险。相反，经历了几次错误的止损就放弃这项操作，一旦出现错误的交易，特别是恰好遇到单边行情，大幅度亏损可能都算不上损失惨重，损失惨重的很可能是爆仓。

2. 外汇交易的八项注意

（1）注意资金合理配置。

资金配置是许多投资者经常忽视的问题，有的投资者甚至根本就没有考虑过这个问题。笔者曾经接触过许多投资者，在交易时想买多少买多少，钱多下单量就多一些，钱少就少买一些，有时完全看心情，根本就没有经过任何思考，所以经常大赚大亏或小赚大亏，这样的习惯非常不好。

①根据资金量决定下单量。

资金量大，下单量可以适当增加一些，资金量比较小，就要减少下单量，但是最好有一个固定比率，单笔交易下单量切不可过大，否则会造成重仓交易。

举个例子，账户里有 10000 美元，每次用 5000 美元的资金下单，以外汇交易为例，如果亏损 100 个点，那么亏损金额约为 500 美元，若止损为

500点，那么一笔交易最终亏损约2500美元。如果连续两笔交易失误，那么50%的资金就亏损了。如果还是按照5000美元的下单量，那么这笔交易就是满仓，可想而知，爆仓的结果离自己是多么近。

如果第一笔亏损后再降低下单量的话，以往的交易是重仓亏大钱，现在下单量降低了，获得的盈利必然也会降低，最终的账户别说盈利了，想赚回本金都是一件非常困难的事情。不论是外汇市场还是其他投资市场，普通投资者的账户资金一旦亏损幅度达到50%，想要赚回本金就很难了，因为剩余的资金需要翻倍才能实现。对于很多投资者来说，在交易中稳定获利都很困难，更别说是翻倍的盈利了。如果账户资金亏损了50%以上，要么停止交易，将剩余的50%资金取出离开市场，要么继续增加本金，至少达到亏损前的初始资金状态。

确定下单量是很重要的一件事，一般笔者建议以资金总量的10%~20%进行交易，这是比较合理的仓位，这样的下单量，也称为主动降杠杆。

如果10000美元的本金全部进行交易，以100倍杠杆来计算的话，则是充分利用了杠杆。如果以1000美元的资金作为保证金进行交易，则仅用了10倍的杠杆。

投资者要合理应用外汇市场的杠杆，也要学会根据不同的情况随时调节杠杆。利用10%~20%的账户资金进行交易，既可以获得丰厚的收益，又可以降低风险。对于稳健的投资者来说，只要能够保证一定的准确率，资金就会形成滚雪球的效应。即使是那些刚入市的新手，以较轻的仓位进行交易，哪怕准确率比较低，账户的资金净值损耗得也不会太快，还可以在交易中多总结经验。一旦确定好自己的下单量，就不要轻易去改变它，时而重仓时而轻仓是不行的。

②根据交易方向决定下单量。

投资界有句话叫做“顺势为王”，意思就是做顺应趋势的交易风险更小，获利的机会更大。进行与趋势相反的交易，获得的往往是蝇头小利，却伴随着巨大的风险。当然，进行与当前趋势相反的交易也并不是一无是处，如果投资者抄底成功，在价格较低的价位进行多单交易，或者成功预测到价格的顶部，在较高的位置进行沽空交易，就能获得相当丰厚的回报，只不过难度很大，概率很低。

大概率事件可以更大胆地去博弈，至于高风险的机会，可以用小仓位去尝试。比如一波正在单边上涨中的行情走势，如果我们准备顺势交易进行多单操作，下单的仓位可以适当放大，但是最好将仓位控制在资金量的20%~30%。如果准备顶部沽空，就是属于逆势交易，自然要以较低的仓位去尝试交易，仓位要控制在总资金量的10%~15%。坚持这种资金配置习惯，账户会一直保持健康的状态。

③根据是否补仓决定下单量。

补仓是交易中经常进行的一种操作，但是也不能无底线地补仓，否则遇到单边行情是很麻烦的，另外补仓数量也很有讲究。补仓一般有两种情况：一种是顺势补仓，一种是逆势补仓。顺势补仓是在交易方向正确，想要扩大战果的情况下补仓，这种补仓方式要求补仓的数量逐渐减少。逆势补仓则是交易方向错误造成亏损，为了降低持仓成本而补仓，这种补仓方式需要补仓的数量逐渐递增，这样才能有效降低持仓成本。如果补仓的数量逐渐减少，对于降低持仓成本起不到太大的作用。

在进行交易前，投资者并不能确定这笔交易是成功还是失败，因此建议首次下单的仓位不超过20%。如果交易正确，想通过补仓扩大收益，则以15%、10%、5%这种递减的方式补仓。如果用递增的方式补仓，一旦行情反转，不仅可能利润皆无，由于仓位的增加，还可能造成账户亏损。

如果交易失败，投资者想要补仓降低持仓成本，那么就需要以30%、40%这种递增的方式补仓，而且最好只补仓一次，以免遇到单边行情，造成更严重的亏损。

另外，亏损补仓的前提条件是不远处价格有较强的支撑或者压力，可能导致价格反转。如果投资者不能确定价格在哪里会大概率反转的话，最好选择直接止损而不是补仓。

一般来讲，当进行了一笔交易后，价格不仅没有按照预期的方向运行，反而走向错误的方向，基本上说明判断是错误的。在错误的交易中补仓，失败的概率要比成功的概率更大，所以尽量不要在交易错误的时候补仓。除非在交易前的计划中就已经制定了补仓点位，否则不要在盲目的情况下补仓。

合理的资金配置在交易中至关重要，这一点随着投资者对交易的认识不断加深，体会会更加深刻。要在刚刚开始接触交易时就养成良好的习惯，最重要的是保持冷静的头脑，不要一时冲动，做出错误的行为。

（2）锁仓等于慢性自杀。

所谓“锁仓”“对冲”，简单地讲就是同品种进行数量相同的一多、一空两笔方向相反的交易。如果是专业投资人有计划有策略地对冲锁仓，或许有利可图。但是大多数普通投资者锁仓时，完全是因为无法承受亏损或不甘心亏损而进行的，那么这种锁仓行为一定是错误的，一旦无法正确解锁，不仅不会降低损失，反而会造成更严重的后果。

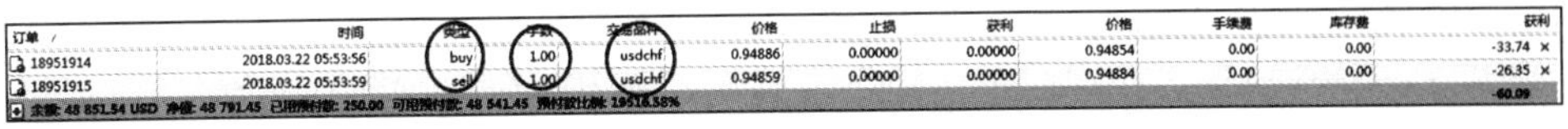

订单 /	时间	类型	手数	交易品种	价格	止损	获利	价格	手续费	库存费	获利
18951914	2018.03.22 05:53:56	buy	1.00	usdchf	0.94886	0.00000	0.00000	0.94854	0.00	0.00	-33.74
18951915	2018.03.22 05:53:59	sell	1.00	usdchf	0.94859	0.00000	0.00000	0.94884	0.00	0.00	-26.35
余额: 48 851.54 USD 净值: 48 791.45 已用预付款: 250.00 可用预付款: 48 541.45 预付款比例: 19516.58%											-60.09

图 11–14

2011 年的时候，有一个特别典型的因锁仓导致爆仓的案例。有一位特别激进的投资者，几乎每一笔交易都不设置止损，如亏损到达了自己的承受底线，就以较大的亏损幅度止损，或以锁仓的形式锁定损失。但是锁仓后，每一次解锁都以失败告终。

有一次交易再度出现了错误判断，长时间持仓后已经造成了十分严重的亏损。由于此时账户资金已经有限，这位投资者也十分清楚，如果此时止损，以当前的账户资金量，想要翻本十分困难，所以他毅然选择了补仓。由于没有能力再一次承受失败，所以对于如何解锁他十分犹豫，迟迟不敢做出行动。由于外汇交易采用保证金的方式，隔夜需要缴纳一定的费用（隔夜费），经过长时间的锁仓后，最终因日积月累的隔夜费导致爆仓。

如果投资者在交易时出现了错误，没有合理的补仓位置，应该直接选择止损离场。

一般锁仓交易会出现以下几种情况。

①锁仓交易中，看涨的交易在价格的最高位平仓，然后价格反转下跌至

较低价位附近时，将看空的交易平仓。这样锁仓的两笔交易全部实现盈利，也是最完美的解锁。

②当价格上涨至价格高位时，锁仓交易中的多单平仓，实现盈利。之后价格下跌但幅度与力度有限，空单在略微亏损的状况下平仓，最终两笔交易相抵后盈亏持平。

③当价格运行单边行情时，锁仓交易中的顺势单率先平仓，但是价格却依旧在顺势运行，剩下的一笔反向单就会继续扩大亏损。如果继续锁仓，中间差价进一步扩大，解锁难度更大。如果继续持仓，亏损就可能会一直延续下去，不知尽头。

大多数投资者在进行锁仓交易时，通常都会出现第三种情况。一旦解锁不成功，反复锁仓，难度越来越大，投资者就更难以处理，所以投资者千万不要轻易尝试锁仓！

（3）不要被别人诱导。

在金融投资领域十几年的时间里，笔者结识了许多志同道合的业内好友，大家时常在一起交流投资心得。每个人都有自己的一套交易模式和理论观点，大家的看法也会有一定的差别，有时候还会截然相反。笔者交易的时候，曾经也被其他人的观点所左右，否定了自己的观点去相信他人，最终却发现对方是错误的，而自己最初的策略才是正确的。

有人认为自己还是个新手，遇到那些比自己经验丰富、技术更熟练的人，就觉得他们的建议一定比自己正确，其实不然。每个人都有自己的一套交易模型和交易理念，当大家在一起交流的时候，对方可能只会给你简单地讲述其中的一部分而非全部，这不完整的内容会让你摸不着头脑，造成误导。

另外，许多交易理论与技巧都是只可意会不可言传的，是一种经验的累积，也是一种感觉。在《孝寒点位交易法》一书中，虽然笔者介绍了自己外汇交易的一整套交易模型，但是依旧有许多东西是无法用文字表达和讲述的。听从别人的交易策略与建议，不论成功还是失败，你都无法从中吸取到经验和教训，完全像是一个机器一样下单、平仓。即使是刚入市的投资者，也应该独立地进行交易，把命运掌握在自己手上，哪怕是用很少的一部分资金轻仓试水，也可以慢慢完善自己的交易体系，不断地积累经验。即使交一点学费都是值得的，至少可以知道这笔交易为何建仓，为何盈利，为何止损，日积月累，就能在交易中有所收获，逐步成熟。

专业交易者都是孤独的，大多数人都在一个安静封闭的空间内，对着多台显示器一坐就是一天，交易的时候很少与外界联系，每天都是起床、看盘、交易、总结、休息，周而复始。只有每天坚持看盘交易，对交易的感觉和对市场的理解才会愈加深刻。

现在互联网发展十分迅速，各种金融投资微信群、QQ 群很多，有些投资者或者觉得交易很枯燥，或者觉得自己交易水平不佳，因此总是加入很多个交易群凑热闹。这里有很多投资者发表自己的观点，如果你觉得有道理，就会相信甚至是执行，就会影响交易的准确率。要想做好交易，不要往人多的地方凑热闹，要专注自己的交易，把更多的时间留给研究市场。

（4）金融投资不是赌博。

很多人经常把金融投资和赌博混为一谈，认为炒股时买入一家上市企业的股份就跟赌博一样，不是涨就是跌。炒外汇不就是选择一组货币然后买涨或买跌，对了就赚钱，错了就亏钱吗？

金融投资绝对不同于赌博，只要投资者找到了正确的方法，形成一套行之有效的交易模型，是可以获得稳定盈利的。比如股票投资，只要充分了解了上市公司，娴熟地掌握了量价之间的关系，找到了判断机构操盘行为的方法，就有机会在股市中获利。在外汇市场，只要每天关注新闻，了解国际大事并且规避风险行情，熟练地运用各种分析指标，并能良好地调节自己的心态，也是可以获利的。笔者一直认为，任何事情都有可能成功，只要找到成功的办法。

（5）消息面行情要以观望为主。

所有投资者进入到外汇市场，都想以小博大，赚取更多的利润，这一点无可厚非。外汇市场经常出现超级大行情，半小时内翻倍的行情比比皆是。有些大行情交易时有一定的把握，有些行情不确定性极高，风险极大。

在外汇市场，经常会出现一些突发事件，比如公布重要的经济数据、重要官员讲话以及货币政策变化等，这些基本面因素有可能对市场产生巨大的影响，在极短的时间出现大幅的行情波动。这些重要的基本面因素可以令投资者在极短的时间内获得巨大的财富，也可能造成十分严重的亏损，所以是否参与基本面行情的交易，是一个需要谨慎考虑的问题。

对于那些刚入市不久或者资金量较小的投资者，笔者都会严令禁止基本面交易，哪怕是一组影响甚微的数据，也会让其空仓规避。入市不久的投资者，对于市场的波动规律以及数据行情的经验不足，亏损的概率远大于盈利的概率。

资金较少的投资者更不易进行风险巨大的交易，因为一旦交易错误，很可能因为重要的基本面因素损失很大的资金，给以后的交易带来严重影响。即使是那些经验丰富、资金量较大的投资者，对于基本面行情也要适可而止。

一般来说，基本面因素影响的急速行情波动都会持续一定的时间，波动后会逐渐平稳，回归常态。稳健的投资者要规避这些异常波动行情，选择在市场平稳的状态下进行交易。这种行情可能不会有瞬间的大幅盈利，但稳健的获利逐渐累积，时间久了也是很可观的。

最后要提示的是，许多交易商为了鼓动投资者多做交易，经常夸大数据行情的收益，建议提前布局数据或消息行情，却往往对风险闭口不谈，投资者一定要理性对待，不要被高收益诱惑，忽略了高风险。

（6）交易要专注。

做交易就要耐得住寂寞，坐得住冷板凳，盯得住盘面。交易时需要集中注意力，时刻观察盘面变化，随时调整交易策略。在盯盘过程中，大多数时候是没有交易机会的，价格走势是震荡或小幅运行的，但是行情终会来临，如果不能第一时间捕捉到，就会错过机会。对于那些比较明确的交易策略，一旦错过，与亏损无异。

许多投资者看盘的时候会觉得很无聊，要么与好友聊聊天，或看看电影，玩玩手机，打打游戏，这都是非常不专业的行为。在看盘且盘面平静时，首先要制定各个交易品种的操作策略，然后不断切换这些交易品种，观察是否有启动的迹象。随着价格以及指标的运行，及时修改交易策略。尤其是在美盘交易时段，各个交易品种的日内大幅度行情随时可能会到来，战机稍纵即逝。

（7）钱不到手就不是你的。

任何金融投资领域，盈亏基本上都是二八分化，赚钱的人总是一小部分。但是如果你问那些亏钱的投资者，其实他们很多人也赚过钱，只不过是没赚到最后而已。当你离开这个市场的时候是盈利的，你才是真正的胜利者。

有人买了一套房子，一年升值了10%。只要这个房子还没有转手卖掉，其实就是一分钱都没获利。许多投资者买了一只股票，有了许多的浮动利润，只要他还没有抛出，那么仍然是没有赚钱，甚至可能还会亏损甚至套牢。

赚钱变亏钱的案例不胜枚举，外汇交易也是一样的。你的本金翻了两倍也好，五倍也好，只要你还没有出手，还在持仓或交易，这些利润就不是你的，甚至可能最后连本金都亏了回去。从这里可以看出，做交易时，落袋为安是很关键的。

亏钱想回本，赚钱想更多，这是几乎所有人都有的心理。作为一名专业的交易者，就不能有这种心理，否则会陷入泥潭，无法自拔。要敢于进场参与交易，亏损后也要敢于止损离场，盈利后也要适可而止。

决定进入市场前，要有明确的计划和目标，自己投入多少本金，盈利达到多少或最大亏损达到多少，一定要暂时离开这个市场。或者盈利达到多少后取出本金，用盈利的部分继续交易。或者获利多少后，把盈利的部分落袋为安。不管采取什么样的策略，一定要明确在什么样的状态下需要离场，将资金落袋为安。

笔者遇到过两位投资者，这一点就做得非常好。有一位投资者每次发现好的机会时才会进场交易，交易结束后马上出场，落袋为安，等待下一笔交易。这样操作可能会麻烦一些，但是能有效地锁定利润。

还有一位投资者，每次投入的资金都是固定的，每个月的月底把盈利的部分取出来，用原始本金继续下一个月的交易。如果本金有损，则在月初补上。

这两种都是很好的方法，投资者可以借鉴和学习。要记住，账户资金不论盈亏，在没有取出之前都不是你的，而是市场的。

（8）初期不顺不要怕，后期亏损有问题。

没有谁是交易天才，刚接触市场就顺风顺水，一直获利，这样的人根本不存在。纵观历史上的投资名家，初期阶段哪一个没有失败过！哪一个没有在天堂与地狱之间反复游走！挺得过来，就有可能成功，爬不起来，这辈子可能就会离开这个市场。

如果刚开始交易就顺风顺水，反而容易自我膨胀，忘乎所以，为今后的严重亏损埋下“祸根”。新进入市场的投资者想要一毛不拔，一点“学费”不交是不可能的。但是初期亏损一定要适度，初期交易时对行情感觉不会特别强烈，对技术指标的应用以及组合都很陌生，经历的行情也太少，准确率自然不会太高。这时投资者可以适当降低仓位，用小资金验证市场，完善交易技术。当能力提高时，再逐渐提升仓位。“入市就赚钱”，这样的事想都不要想。

笔者认为，外汇交易并不难，考验的主要是投资者的心态。只要初学者的学习和接受能力不是太差，少则一年半载，多则不过两年，是可以将交易准确率提升到60%以上的。如果已经交易了两年以上，准确率还在50%以下，或者还在不断地亏钱，那就是有问题了。

有问题一定不要怨天尤人，要多在自己身上找原因，尽量去改变这种情况。如果实在不行，就要离开这个市场，否则情况只能更糟。

为什么许多技术成熟且经验丰富的投资者，交易了几年甚至十几年还是不赚钱呢？多出自心态上的问题。越不顺利越急躁，赌博心理越来越重，面对行情犹豫不决，自信心变得很差。当你的心态不适合交易的时候，依旧执意在市场中交易，结果只能是本金不断缩水。

以上外汇交易中的纪律和注意事项，是笔者十几年的交易心得以及接触无数投资者总结出来的经验教训，投资者一定要把它刻在心里，时时刻刻提醒自己不要犯错。

四、几种常见的交易方式

这里讲到的交易方式，并不是技术分析方式，而是下单量以及持仓周期。

根据投资者的不同水平，选择不同的交易方式，或者称为交易规则。

刚入市的投资者，在交易盘感及分析熟练度方面都会差一些，所以交易上应该以稳健为主。适当交些学费是正常的，利用少量的亏损迅速积攒经验，这钱亏得有价值。

在交易中期，投资者已经具备一定的交易准确度，获利的机会大大提高，此时可以适当降低交易频率，增加下单仓位，利用滚雪球的方式逐渐积累利润。

交易的中后期，投资者已经有了一套自己的交易模式，分析方法也十分娴熟，成功率已经达到非常高的水平，这时可以选择更为激进、收益更高的交易方式。

1. 小试牛刀交易法（初期）

对于初学者来说，无论入场前有没有经历过模拟交易，或者经历了多长时间的模拟交易，一旦步入实盘，心态必然发生变化，对交易的兴趣及渴望也会十分强烈。在这种情况下，投资者会到处寻找交易机会，交易的频率非常高，加上并不熟练的分析技术，没有完善的交易模型，准确率比较低，亏损概率也较高。

初学者接触实盘，首次投入金额不要太高，占总资金量的 20% 左右即可。比如投资者准备在汇市投入 100 万元，那么首次交易的资金量在 20 万元左右即可。在这个阶段，笔者建议投资者多寻找机会交易，因为交易得越多，经验累积得越快，这对磨炼投资心态是非常有帮助的。

初学者实盘交易，一定要注意控制持仓仓位与止损，建议每次交易以 5% 的资金仓位下单，短线以日内超短线交易为主，账户同时持仓不超过 3 个品种。止损点为 200~300 点，也就是单笔交易亏损达到账户总资金量 2%~3% 的情况下必须止损。

什么样的情况下可以进阶到下一个等级的交易呢？首先是看成功率。没有较高的成功率，即使加大交易频率和资金投入力度，还是要亏损的，所以提高成功率是首要目标。

初学者的交易成功概率一般在 40%~50% 之间，这还是在盈亏比不足 1：1

的基础上。如果交易盈亏比在1：1的话，那么准确率则会在30%~40%。这里讲的盈亏比，是指一笔交易止损与止盈的比例。比如一笔交易止损为200点，止盈也为200点，那么盈亏比即是1：1。在盈亏比设置为1：1的情况下，保持每10笔交易中有6笔或7笔交易盈利，是进入到下一个交易阶段的第一条件。

其次就是爆仓。要把第一个账户交易至爆仓为止。不要以为自己不会爆仓，事实上发生的概率还是很大的。绝大多数外汇投资者都经历过爆仓，而且不止1次。笔者就经历过两次爆仓，第一次是在一个“非农之夜”，在大幅盈利的情况下心态发生了变化，失去了理智，导致最终爆仓。第二次是在一个“风平浪静”的晚上，以为市场不会再有行情，账户持仓没有设置止损，第二天醒来后发现账户资金归零。从此以后，笔者在交易时学会了冷静与克制，尽量不持隔夜单，而且隔夜必设止损。

爆仓并不一定是坏事，这种血淋淋的教训会让我们对交易的认识更加深刻。经历过一次爆仓后，交易心态会发生改变，交易时不会再犹犹豫豫，持仓时也不再战战兢兢。当然，如果首次实盘交易就获得成功，一直不爆仓是最好的。在这样的情况下，笔者认为就不需要继续加大资金投入了，可能你会把资金像滚雪球一样长大，或者到达一个比较高的准确率后再增加资金投入。

2. 滚雪球式交易法（中期、后期）

大多数投资者到了交易的中期或后期，有了稳定的成功率后，都会选择这种交易方式。投资者每次下单交易，都是按照比较固定的仓位比例投入，一般在10%~30%。顺势交易或比较确定的交易，下单仓位会大一些；逆势交易或并不特别确定的行情下，交易比例可以小一些。盈亏比通常在1：1或1：2甚至更多，保证至少一次盈利可以抵消一次亏损。在这样的交易模式下，加上交易时产生的费用，只要投资者的准确率在60%以上，即可获得稳定的收益增长。

这种交易方式对投资者的交易纪律要求比较高，当一笔交易失败到达止损位后，必须严格按照计划止损。只要一笔错误的交易没有止损，就可能导致持续亏损，最终将以往的盈利全部抹去，甚至伤及本金，这也是大多数投资者亏损甚至爆仓的主要原因。

首先要知道，滚雪球这种交易方法，就是利用较高的准确率，在不断盈亏的情况下，一点一点地将利润累积起来，这是非常不容易的。一旦交易失败，要马上纠正错误，争取在下一笔交易中赚回来。自己辛苦一个月的时间获取的利润，如果一笔交易就亏光了，一定会非常沮丧，对交易心态也会造成致命的打击。

使用滚雪球式的交易方式，切记不能心浮气躁，不能总有借助重大消息面一夜致富的想法，也不要想着一波行情吃到底。另外也不要给自己设定任何目标，比如每天要交易多少笔，一个月要赚多少钱。投资者的交易数量以及最终结果，要视市场行情而定，而不是以自己的主观想象为中心。根据笔者对大多数投资者的观察，凡是制定各种盈利目标的，通常难以实现，甚至起到了反效果。为了达到目标而交易，凑交易笔数，准确率必然会下降。

3. 死亡式交易法（后期）

死亡式交易法是利用巨大的风险换取超高回报的一种交易方式，即每笔交易利用 50%~80% 的账户资金，且账户中仅有一笔持仓。当然这笔交易可能是一次性买入，也可以是分批进场。这是机构经常使用的交易模式，如果投资者的资金量十分庞大，而且出现多个很好的交易机会，可以适当增加交易品种的持仓数量。

这种交易方式实践的是“要么不出手，出手必伤人”的交易理念。大多数时候，投资者像是一个潜伏的“猎手”，一旦出现机会，则毫不犹豫地出手而且坚决持仓。

执行死亡交易法，就意味着这不是一笔短线交易，而是一种中短期甚至长期的投资，发现一波行情就争取参与到底。采用这种交易方式，就要使一笔交易的盈利接近账户资金整体翻倍。只赚一点蝇头小利就落袋为安，对于死亡交易法来说是非常不划算的。当然，追求高收益的同时，必然承受着巨大的风险。

死亡式交易法也不代表完全不控制风险，当一笔交易出现亏损或者还没有亏损的时候，市场方向发生了变化，交易信号出现反转时，也要灵活地平仓，不能咬牙死撑。和一般私募基金一样，这种交易方式也要设置最大回撤。这种交易模式的止损通常为账户总资金的 50%~60%。如果你应用了这种交易方式，就意味着自己的交易水平达到了一个很高的水平，能够灵活地掌握离场的机会。

使用死亡式交易法时，前面一两笔交易是非常重要的，不仅可以增加投资者的交易信心，最重要的是能够增加账户的总体资金，对于账户安全提供了一定程度的保障。如果前两笔交易都是失败的，那么账户必然爆仓。如果这是你全部的可投入资产，就意味着你将从此离开这个市场，所以死亡交易法需要确保每一次交易都盈利，然后随着账户资金的大幅增长，逐渐降低持仓仓位，类似于金字塔形状的交易方式。

另外，在账户资金已经获得 2~3 倍的收益后，要将盈利部分取出，利用本金继续交易，这样即使账户爆仓，还可以利用盈利资金继续进场参与交易。其实死亡交易法也是一种滚雪球式的交易，只不过是将雪球滚得更大，速度更快。

五、投资名人忠言

> 交易就像考试一样，检验的是以往的学习成果，任何临阵磨枪和抄袭都不会有好成绩。
>
> ——邢孝寒

上学的时候老师经常说一句话：你其实挺聪明的，就是不好好学。没错，只要智商没有缺陷，其实都可以把老师教的知识学会并且牢记。做交易也是如此，不在于天赋高低，而在于谁学习时更用心，谁的交易总结做得最好，谁的心态最稳定。日积月累的交易经验是未来获取盈利的砝码，如果一天浑浑噩噩，赚钱时欣喜若狂，亏损时对天骂娘，从不去寻找盈亏的原因，哪怕交易的时间再长，交易水平也不会有什么提升。

大约 90% 的读者都是在经历亏损后才购买笔者的图书的，用一周的时间把书看完后，就问自己为什么还是不赚钱。笔者想说，曾经亏损多年都没有找到方法，看了一本书短短一周就想获利，简直是天方夜谭。

还有一些读者找到笔者，有的已经亏损 50% 以上，有些已经爆仓，资产只剩了个零头，问看了这本书是不是就可以回本了？

许多投资者遭受不断的失败后，就会寄希望于图书、软件、小道消息、专家教授。没错，图书可以教给我们许多技巧，但多为交易理念，是纸上谈兵，真正的吸收融合，还需要不断地学习总结。

临阵磨枪式的学习并不能让你马上获得利润，我们的每一笔交易为何成功，为何失败，都要好好地总结，这样每一笔交易才更有意义。

许多投资者认为，交易太难了，自己不专业，学又学不会，突然有某某专家鼓吹自己很厉害，再加上一些人煽风点火，就盲目跟随交易，最后很少有人能赚钱。

笔者每天会在读者群发布一些交易策略，也会进行统计，每周少则每手盈利 1~2 千美元，多则每手盈利数千美元，但即使这样，还是有许多投资者亏损。做交易不要总是把命运交给别人，别人永远不会像对待自己的账户那样负责地对待你的账户，最终能帮助你的还是你自己。

别希望自己每次都正确，如果犯了错，越快止损越好。

——伯纳德·巴鲁克

大多数投资者都是能赚不能亏的，甚至有一部分人连赚钱都感到很恐慌，这完全是自己的心态在作祟。爆仓或大亏，往往都是从小幅亏损开始的，如果无法严格执行风控，无法调节自己的心态，是难以顺利交易的。

笔者认识一位很有经验的投资者，他有一套自己的交易理念，盈利也十分稳定。他认为，只要平仓时是盈利的，这笔交易就是对的。虽然笔者并不完全认同这种说法，但是也无力反驳，因为他至少在守住了本金的基础上有所收获。

但是亏损就不同了，亏损对投资者的影响是多方面的，可能会影响投资者的心态，更会使账户资金不断缩水，最终无法进行正常的交易。所以一旦交易犯了错，损失达到了预定的程度，一定要及时离场。甚至刚刚出现亏损时便意识到了错误，也要马上终止交易。

笔者经常说的一句话是：可以不赚钱，但是一定不能亏钱，更不能亏大钱。1 万美元的本金，每次交易 1 手，当账户亏损到 1 千美元的时候，每次交易 0.1 手，何时能赚回本金？是否具备翻本这样的能力暂且不说，是否还有胜利者的心态，是否还有继续交易的勇气都很难说。

可以很肯定地说，1 千美元的爆仓速度要比 1 万美元亏到 1 千美元的速度更快。所以巴菲特先生经常说的四个字就是：守住本金！如何守住本金，就是要在交易的过程中，把风险与损失降到最低！

任何一个软件顶多只和它的程序设计者一样聪明。

——安德烈·科斯托兰尼

一旦投资者屡遭失利，就会寄希望于外界，其中各种交易辅助软件就成了他们的“救命稻草”。许多股票投资者会发现，一旦股票市场行情不错，那些卖软件的推销电话就接踵而至，市场萧条时就会少很多。也就是说，股市行情好的时候，这些投资软件能给投资者带来收益，行情不好的时候，软件也无能为力。

如果根据软件的提示交易就可以获利，那么炒股就成了一件简单轻松的事情了，为什么市面中有无数种交易软件，但是 A 股市场赚钱的投资者依旧不足两成呢？

一款软件是否对交易有效，完全取决于其开发者。在购买或使用软件前，首先要了解开发者及其以往的交易状况。很多开发者跟一些所谓的专家、老师一样，连交易都没有做过，只是有丰富的交易理论，这样的人开发出的软件，你敢用吗？

经验显示，市场自己会说话，市场永远是对的，凡是轻视市场的人，终究会吃亏的！

——威廉·欧奈尔

这是流传非常广的一句话，我们经常会在各种投资讲座中听到那些演讲者高声说“市场永远是对的”。有许多人认为，这是一句“有用的废话”。

在所有投资市场中，抓住了市场趋势就会赚钱，反之就会亏钱。这里有一个非常“现实”的问题，市场趋势是什么？以后的市场如何运行？这也是我们为什么要学习各种分析方法的原因所在。

学习了非常系统的基本面分析方法，学习了大量的技术分析方法，目的就是为了辨别未来的市场方向。投资者都知道“顺势交易”的道理，但前提条件是先要找到这个“势”，才能够去顺势交易，如果连趋势方向都无法判断，又谈何顺势交易呢？所以技术分析分为两个步骤，一是判断行情趋势，二是寻找交易点位。如果第一个步骤都做不好的话，后面的所有行为都是徒劳。

市场会说话，说的是什么？分析软件中各种 K 线、均线、布林线等指标无时无刻不在发生变化，这些就是市场在说话，只不过这是另外一种语言，听得懂，自然就知道后面应该怎么做，听不懂，就没有方向。就像是出国旅行一样，如果你迷路了又不懂当地语言，即使对方给你指明了道路也无济于事。

市场对你讲的话一定是真实的，这是最起码的信任。如果你听了市场的话依然犯错误，一定是自己有问题，要多在自身寻找原因，不要抱怨市场，怀疑市场，因为市场永远是对的。当你开始怀疑市场的时候，你的投资道路一定会更加坎坷。市场永远是对的，这是作为一个投资人最基本的态度！

> 永远不要犯同样的错误，因为还有好多其他错误你完全可以尝试！
>
> ——伯妮斯·科恩

历史真的是会重演的，所以笔者经常提醒投资者，不论是正确的交易还是失败的交易，都应该认真进行总结。如果是正确的交易，当下一次出现同样的行情走势时，可以利用相同的做法继续盈利。错误的交易，就要总结失败的原因，下一次出现同样的情况时做出改变。只有这样周而复始地总结、完善，才能把每一次的交易做到最好。

当笔者给那些金融专业的学生培训的时候，经常有人觉得自己这里不懂那里不会，慢慢开始怀疑自己是否适合金融行业。最开始接触金融市场时，笔者的心态与他们并无两样，但有一点是很清楚的，不懂的东西学会了也就懂了，而懂的越多自然不懂的也就越少。

做交易的时候也是一样，刚入市交易，一切都是陌生的。虽然学习了大量的分析方法与理论知识，但是应用起来依旧困难重重，要经历许多失败和挫折。犯错不可怕，可怕的是错而不改。

投资者刚接触外汇交易时，会犯下许多错误。这个市场也有更多的错误等着你去经历。但是错误的数量一定是有限的，不是无穷尽的。只要我们能从犯过的错误中吸取经验教训，以后不再犯同样的错误，那么你犯错的数量就会越来越少，账户资金自然会从最开始的缓慢缩水到慢慢回流，然后开始稳定获利，甚至盈利曲线会大角度上升。

> 投资成功必需的素质包括：耐心，自立，常识，对痛苦的忍耐力，心胸开阔，超然，坚持不懈，谦逊，灵活，愿意独立研究，能够主动承认错误，以及在市场普遍恐慌中不受影响，保持冷静的判断力。
>
> ——彼得·林奇

天啊！投资成功需要这么多条件！是的，笔者经常讲，投资是一件综合的艺术，需要做到的真是太多了，也是极少数人才能够做到的，这也是为何在金融投资市场中成功者总是极少数的原因所在。你以为投资只需要学会几种分析指标就可以了吗？那只是最基础的要求罢了。

耐心：投资者犹如一头捕猎的豹子，当目标没有出现时，甚至没有人知道它的存在。一旦锁定目标，即快速出击，捕获猎物。投资者多数时间是在看盘中寻找时机，没有充分的把握是不会轻易出手的。如果你克服不了枯燥的等待，你会发现账户中有一大堆亏损的交易。

自立：那些将资金交给别人的人，可能会获得一些蝇头小利，但是无法利用投资获取更多的收益，而且一旦遇人不淑，往往会亏大钱。打铁还需自身硬，真的对投资感兴趣，就要自己下功夫去研究。

心胸开阔，超然，坚持不懈：想在极短的时间内成为高手？除非你是个投资天才，否则绝无可能！能在进入市场后的两年时间达到盈亏持平已经是非常不错了，笔者遇到的投资者多数也是这样的。我们欣赏那些能够坦然面对失败，能够及时调整心态，能够坚持不懈前进，对投资有坚定目标的投资者，不喜欢那些半途而废，亏了几次钱就认为自己不适合投资或急功近利的人。

能够主动承认错误：为何中国 A 股市场每天都会有人被套，为何每一波市场调整都会有一大批股民不同程度地套牢？难道是他们真的认识不到市场的风险吗？其实不是这样的，许多经验丰富的老股民，对市场环境的好坏、个股的风险是完全有能力分析出来的，之所以还是会被套，就是因为不承认失败。"大盘会好的，我的股票没问题，再等等一定会涨的"，这几乎是所有股民面临亏损时的想法。人们会给自己无数种理由去坚定自己的持仓信念，却从不主动承认错误。

不冒风险发不了大财，也永远不可能在股市中占据上风。

——杰伊·古尔德

手中握有更多的资金，就可以办更多的事，可以投资更多的市场，滚的雪球可能就越大。在股票市场中，更大的资金往往可以操控一切。对于那些资金有限的投资者来说，只能做一个被动的追随者，可能有时即使冒了很大的风险，却不能得到很高的回报。外汇市场是冒险家的乐园，是投机者的天堂，风险与回报永远都是成正比的。

投资目标不同，进入到的市场也不同。若想获取稳定的盈利，却又担心承担风险，可以购买债券，或者银行、保险等固定理财产品，当然获取的收益也不会很高。低风险低收益可以购买一些稳定的基金产品或长期持有一些优质的蓝筹股。如果想获得更多的投资回报，就要承担更多的风险，高收益低风险的市场是不存在的。

"搏一搏单车变摩托""要致富下重注"，看似是玩笑话，但不是完全没有道理。财富是依靠自己的能力以及承受的风险换回的，你有更高的投资能力，承受了更多的风险，自然就会有更高的投资回报。

中小资金投资者若想获取超额收益，积累更多的财富，就需要以更高的风险为代价去获得盈利，否则你的净值增长必然是有限的。当然，风险一定要在自己的承受范围内，因为投资风险不仅对以后的投资有影响，还会影响到我们的日常生活。

> 眼睛仅盯在自己小口袋的是小商人，眼光放在世界大市场的是大商人。同样是商人，眼光不同，境界不同，结果也不同。
>
> ——李嘉诚

李嘉诚是笔者非常敬佩的一名商人，其许多经商理念与金融市场的投资理念不谋而合。中国金融市场开放的比较晚，成熟度不高，投资者的能力更是参差不齐，所以投资成功的概率非常小。回顾那些成功的投资人以及企业家，他们从来不会仅盯一个市场，多元化投资才是安全与收益的保证。

许多投资者往往沉浸在某一个金融市场中无法自拔，根本不去关注其他市场，这是不正确的。许多股票投资者，在股市经历漫长的熊市、牛皮市时，依旧乐此不疲地买入与卖出，对于其他市场的赚钱良机却不闻不问，甚至还会排斥，最后只能看他人获利，自己却在股市泥潭中越陷越深。

外汇投资者也是一样，他们认为这里是快速致富的捷径，每日交易带给自己更多的充实感与满足感，从不接受其他投资市场，甚至抵触。当其他市场出现更稳定的获利机会时，为何不去参与呢？当股票市场出现牛市行情，或爆发某些集中性的炒作题材，这种显而易见的机会为何不去把握呢？

要做一名专业且成功的投资人，一定要把眼界放宽，同时关注各种投资市场。只要从其中之一发现机会，可能就会创造出更多的收益。我们要在那些有赚钱效应的市场中不断穿梭，而非固执地单恋一枝花。金融投资不需要那么专一，往往是那些吃着碗里，看着锅里，又盯着地里的人，才能获得更高的成就。

作为一名成功的投资者，应该遵循两个投资原则：一是严禁损失，二是不要忘记第一条原则。

——本杰明·格雷厄姆

沃伦·巴菲特也曾说过，“第一条：保住本金最重要，第二条：永远不要忘记第一条”。

如果你学习过许多投资大师的理论，你会发现他们都有一个共同的特点，就是都很注重对风险的控制。出资人、操盘手、风控员，你觉得谁更重要？可能大多数人会认为操盘手最重要，因为他对交易起到了决定性的作用。其实并非如此，风控往往比交易更为重要。

一位好的风控人员可以让正确的交易收益最大化，让一笔错误的交易承受最小的损失，哪怕操盘手随意地买涨买跌，风控人员都可以让这笔交易用最合理的方式结束。

笔者经常告诫投资者，交易中赚钱最好，当然也可能亏钱，但一定只亏小钱，绝对不能产生大的亏损。一旦本金大幅缩水，对后期交易的打击将是致命的。留得青山在，不愁没柴烧。青山如果没有了应该怎么办，重新种植，等待生长，这是一个漫长又痛苦的过程。在投资过程中，所有投资者都要把好风控这道关，即降低了损失，又守住了本金，这才有成功的希望与可能。

对于普通投资者而言，看书学习投资是性价比最高的捷径。

——邢孝寒

我国金融投资者绝大多数没有接受过专业系统的金融投资学培训，他们来自各个专业，当他们进入金融市场的时候，就会面临各种各样的难题，自然会出现普遍性的亏损。

金融投资不是买彩票，主要靠运气。普通投资者想要学习金融投资，最好的方式就是从书本中去学。不论是投资名家也好，“草根”也罢，能够写出几万、十几万字的书籍，必然有一定的知识储备，对于金融投资有自身的理解，这些呕心沥血之作，无非也就几十元人民币。投资者只需花上几十元即可学到别人几年、几十年的投资经验及交易模式，难道不是世界上最划算的“买卖”吗？

2017年，笔者在全国举办了巡回签售演讲，在不同的城市，不同的书店，每一次都有大量的投资者收听观看，但是演讲结束后，要求加微信的投资者远大于购买书籍的人。人们更在乎听笔者说哪只股票值得买入，接下来股市行情是好是坏，某一种货币买涨还是买跌。

你不能一辈子都依靠别人的判断做交易，更多的时候还是要依靠自己。如果要进行投资理财又不想去学习，干脆就把资金交给信托公司或基金公司去打理，或者买一些固定收益的理财产品。想要通过自行交易获取利润，就必须要通过努力提高自身的交易能力，除此之外别无捷径。

对于金融投资类书籍，选择时也不能特别随意，要从以下几个方面进行选择。

①若有一定的英文水平，可以选择那些国际著名投资人的原著，大多数翻译的译著都会加上译者自己的想法，与原著略有偏差。

②选择中文书籍，作者最好长期从事金融投资工作，因为长期从事金融投资工作，不仅会积累丰富的经验，而且善于总结，对于投资方向看得更远一些。

③涉足的领域要广泛。只专注一个领域的投资人，或许在这个领域有丰富的经验技巧，但往往忽视了其他市场更多的投资机会。

④投资经验要丰富。经验是一个投资人最宝贵的东西，也是投资人在投资过程中日积月累积淀出来的精华。进入投资市场一年的投资人与十年的投资人，对于投资的理解必然不同。俗话说“嘴上无毛，办事不牢”，更多的投资经验代表着经历过更多的“风吹雨打”，听到过各种各样的基本面消息，遇到过大起大落的行情波动，让其有更好应对措施，投资心态更成熟。这些宝贵经验都是初学者最需要的。